教育者,非为已往,非为现在,而专为将来。

——蔡元培

魅力教育
向未来

曾军良 ◎ 著

科学技术文献出版社
·北京·

图书在版编目（CIP）数据

魅力教育向未来 / 曾军良著. —北京：科学技术文献出版社，2021.6
ISBN 978-7-5189-7916-5

Ⅰ.①魅…　Ⅱ.①曾…　Ⅲ.①中学教育—教育研究　Ⅳ.① G632.0

中国版本图书馆 CIP 数据核字（2021）第 098300 号

魅力教育向未来

策划编辑：孔荣华　王黛君　责任编辑：王黛君　吕海茹　责任校对：张永霞　责任出版：张志平

出　版　者	科学技术文献出版社	
地　　　址	北京市复兴路15号　　邮编　100038	
编　务　部	（010）58882938，58882087（传真）	
发　行　部	（010）58882868，58882870（传真）	
邮　购　部	（010）58882873	
官方网址	www.stdp.com.cn	
发　行　者	科学技术文献出版社发行　全国各地新华书店经销	
印　刷　者	北京地大彩印有限公司	
版　　　次	2021年6月第1版　2021年6月第1次印刷	
开　　　本	710×1000　1/16	
字　　　数	243千	
印　　　张	18.25	
书　　　号	ISBN 978-7-5189-7916-5	
定　　　价	56.00元	

版权所有　违法必究

购买本社图书，凡字迹不清、缺页、倒页、脱页者，本社发行部负责调换

序

曾军良校长邀我为其新作品《魅力教育向未来》作序，我欣然应之。

所谓魅力，是指能吸引人的力量。教师要有魅力，才能吸引学生跟着学习；学生要有魅力，才能吸引老师乐于教育他们；整个学校要有魅力，才能吸引老师和学生在这里愉快地学习和生活。怎样才能有魅力？对于学校来说，要有一个民主、团结、和谐的生气勃勃的环境；对于老师来说，要和蔼可亲、教学精湛，能够引起学生的喜爱；对于学生来说，要热爱学习，生动活泼，教师乐于教育他们。这样，学校就充满着魅力。说到底，所谓学校的魅力也就是学校的文化建设。一个学校要在文化建设上下功夫，使它真正成为学术的殿堂，精神的家园。

曾军良校长的《魅力教育向未来》就是用学校发生的故事来讲述学校所具有的魅力，讲述了培育魅力学生、争当魅力教师、创建魅力学校的宝贵经验和思考。这本书内容丰富，并且生动、真挚，非常值得阅读。

曾军良校长已创作多本专著，由此可看出他非常勤于学习，善于思考，勇于实践。工作十分繁忙的校长能够做到这一点，确实难能可贵。他经常到我这儿来，谈他的办学理想，谈现在的实际工作。他不仅担任北京实验学校的校长，而且到北京市平谷区帮扶四所薄弱学校。每每谈到他所取得的成绩,他都兴奋不已,我深刻感受到他对教育充满着激情。

曾军良校长的新书即将出版,相信他的思考、他的经验、他的激情能传递给每一位读者,给从事教育工作的同人带来启发。

中国教育学会第八届理事会名誉会长

2021 年 6 月 7 日

目 录

>>> 培育魅力学生

新时代的好青年	02
十八岁,阳光灿烂的你	05
让青春在战"疫"中闪耀未来	08
奋战中考,献礼青春	14
超越自我,快乐学习	17
最美的季节,最美的孩子!	21
铭记"一二·九",共筑中国梦	23
每个孩子都可以成为天使	25

>>> 争做魅力教师

沉浸在教育最美的姿态里	32
新时代教师的品格	41
魅力教师应有的十佳心态	54
魅力教师如何精心备课?	63
教师的成长,自"觉"成就卓越	69
良师修炼的八个原则	81
教育生活,如琢如磨,如诗如画	93
"北实"教师,可敬可爱的人	102
"北实"战友,共创魅力教育	105
你好,明日之师	108

推进魅力育人

激发精气神,塑造真善美 116

劳动创造历史,劳动开创未来 127

用艺术做教育 131

用爱做教育 150

内心崛起,自信强国 152

让五四精神焕发新时代光彩 170

创办魅力学校

加强思政教育,追求立德树人 176

努力办一所人民满意的魅力学校 184

疫情下的教育改革、创新 190

做最好的自己就是给孩子最好的礼物 200

家庭教育需要科学性与艺术性融合 210

魅力教育之我思

做一个最靠谱的人 224

每日三省吾身 227

发现美好,勤于奉献 230

眼界决定成就 234

成长路上的五个人 239

说透人生的六个故事 244

语言的艺术 248

阅读的力量 256

追寻生命的意义 260

》》》 **魅力赞歌**

奋斗 272

靠自己 274

日有思,行有智 276

培育魅力学生

新时代的好青年

校园最美时,又逢毕业季。同学们是新时代的青年,与新世纪中国一路同行,茁壮成长;同学们是新时代的有志者,将与新时代中国一起逐梦,共同圆梦。

毕业,不仅意味着高中大门关闭,更意味着大学校门开启;它既是终点,又是起点;既是结束,亦是开始;是乘梦而来,载梦而去;是整装待发,蓄势前行。作为师长和校长,我对同学们有四点希望和祝福。

希望同学们怀揣理想,锻造中国精神

中国精神是立国之本,是民族之魂。泱泱中华,上下五千年,纵横千万里,唯有"国魂"立中间,中华民族屹立世界民族之林才绝不动摇。中国发展,中国精神无处不在,它在林俊德院士生命最后的冲锋里,在李小文院士的布鞋里,在"中国量子之父"潘建伟的眼泪里,在钟扬教授一颗颗为自然延续物种的种子里,在中国女排、塞罕坝人、三代守鹤人的故事里……同学们作为新时代青年,作为北京实验学校拥有炽热情怀的学子,是中国精神的传承者,是中国精神的缔造者。同学们要将个人的理想与国家的命运同向而行,将中国精神与民族复兴交相辉映,用理想指引青春的航向,用精神凝聚奋斗的力量,在实现理想的奋斗中诠释人生意义,彰显人生价值。

希望同学们牢记使命，勇于担当

习近平总书记在党的十九大报告上提出"培养担当民族复兴大任的时代新人"。我们所处的时代是波澜壮阔的时代，这样的时代更需要我们肩负使命，实现中国梦。展望未来，2035年，我国将基本实现社会主义现代化；2049年，新中国将迎来百年华诞，必将是强国梦实现之日。到那时，正是同学们风华正茂，羽翼丰满的最佳时刻；正是同学们为建设祖国挥洒汗水，为发展民族做出贡献的黄金时期。新的时代召唤青年学子，伟大复兴需要担当使命。从同学们身上，我早已看到了希望，感受到了力量。一位同学文章中的一句话让我记忆深刻："我们要做为苍生耕耘的农民；为人类驱车的车夫；为法律服务的奴仆；为自由战斗的士兵。"他的字里行间有当代学子热烈的赤子之心，有浓浓的爱国之意；有青年学子眼神中的期盼，有渗透骨子里的担当情怀。所以，我坚信不管将来我们从事什么工作，不管我们立足于什么岗位，都要做民族复兴智慧的贡献者，做祖国发展的默默奉献者、精气神的激发者、真善美的维护者。

希望同学们身怀感恩，感悟生命的意义

生命因感恩而美丽，生命因感恩而厚重！我们要感恩父母，父母是我们的生命之源；感恩老师，老师是我们学习的灯塔；感恩学校，学校为我们搭建成长的平台；感恩社会，社会大熔炉促使我们百炼成刚。感恩是一种人生修养，是一种处世哲学，是人生发展的根基，是我们道德素养的基石。想当年，钱三强、郭永怀、钱学森、赵忠尧等数百位科学家冲破重重阻力，坚决回到祖国！那是叶对根的眷恋，更是科学家对祖国的情意！他们心系祖国，身怀感恩，绽放生命的美丽。

希望同学们终身学习，持续奋斗

高考结束了，高中生活结束了，但是学习没有结束，奋斗没有终止。

高考不代表一切，它不是学习的终点，而是学习的起点。高考只是大学的一块敲门砖，它只代表你一时拥有，但不代表终身所有。学习是终身的，要持之以恒。同学们要从三只鸟的故事中汲取积极的力量。三只鸟一起出生，一起长大，等到羽翼丰满一起飞翔。第一只鸟飞到一座小山上，因满足而止步；第二只鸟飞到了五彩斑斓的云彩而沾沾自喜；第三只鸟继续振翅翱翔，向着云霄，向着太阳，执着地飞去。最后，落在山中树上的小鸟成了麻雀，留在云端的小鸟成了大雁，飞向太阳的小鸟成了雄鹰。这三只鸟就像学习奋斗中的三种人，理想如同太阳，学习就如同飞翔，理想着眼于未来，奋斗才能永不止步；学习着眼于终身，人生才能可持续发展。

我们所处的时代是一个需要奋斗者的时代，是一个成就奋斗者的时代，作为新时代的青年，要不忘初心，孜孜以求，矢志不渝；作为新时代的青年，要奋发有为，永不懈怠，一往无前。希望同学们热情拥抱新时代，奋勇建功新时代，用奋斗折射出七彩华光，演绎属于自己的别样传奇。

> 2000年，千禧之年，人类迈进新世纪，开启新希望。同学们学习进取，不负韶华。在"千禧宝宝"高三毕业之际，献上此文，与同学们共勉。

十八岁，阳光灿烂的你

当同学们跨过十八岁的大门，就迈进了成年人的世界。告别了十八岁，作为成年人，这就意味着同学们要有更大的担当，这就象征着同学们走到了人生一个关键的转折点，站在了一个崭新的起点。

十八岁，懂得感恩，担起责任

回眸过去的十八个春秋，同学们更多的是在风和日丽中成长，一路飘洒的是父母挡风遮雨的关爱，一路陪伴的是老师耐心细致的教诲。十八年来，父母的养育，长辈的关怀，老师的教诲，朋友的帮助，让我们领悟生活的美好。这些馈赠都是恩情，我们要学会感恩，学会做人，就要牢记"感恩"二字。我们要对父母、长辈、老师和朋友感恩，去关爱、去奉献，感激他们给我们以生命的温度；我们要对缤纷的世界和斑斓的社会感恩，去体悟、去合作，感激世界给我们以生命的广度；我们要对博大精深的中华文化感恩，去学习、去探究，感激优秀文化给我们以生命的深度。我们要把感恩当成一种责任，当成一种信念，只有心怀感恩的人，才会有强烈的责任意识，才会把感恩当作前进的动力！

从今往后，希望同学们不再让含辛茹苦的父母操心，不再让无私奉献的老师担心，希望同学们更加懂得人生的价值与责任。

当同学们举起右手，向祖国、向人民、向父母、向母校、向老师发出成人誓言时，就意味着同学们将以一个共和国公民的名义，去承担宪法和法律所要求的义务，请同学们牢记"责任"的内涵。

十八岁，坚持学习，努力超越

成人意味着成熟，意味着同学们告别幼稚，走向成熟；告别任性，走向理性；告别他律，走向自律。青年的成熟，需要不断地努力学习。伟大的革命导师列宁有言：学习、学习、再学习。敬爱的周恩来总理也说过：活到老，学到老，改造到老。新时代，新技术革命的浪潮正扑面而来，唯有刻苦学习，不断提升自己，才能更好地茁壮成长。

人的一生是漫长的，但无论遇到什么困难，希望同学们都要超越自我，勇往直前。羽翼丰满，就要挑战天空；融进社会，就要勇往直前。有了这种豪情，同学们会觉得困难没有那么可怕，因为同学们有了挑战困难的勇气，有了海纳百川的大气，有了遨游学海的霸气，有了勇攀书山的底气。虽然我们无法衡量生命的长度，但我们可以决定生命的质量。有梦、追梦、圆梦！愿同学们做一个让家长放心、老师满意、对社会有用的德才兼备的新时代好公民。

成人礼后不久，同学们将要面对成人后的第一次大考——高考，高考其实是时代给予我们的厚赐。只有经历过高考的人，十八岁的阅历才会丰富，十八岁的色彩才会飞扬，十八岁的笑容才会灿烂。习近平总书记说：征途漫漫，惟有奋斗。新时代是奋斗者的时代，选择勤勉与奋斗，就是选择了希望与收获；选择纪律与约束，就是选择了理智与自由；选择拼搏与超越，就是选择了成功与辉煌！高考前的最后一段时光是最关键的时光，希望同学们做出正确的选择。选择了攀登，就是选择在挫折中奔跑，选择在奔跑中超越。再苦，再累，但同学们未来必将心中无悔！

希望同学们不忘初心，不负韶华，用梦想和激情亮丽青春的风采，用汗水与智慧铸就人生的辉煌！圆梦高考，誓叫青春无悔，送父母一个惊喜，赠母校一份厚礼，实现人生价值非凡的一次飞跃。作为校长和老师，我要告诉同学们：成人的真正含义就是奋斗、奉献、超越，更是责任！期待高考的同学们为人生的成长添上无比辉煌的一笔！

成人礼仪式是短暂的,但人生的道路是漫长的。十八岁是人生的一个新起点,明天的骄傲就是从今天开始!在这片神州大地上,我们所站立的地方,就是我们的祖国;同学们怎么样,祖国便怎么样;同学们是什么,祖国便是什么;同学们有光明,祖国便是辉煌的!

祝福即将高考的同学们:圆梦高考,青春无悔!

让青春在战"疫"中闪耀未来

报国行赴难,古来皆其然。新冠肺炎疫情(本书所指的疫情特指由 2019 新型冠状病毒感染引发的新型冠状病毒肺炎,简称新冠肺炎,2019 新型冠状病毒简称新冠病毒)暴发以来,党和政府高度重视防控工作,习近平总书记多次做出重要指示,李克强总理亲临一线指挥;抗疫正在走向大决战,每一个中国人都是战士,无论是风暴眼的武汉,还是祖国各地,处处充满了鼓励,时时传导着大爱,抗疫胜利的黎明,就在前方闪着光亮。这是新时代国家综合实力的体现,更是彰显中华民族战胜一切困难的团结力量。

2020 年波澜起伏,"一身忧国心,敢言千古志"。在这特殊的时刻,北京实验学校全体教师一直默默地关注着同学们的身心状况和学业成长,用最温暖的"香慈"(香山慈幼院)故事,以最特别的"北实"(北京实验学校)风物,激励和陪伴着大家,希望同学们不畏艰难,不怕险阻,迎难而上,顶天立地,与家人一起做好防疫工作,保持最佳的学习状态,共克时艰,做一个最美战"疫"者,让青春在战"疫"中闪耀未来。

战"疫"中闪耀的青春

《左传》云:"临患不忘国,忠也。"面对汹涌疫情,我不由想起十七年前那个"非典"肆虐的春天。从那年开始,高考时间整整提前一个月,从 7 月变成了 6 月。看到黑板上高考倒计时上的天数,擦一次,少一天,悬在同学们头顶上的发条越拧越紧。"疫情就是考题,我们都是答卷人",作为校长和导师,在那个特殊且关键的时刻,我时刻提醒自己必须沉着冷静,要带领师生抗击"非典",应对高考,要立得起、挺得住。

我不断激励高三学子:再坚持一下,你们将带着老师殷切的希望,带着父母深情的叮咛,跨进高考的考场,去书写你们青春岁月最绚丽的一笔,去翻开你们辉煌人生最精彩的乐章。高考冲刺阶段既漫长又短暂。如何度过这关键的冲刺阶段?先贤墨子说过:"志不强者智不强。"我们要保持平常心。放眼前方,以平常心对待一切。我们要拥有恒久心。贵在坚持、难在坚持、成在坚持。我们要持之以恒。一丝不苟,全心投入,把高考的成功,当成积铢累寸、厚积薄发的一种回报。我们要坚守自信心。一份信心,一份努力,一份成功;十分信心,十分努力,十分成功。有成功的信念,才有成功的行动,继之成功的结果。学习要虚心。我们要谦逊好学,有问题不积累,虚心向老师和同学请教,也许他们一句启发,就能省去自己几天时间。我们更要有进取心。凝神静气,戒烦戒躁,努力做到遇难心不慌,遇事心更细。同时,我们要加强锻炼,保持健康的体魄和充沛的精力。穿过风雨,阳光才会格外灿烂。事实证明,那届"非典"疫情下的高考,同学们都交出了一份属于自己最高水准的答卷。

《易》曰:"无平不陂,无往不复。"生于"非典"、考于"新冠"的同学们是人生充满传奇与挑战的新时代青年。十七年后的今天,我们的信息公开和医疗水平都有很大的进步,新冠病毒虽然很凶险,但我们有比2003年更大的勇气和信心。几度怀揣梦想,即将放飞希望。不负最美年华,只等最后拼搏。高三是成功人生不可或缺的历练,而高考则是这个历练中最重要的拐点。在高考冲刺重要阶段,相信同学们都铆足了劲、做了充分的准备,但也会有一些紧张与担忧。十二年的寒窗苦读,终于迎来对自己未来的选择。是选择就不存在成败,因为同学们在过程中收获了知识的积累,促进了思想的成长,受到了师长的关爱,赢得了同学的友谊,区区几张试卷怎能写满同学们飞扬的青春。"以国家之务为己任",同学们正处在一个伟大的新时代,每天都有无限的可能去挑战、去创造,让自己成为自己心目中的英雄。

"忧国者不顾其身，爱民者不罔其上"，疫情危难，更显担当。面对此次新冠肺炎疫情，北京实验学校党委以对党忠诚、为民服务的政治担当，带领"北实"人冲锋陷阵，为人民筑起一道坚固的防护墙。作为学校党委书记、校长，第一时间带领学校党委会和校委会，成立疫情防控小组，同时做好疫情期间各项教学管理工作，是我义不容辞的责任，通过先后多次组织和召开网络党委班子扩大会、校务委员扩大会，我们认真研究疫情时期学校教育工作的创新与落地，明确"北实"教师必须具备的十大素质，启动学校党组织和党员"双联系、双报到"应急响应机制，号召党员干部发挥先锋模范作用，发布了《学校疫情防控工作实施方案》《学校关于做好2020年春季学期延期开学工作方案》《学校党委致全体党员倡议书》《学校致全体班主任书》《学校致全体家长的一封信》《学校致全体教师的一封信》等一系列疫情期间学校应急方案，全面系统推进我校疫情防控和延期开学的各项准备工作。同时我校号召全体党员和教职员工通过"温暖武汉"项目为疫区捐款。疫情期间，我积极撰写文章，并且大力鼓舞宅在家里的师生、家长和各界朋友，不负韶华，丰盈生命，让这个不一样的寒假，拥有一样的美好与成长。无数"北实"教师、校友与学子，用实际行动表达了对这片土地最深沉的热情与关切，在每一个领域抗击疫情，期待着春天。

"杨柳弄春柔，莺飞催草长"，同学们必定还会回归熟悉的校园。炽热之夏，北京实验学校所有师长将陪同学们意气风发地迎接高考。硕果秋韵，同学们将眼含星光向未来进发。我们一并蓄力，一同期许。高考临近，"北实"精神也伴随左右，鼓励同学们为梦奔跑。"至诚至精、爱国为民。勇于担当，善于超越"，是从"香慈"到"北实"跨越百年的精神回响。

香慈精神

"北实"人始终选择与时代同行。我们的第一任校长、著名爱国慈善家和平民教育家熊希龄创办了香山慈幼院，作为一所享誉中外的百年名校，其将"素质教育引入慈善模式"的试验，开创了中国近代教育的先河。香慈一路走来，勇立时代潮头，融会中西学术，贯穿古今文化，兼容并包，与时俱进，以致"四方学子负笈远，东西南北萃一堂"，于今绵延不断，历久弥新，积淀着百年名校的学府风范和独特魅力。在过去一百年的历史中，学校始终和人民同呼吸、共命运，与时代和社会同发展、共进步。她从来不止是一所学校，始终与国家和民族的命运紧密相连，在思想创新、社会变革、国家振兴的过程中从未缺席，"北实"人怀有强烈的家国情怀，努力以知识和思想的创新与实践，推动国家和民族的进步。

汉代史学家班固曾说："爱国如饥渴。"早在19世纪末，在国家危急存亡之秋，我们的老校长熊希龄先生就给洋务派首领张之洞上书，强烈要求变法维新，并撰写了《军制篇》，被时人评为"中国改革新军的经典"。熊希龄还与谭嗣同等在长沙创办时务学堂，又参与创设南学会，创办《湘报》，以推动变法维新。作为清末维新运动的重要成员，熊希龄险些陪同"戊戌六君子"成为血洒长街的第七位"君子"。1913年，熊希龄当选为民国第一位正式内阁总理。然而，他却选择教育作为他最重要的奋斗目标，并将其全部家产捐献给了平民教育事业。面对中国"输币割地，刳肉饲虎"的危机，熊希龄带着拯救中华的使命，考察西方列强的兴国之道，确立了"大为强国保种之谋，小为育子克家之计"的教育立国理念，增加了振兴中华的时代精神。强国，志在凭借培养人才以改变中国备受欺凌的状况；保种，志在借助教育维系中华民族的优秀文化"基因"，弘扬中华民族屹立于世界之巅的中国精神。

五四运动前后，我国教育界掀起了平民教育运动，熊希龄又率先于1918年在北京筹办香山慈幼院，并于1920年开学，首推平民教育和慈善教育。创办之初的15年内，该院收留的5000余名孤贫子女，后来悉数成为各行各业的人才，其中还有一批党和国家的高级领导干部。

熊希龄曾于1922年被推选为中华教育改进社董事长，有力促进了

"六三三"学制的创立,该学制一直沿用至今。香山慈幼院推行的"学—研—产"教学,与今天我国教育界正在试行的项目教学、实践教学理念高度一致,而香山慈幼院却早了近一百年。熊希龄实施的"新教育",为成功推进中国近代教育改革、进入现代教育体系,建立了卓著功勋。

中国"历史之父"司马迁有言:"常思奋不顾身,而殉国家之急。"1932年"一·二八"淞沪抗战爆发,在熊希龄的组织领导下,香山慈幼院组成200人的义勇军,开赴上海战区,女生则加入红十字救护队,前往战区医院帮助工作。1933年爆发了"长城抗战",熊希龄又带长女熊芷和部分慈幼院师生,组成救护队奔赴前线救护伤员。熊希龄人生最后的日子,是率领师生在抗战前线浴血奋战中度过的,这是他生命光彩的升华。"一生赤诚爱国,盼中华振兴;半世慈善办学,为民族育才",简要而准确地概括了他的一生。南京国民政府颁文对其辉煌的一生作了高度评价,一代伟人毛泽东曾说:"一个人为人民做好事,人民是不会忘记他的,熊希龄做过许多好事。"

"北实"人的传承与创新

从百年"香慈"到魅力"北实", 站在历史的新起点,"北实"人充分挖掘百年名校深厚的历史文化底蕴,继承与弘扬熊希龄先生及香山慈幼院的办校思想,与时俱进,协同创新,以党的十八大、十九大精神为指导,以"魅力教育"为特色,全面探究中国基础教育现代化的普适规律,推动了75项教育教学改革,其中有48项获得了全国、市、区一等奖。"魅力教育的魅力何在,在我看来,就是要办'孩子向往、教师幸福、社会满意'的学校,创造更加适合学生发展的教育模式,努力探究幼小初高可借鉴的普适规律,全面提升学生的核心素养,为学生的终身发展与幸福发展奠基。"新时代的北京实验学校,在基础教育综合改革试验方面,走在了全国教育创新的前列,将为京津冀基础教育综合改革"先行先试"提供鲜活样板,创建中国基础教育现代化的卓越新品牌。这是一代代"香慈"人、"北实"

人的共同的努力。

"感时思报国，拔剑起蒿莱"。搏击春天，翻过炎夏，便是金秋。一个人在成长的过程中，总要经历一些风雨。只有流过血的手指，才能弹出世间的绝唱；只有经历地狱般磨炼，才能炼出创造天堂的力量。期待风华正茂的同学们，以务实创新的精神，与国家和民族不断发展的新时代相约，同学们将会发现自己的无限可能。正如习近平总书记所期望的："以青春之我、奋斗之我，为民族复兴铺路架桥，为祖国建设添砖加瓦。"

> 人生是一场长跑，每一个同学，都是勇者，也都是胜者。愿同学们以非凡的激情，坚持奋斗，让最美的青春在战"疫"中闪耀未来；愿同学们以优异的成绩和杰出的表现，向我们的百年校庆献礼！

奋战中考，献礼青春

又是一度春风起，再到中考冲刺阶段。每年的这个时候，在北京实验学校的上空，都回荡着毕业班同学冲刺中考的豪言壮语，正是这种敢于担当的勇气，自我加压的觉醒，不甘平庸的魄力和持之以恒孜孜追求的精神，让"北实"学子的人生之路更加绚烂多姿。

"九载寒窗苦读，三年坚实磨砺"，此时的同学们是北京实验学校的骄傲，更是北京实验学校的希望。同学们的双手已不再娇弱，同学们的双肩已不再稚嫩，同学们的目光从来没有像今天这般坚定执着，同学们的思想从来没有像现在这般成熟饱满，同学们的梦想从来没有这样真真切切。

在同学们中考百日冲刺的时刻，我送给同学们四句话，希望能给大家以鼓舞和启迪。

第一句：敢于担当，做一个志存高远的人！

疫情可怕，但白衣战士勇敢逆行；科学家们争分夺秒，研制新冠疫苗；消防战士不顾生死，救援受困群众……他们每一个人都是普通岗位的工作者，但他们用实际行动诠释着人间大爱，这源自他们心中的责任与担当！他们是生命的守护人，是国家的守护神。

孩子们都有自己的理想，自己的职业规划，无论将来从事何种职业，一定要像他们一样，做对社会、对国家有用的人：不畏艰难，不怕险阻，不惧风雨，迎难而上，顶天立地！

第二句：严格自律，做一个慎独守法的人！

在没有人现场监督的情况下，自觉地遵守法纪，约束自己的一言一行。这就是自律！严格自律，就会从利己走向利他，成为德行高尚的人。

我们要从眼前的、基本的学习生活做起，准时起床吃早饭，按时早读学习做功课。把平时的点滴事情做好、做精、做实。这就是最好的自律！

第三句：热爱学习，做一个自带能量的人！

新冠病毒引发的疫情再次告诉我们，战胜灾害的最有力武器还是科学，科学依靠高度专业化的学科群。这些学科群是数学、物理、化学、生物、医学以及基础性人文学科。"北实"学子要打牢基础学科的学习，为未来积蓄力量。

"知识就是力量"，这仅仅只是力量之基。而力量之魂往往表现在大灾面前同学们的能力、同学们的作为、同学们的担当、同学们的风采，这是应试教育考不出来的。期望"北实"学子，要做自带能量的人，能在大事面前经得起考验，爆发出强大的正能量。

第四句：备战中考，做一个善于自我超越的人！

那些学习、工作不顺利的人只是还没有找到适合自己的学习方法而已，一旦掌握了适合自我的学习方法，就会迅速强大起来。备战中考，也不例外！

同学们要学会舍弃，周密安排自己的时间表，确保自己一直都在做最重要的事情；要落实好"自学寻疑""合作解疑"，能否发现问题是区分有效学习和无效学习的标志；要强化合作意识，积极发挥集体的力量；要认真对待平时的练习，有意识地训练自己集中精力解决问题的能力。

同学们，往长远看，中考只是人生中的关键一步，这是激情奋斗、超越自我的良机和开始。古人云："绳锯木断，水滴石穿；锲而舍之，朽木不折；锲而不舍，金石可镂。"坚持别人不能坚持的，就能拥有别人不能拥有的。

同学们，前行的道路虽然艰辛，但你们并不孤单，这里，有你同窗三载、情同手足的同学；有望子成才、对你呵护备至的父母；更有指点迷津、诲人不倦的师长，我们就站在你们的身边，甘将心血化时雨，润出桃花一片红。希望同学们将青春的豪迈和铮铮的誓言化作务实的行动，把握当下，科学备考，用闻鸡起舞的精神彰显我们的志向，用囊萤映雪的刻苦照亮我们的心扉，用破釜沉舟的顽强铺就我们的前程，用卧薪尝胆的意志成就我们的辉煌！

孩子们，努力奋斗吧！我们的明天一定更绚丽！

此文献给冲刺中考的同学们，希望同学们能心怀凌云志，以更加无畏的勇气、更加专注的态度、更加主动的精神、更加严格的自律，挑战自我、超越自我、成就自我！

超越自我，快乐学习

中考、高考既是党和人民赋予我们的权利，更是新时代给予我们的厚赐。经历过中考、高考的人，青春的阅历会更丰富，青春的色彩会更飞扬，青春的笑容会更灿烂。新时代是奋斗、是超越的时代！选择勤勉与挑战，就选择了希望与收获；选择勇敢与攀登，就选择了在挫折中奔跑、在奔跑中超越；选择拼搏与超越，就选择了在历练中成长，在创新中成功！

人生最好的状态不是在夕阳西下的时候幻想什么，而要在旭日东升的时候即投入战斗。面临中高考，同学们志在何方，如何努力，如何趁势而上，促进自我快速成长？道虽迩，不行不至；事虽小，不为不成。"与时间赛跑"的故事你一定听过无数次。新冠肺炎疫情也许影响了我们的学习，但我们为何不趁此时机埋首积蓄力量。希望同学们不仅能与健康同行，还希望同学们保有"只争朝夕，不负韶华"的努力与决心，化解未来的不确定性，将大写的目标分解成数个小目标，用一个个小目标的花瓣串成大梦想的花环，颗粒归仓，零存整取。请记住，美丽的风景永远在路上，而最美的风景，更在那登上山巅后的回首一瞥之中。放下种种的疑虑和紧张，只要同学们以平常的心态，踏踏实实、勤勤恳恳地走好眼前的每一步，就一定会发现——曙光就在前头！

什么是"超越"？

超越就是敢于挑战自我！百米跑道，"飞人"们呼啸，狂奔，那箭在弦上的态势，全神贯注的倾听，在发令枪响的同时，全部化作为一往无前的动力，启动、迈步、挥臂、追上、赶超、领先……道以米计，时以秒算，超越瞬间成就了冠军。学术讲坛，专家学者们吸取前人的教训，总结他人的经验，有所发现，有所创造，有所创新，站在巨人的肩膀上，超越巨人，实现新的飞跃。

"自信人生二百年，会当水击三千里。"超越是勇气的显露。鹰击长空、鱼翔浅底需要"初生牛犊不怕虎"的勇气。超越是自信的勃发。拥有了强大的自信，就拥有了化渺小为伟大、化平庸为神奇的气概，也就会有冲破一切艰难险阻不达目的誓不罢休的决心。超越是力量的酝酿。台上一分钟，台下十年功，这力量在日复一日的冬练三九中，在年复一年的夏练三伏中，在烈日炎炎的训练场上，在挥汗如雨的努力坚持之中。

同学们要有超越的勇气！我们面对的，也许是一个更高的目标，也许是自己曾经梦寐以求的期望，也许是一个比自己强得多的好友。同学们要沉着冷静，策划应对，不能畏缩不前，无所作为。

同学们要有超越的自信！在繁重的学习任务面前，要有艰辛奋斗，优异完成学习任务，走在同龄人前列的自信。在中考、高考的舞台上要敢于跃马扬鞭，扛枪应战。

同学们要有超越的力量。平时付出了多少，就会有多少回报；付出了多少能量，就会有多少力量。所以，当同学们感到挫折的时候，可以先自问一句：我的付出够多吗？

不经一番寒彻骨，哪得梅花扑鼻香。超越需要付出努力、付出代价、付出心血、付出眼泪和汗水。就像巨石下的小草，超越层层重压；就像茫茫海面上的航船，超越汹涌的恶浪。当卧薪尝胆，终于战胜了困难；开足马力，终于抵达理想的彼岸；竭尽全力，终于实现了奋斗的目标时，同学们将为超越而幸福、而快乐、而自豪！

去超越身边优秀的朋友们吧！要知道，强弱是相对的，此消彼长。只要敢作敢为，敢打敢拼，就能在相互追赶的激情奋斗中，在彼此超越的氛围中实现更好成长。真正的朋友就是要在事业上、学业上相互超越、相互激励，友谊也会因此而更加醇厚。

去超越博学的师长吧！我们敬重师长、爱戴师长，但要懂得，青出于蓝而胜于蓝，赶上师长，超过师长，社会才能发展，时代才能进步，祖国才能强大，师长也会因此而更加欣慰。

去超越自己吧！无论自己处在什么位置，正逢青春的我们，唯有奋斗、奉献、超越，才能实现生命的价值。我们苦、我们累，但我们苦中有甜，累中有福。请坚信：自省就能成人，奋斗就会成长，坚持就能成才。但无论同学们走到如何优秀的位置，请不要忘记，每一个成绩的获得，都只是我们成人成才路上的一小块奠基石子，这每一块石子的延续才能铸就成才的大道，这每一块石子的铺就都需要今天超越昨天、明天超越今天。用梦想和激情靓丽青春的色彩，用汗水和智慧铸就人生的辉煌。圆梦中考、高考，誓叫青春无悔，送父母一个惊喜，赠母校一份厚礼，实现自我有价值的飞跃。

超越自己，永不止步

热爱学习的动力源于信念、源于兴趣、源于坚强。正如周恩来总理"为中华之崛起而读书"一样，怀着这个信念就能把绝望的大山凿成希望的盘石。霍金源于兴趣与坚强，战胜病魔，勇敢向科学挑战，站上了世界科学的高峰。不管我们的目标是大、是小，是远、是近，至少要先起步，才能到达高峰。一旦起步，继续前进就不太困难了。学习越是困难，越是开始不愉快，越要立刻去做。如果等待时间越久，就会变得越困难，越可怕，这有点像打枪一样，瞄得时间越长，负担就越重，射中的机会就越渺茫。

长风猎猎战鼓催，旌旗飞扬马蹄碎。我未曾见过一个早起勤奋、谨慎诚实的人抱怨命运不好。良好的品格，优良的习惯，坚强的意志，是不会被假设所谓的命运击败的。我们是狂奔的骏马，哪怕千难万险；我们是翱翔的雄鹰，何惧狂风雷电！

光阴流转，时序更替。自然在超越中进步，生命在超越中进化，人类在超越中发展。同学们，鼓起勇气，大胆地去超越吧！你超越他，你就将站得更高，看得更远，思得更深，创造更好的成绩。他超越你，创建努力学习、积极进取的氛围，形成你追我赶的态势，才能激励大家共同前进，共同提高。超越自己，永不自满，永不懈怠，永不停步，在超越中努力奋斗，不懈拼搏，用自己的聪明和智慧，用自己的双脚踏出一条充实幸福的成长之路！

在中高考进军的号角吹响的时候，希望同学们像英雄一样去战斗！燃烧斗志，享受奋斗，珍惜时间，充实生命，期待同学们初高中生活在最后美丽的时光里"跃马扬鞭赴战场，踏破楼兰凯歌还"。

最美的季节,最美的孩子!

春天迈着轻盈的步伐,微笑着向我们走来,给我们送来一个又一个希望。我们正经历着前所未有的疫情(新型冠状病毒肺炎),但一切美好随着新芽都会在春风中冒出来。村上春树说:如你不能确定暴风雨是否真的结束了,但有一件事是可以确定的,当你穿过了暴风雨,你早已不是原来的那个人。

新学期伊始,尽管疫霾还未完全散去,但我们依然在千千万万人群中,依然相聚在明媚的春天里。疫情之下,同学们一定对生命有所感悟,同时更有心灵的成长:生命是一段精彩的旅程,有茂盛也有凋零,有未知也有憧憬,有开始也有结束。珍爱生命的最好方式,就是要不忘初心,珍惜时光,刻苦学习,不负韶华,对自己,要有一份奋发;对社会,要多一份尊重;对学业,要倾注深情,让学习丰富我们的人生,让学习赋予生活更多的意义。在朝气蓬勃的春天里,相信同学们一定会有新的精彩呈现。

一年之计在于春,如今正是一年中最美好的时光。当同学们打开新学期这本大书时,都要问一下自己:我的理想是什么?一个人有了理想,就像漂泊在茫茫大海中的扁舟,找到了正确的航向;就像在风沙四起的荒漠中,出现了一片绿洲;就像在荒凉的孤岛上,忽然听到了夜莺的啼声;就像梦魂牵着生命的脚步,一路跋涉,万水千山,只要励意进取,就一定能够到达理想的彼岸。

让梦想在这里起飞,让学业在这里日进,让生活在这里灿烂,让青春在这里飞扬,让人生在这里充实,让前途开始在这里铸就,让思想在这里升华。开学了,新的起点,希望同学们好好学习、快乐学习,用春风、用天蓝色,描绘出一片能够任未来遨游的天空,展翅飞翔!

"去日不可追,来日犹可期"。生命就是一列没有回程的列车,愿同学们登上持续快乐成长的列车,从此人生风景更独特。

又是一季开学日,结伴欢笑入学堂,思维碰撞清辉在,魅力课堂放光芒。春光明媚幸福长,求知路途征帆扬!

疫情虽可怕,但阻隔不了同学们学习的热情。愿同学们做好疫情防护,好好学习,快乐学习,以良好的精气神投入学业中。

铭记"一二·九"，共筑中国梦

"一二·九"运动85周年纪念日，是属于青春的日子。缅怀"一二·九"先驱崇高的爱国精神和革命精神，这对发扬"一二·九"精神，激励新时代广大青年的爱国热情和担当精神，为加快建设社会主义现代化国家、实现中华民族伟大复兴的中国梦而奋斗，具有十分重要的意义。

爆发于85年前的"一二·九"运动，是中国共产党领导的一次大规模伟大的学生爱国运动，是一场中国人民为拯救民族危亡、捍卫民族尊严、凝聚民族力量而掀起的伟大社会革命运动，形成了全国人民抗日民主运动的新高潮，推动了抗日民族统一战线的建立，它标志着中国人民抗日民主运动新高潮的来到，正如毛泽东同志所指出的，"一二·九"运动是抗战动员的运动，是准备思想和干部的运动，是动员全民族的运动……有着重大的历史意义。

85年来，秉承"一二·九"精神，一代又一代青年，在中国共产党的坚强领导下，接续奋斗、凯歌前行，用青春之我创造青春之中国、青春之民族，满怀对祖国和人民的赤子之心，积极投身党领导的革命、建设、改革伟大事业，为人民战斗、为祖国献身、为幸福生活奋斗，把最美好的青春献给祖国和人民，谱写了一曲又一曲壮丽的青春之歌。

今天，在中国共产党领导下，中国特色社会主义进入了新时代。中国人民拥有了前所未有的道路自信、理论自信、制度自信、文化自信。党的十九届五中全会和"十四五规划"的建议又描绘了中国未来发展和建设的宏伟蓝图，中华民族伟大复兴展现出前所未有的光明前景！新时代中国青年处在中华民族发展的最好时期，既面临着难得的建功立业的人生际遇，也面临着"天将降大任于斯人"的时代使命。

青年是国家的未来，也是世界的未来，自古英雄出少年。一百多年前，梁启超先生在《少年中国说》中，发出了"少年智则国智，少年富则国富；少年强则国强，少年独立则国独立；少年自由则国自由；少年进步则国进步；少年胜于欧洲，则国胜于欧洲；少年雄于地球，则国雄于地球"的殷殷期待，寄托了对中国青年的热切期望。建成社会主义现代化强国，实现中华民族伟大复兴，推动构建人类命运共同体，是时代寄予我们每位青年人义不容辞的责任。

习近平总书记告诫我们"幸福都是奋斗出来的"。"自信人生二百年，会当水击三千里。"真诚希望各位青年朋友、各位同学，树立远大理想，热爱伟大祖国，听党话、跟党走，担当时代责任，练就过硬本领，勇于砥砺奋斗，锤炼品德修为，增强"四个意识"、坚定"四个自信"、做到"两个维护"，努力把自己锻造成德智体美劳全面发展的社会主义合格建设者和可靠接班人。积极拥抱新时代、奋进新时代，让青春在为祖国、为人民、为民族、为人类的奉献中焕发出更加绚丽的光彩！

北京实验学校建校一百年，这个对"北实"具有特殊意义的历史时刻，海淀区教育系统以"铭记'一二·九'，共筑中国梦"为主题的"纪念'一二·九'运动85周年主题团日"活动在我校举办，这是北京实验学校的荣幸，我们备受鼓舞。

每个孩子都可以成为天使

孩子来到这个世界上都会逐渐长大……长大，可以说是这个世界上最容易的事情，只要时间不停，基本的物质条件得到满足，孩子们就可以年龄增长、个头长高、体重增加，从婴幼儿变成童年、少年、青年……但是，成长不一样，除了自然的成长，我们更多指的是心理的成长、认知的成长、能力的成长、精神的成长，等等。

孩子在我们眼里，永远是一座冰山，我们永远只能看见浮在水面的一部分，尖尖的一小部分，他们更大的部分、更多的内容都掩藏在水面之下。孩子越是长大，越是这样，因为他是一个独立的人，他有他自己的生活环境、自己的需要和主意。只有读懂孩子，才能提供更好的教育，才能促进孩子更好地成长。当然成长需要一个过程，成长只会慢慢来，其成长的过程也会伴随着系列化的问题，孩子就是在教育引导下，在慢慢解决问题中实现自我成长的。爱孩子，无条件，因为他们正走在成长为天使的路上。

不完美的未来小天使

孩子还走在成长为天使的路上，他现在还不是天使。既然还不是天使，那必然还会存在一些缺点、出现一些问题，如行为表现不够文明、违纪现象时有发生，等等。作为师长，我们应该包容孩子的弱点，包容孩子成长中的问题；理解和感觉到孩子产生过错的最细微的动机和原因。这是孩子的过错，是成长中出现的问题，不要把孩子和成人混为一谈，不要对他们提出那些对成人提的要求……这才是真正的教育，是真正的爱孩子，关注孩子的成长。

人是一个符号性的动物。只有通过教育，才能掌握符号，才能拥有精神生活，才能成为一个真正意义上有精神的人。人来到这个世界上不是天生就具备很多能力的，小牛、小马刚一出生就会站立、行走、奔跑，人类却要经过漫长的哺育才能独立生活。人类的绝大多数能力，都是在后天教育中形成和发展起来的。人也没有天生的是非对错观念、价值判断能力、理想信念追求，这一切都需要靠后天的教育铸就。家庭教育、学校教育、社会教育的共同目标，就是为了培育人格健全、身心健康、精神丰厚、担当使命、终身成长的人。

珍爱生命、享受生命。世上最难学懂学透的学问，就是如何珍爱生命、享受生命。在孩子的所有缺点中，最严重的就是轻视生命。生命的意义在哪里？生命从哪里来？生命的责任、使命是什么？幸福是什么？如何珍爱生命、享受生命？家庭教育、学校教育，都要高度重视生命的教育，给孩子们这些问题的正确答案。北京实验学校热心组织体育活动，目的是培育孩子们一门以上体育爱好，养成终身锻炼的习惯，延展生命的长度。同时，我们努力激发学习的兴趣与激情，提升自身的知识与能力，拓宽生命的宽度；我们积极引导孩子树立正确的人生观、价值观、世界观，激发理想追求，丰厚精神内涵，提升生命的高度；我们培育孩子们爱党、爱祖国、爱人民、爱生活、爱艺术、爱劳动的情感，增强生命的幸福度。当生命有了长度、宽度、高度、幸福度时，孩子就会享受生命的快乐、感受生命的意义、珍爱生命的价值。

我们爱的是孩子这个人

爱每一个孩子是教师的责任。孩子是一个家庭的希望，是祖国的未来，是民族腾飞的力量。爱每一个孩子是教师从事教育最基础的情感，是教育的出发点，也是教育的归宿，更是检验教师职业道德的试金石。教师要成为孩子最坚实的臂膀，倾听孩子内心的话语，让他真正地快乐，让他在快乐中逐渐战胜自身的性格弱点，让孩子在爱的世界里自然成长、自己成长、自由成长、自觉成长。

无条件爱每一个孩子是教师的情怀。没有哪一个老师会说自己不爱孩子，但很多时候我们可能没有意识到，我们爱的究竟是孩子这个活生生的人，还是爱孩子的分数，爱孩子的表现？因为这个分数、表现，关系到自己的考核，而考核结果关系到自己的绩效和晋升，当然还关系着自己的面子，等等。如果仅仅是因为孩子成绩好、表现好才爱孩子，那这根本就不是真正的师爱，不是高尚的爱，而是功利的爱、短视的爱。如果一定要说是"爱"，那也是教师对自己的"爱"，对自己利益的"爱"。教师要有一种职业道德的自觉，你爱的是孩子这个人，而不是他的成绩与表现，更不是他将来的地位。越是有问题的孩子，越有风险，越需要足够的关注与培育；越是学习困难的孩子，越是自卑，越需要帮助与激励。锦上添花，固然美丽；雪中送炭，更是高贵。无条件爱上每一个孩子，不断给予孩子精神的力量，促进孩子全面成长、健康成长、幸福成长、持续成长。

教师要努力成为孩子人生的榜样。教师每天言传身教，陪伴与守望着孩子的成长。教师对学生的影响是巨大的，甚至是终身的。教师是孩子人生的导师，教师自然会成为孩子的榜样，榜样是什么样的人，孩子就很可能成为什么样的人。教师的言行会默默地渗透到孩子的心田，会影响到孩子做人、学习、生活的方式。对缺乏理想的孩子，教师要用自身的理想去点燃孩子理想的火种；对追寻理想的孩子，教师要用自身教育的激情让孩子理想之火燃烧得更旺。

在爱中激励孩子成长

给孩子一个快乐的童年。有人性的人是明亮的，有人性的教育是光明的。认真地带着孩子一起过好每一天，争取每一天都让孩子在无形中饶有兴趣地学习、生活，给孩子的童年留下美好难忘的故事。著名教育家陶行知先生曾告诫教育者不要歧视表现不好、成绩糟糕的学生：你的教鞭下有瓦特，你的冷眼里有牛顿，你的讥笑里有爱迪生。陶先生在这里强调的是不可忽视孩子尚未开发的、隐藏着的无限潜力。但作为教师的我们千万不能因此而理解为，只有将来成为瓦特或者爱迪生的孩子，才值得我们尊重与爱。教师的爱需要洒向教室的每一个角落，让每一个孩子都能感受到有温度的教育，温暖着每一个孩子的心灵。我想到苏霍姆林斯基在其《给教师的建议》中有一条建议是"请记住，没有也不可能有抽象的学生"，而重点是"认识人、了解人"。教师要认识每一个孩子，了解每一个孩子，努力读懂每一个孩子，真心爱上每一个孩子，给予每一个孩子希望，激励每一个孩子快乐成长。

让教育沐浴人性的光辉。让我们善待每一个孩子，把孩子作为一个真正的人看待，积极引导孩子树立正确的人生观，张扬自己的个性，发挥自己的潜能，成为更好的自己。在我们教室里的每一个孩子，首先是活生生的生命个体。我们应该从赏识生命的角度考虑，首先是如何帮助他从一个自然人成为一个社会人，一个身心健康的人，一个有理想、有激情、有智慧、有担当的人，一个能够融入社会并且受人欢迎的人，一个挖掘自身潜能张扬不同个性的人，一个能终身成长的人。在生命里，能有孩子就是有福气；能够与孩子成为师生关系，陪伴孩子走过一段美好的时光，更是一种福气；而能够为每个孩子创造适合其发展的教育，助力每一个孩子更好成长，为新时代培育更优秀的人，更是人生最大的福气。

在教育坚守中创造美好。教师就像是厨师，把这些选编的多种材料，进行巧妙的搭配、开展科学的烹饪。于是，同样的原材料，经过不同的加工创作过程，会捧出不同的美食。教师的作用，不仅是对已有美好的传播，而且是对新生美好的创造。教学就是我们将这些创作的食物，不仅可给自己品尝，而且更多的是馈赠他人。在这样教学相长的过程，通过共享、分享、撞击、创生，让自己的身心强健，同时让更多的孩子也因此强壮。教育的过程，是师生同生共长的过程，是一段美好的旅程。这样，美好而有魅力的教育，就能在年轮画下一个圆圈的时候，让每一个人感觉昨日的圆满,并且心满意足地站在一个新的起点上,去创新教育!去创造孩子更美好的未来!

帮助每个孩子成为天使

只有教师的成长才能带来孩子的成长。长大不等于成长。长大与身体有关,与岁月有关。成长与心灵有关,与学习有关,与精神有关,而与时间无关。作为新时代的教师,无论处在教育生涯的哪一个阶段,都需要不断地成长。成长是一种责任,更是一种时代赋予的使命,因为只有教师的成长才能带来孩子的成长,只有培育孩子终身成长的习惯与能力,才能扛起未来的重担与使命。学习,也有客观规律,同时可以跨越不同的年龄段。一位老教师,同样可以像孩童那样充满好奇心、充满魅力,敢于挑战权威,有自己独立主见。同样可以很纯真,很有童趣,很有热情,很有闯劲,不受世俗影响,激情澎湃,斗志昂扬。教师要拥抱成长,唱响成长,永远成长!

教师要树立心中的榜样。一个好的老师在他自己的成长历程中都有自己的榜样,都有自己的模型——像孔子那样做老师,像于漪那样做老师,像李吉林那样做老师……这样,我们自己才能不断地前行。任何追寻梦想的行动,都是对现实的改写,打破习惯的行为,当然会遇到阻力。作为教育工作者,我们从事的就是传播美好、创造美好的工作,如果能够把传播美好变成职业使然、变成本能,我们的努力将会事半功倍。教师也要善待自己,真正地善待自己,是珍惜时间,张弛有度,让人生丰盈。发现教师职业魅力,做一个善于享受教育生活的人;培养更健康丰富的爱好,做一个有生活情趣的人;与学生一起成长,做一个在教育过程中不断进取与超越的人;不断挑战自我的最高峰,做一个创造奇迹,书写生命传奇的人。

教师要筑梦孩子成为天使。每个孩子都是鲜活的、如此不同的生命体,他们并不因我们而来,他们是因对生命的渴望而来。"润物细无声",教育本就是一件不必急于求成的事情,要有信念坚守,要给孩子一个快乐的童年,要让孩子在德智体美劳诸方面全面发展,要静待花开,要坚信孩子最终能成为天使，这是教师对孩子最大的尊重。孩子是自由的，自由中需要引导，需要建立规矩，需要文明教养，需要教师的爱；但我们绝不能以爱之名，去掌控孩子的人生，我们要用真挚的爱、理性的爱、智慧的爱、艺术的爱，唤醒孩子内在的自觉，激活孩子内在的潜能，让每个孩子用心开一朵属于他自己的花。

爱孩子是无条件的，父母之爱如此，教师之爱也该如此。给孩子微笑、给孩子温暖、给孩子细腻无私的爱，这是新时代教师的责任与使命。智慧地爱每个孩子，给孩子期望、给孩子激励、给孩子高尚博大的爱，这是新时代教师的创新与奉献。以日以年，陪伴成长，守望岁月，总有一天，孩子会成为我们骄傲的天使！

争做魅力教师

沉浸在教育最美的姿态里

教育,需把美好的故事留下。这故事也许是某日清晨,在晴朗的天空下,学校的花池边,师生携手听歌读诗;也许是薄暮的黄昏,在明亮宽敞的学校礼堂里,师生相伴歌咏游戏;也许是在魅力课堂的探索实践中,师生、同学间目光交汇的瞬间灵动;也许是在课间走廊里,一回心心相印的师生温暖谈心;也许是班会上让师生产生强烈共鸣的心灵震撼之情景……这样的故事,也许波澜不惊,或者平淡无奇,但就在这一颦一笑、守望相助中,凸显了教师对教育的理解,盛满了教师对学生心灵的关爱。孩子们,会因这样的故事而成长;为师者,会因这样的故事而发展;师生间,会因为有这样的故事而相互尊重与依赖。沉浸在师生相互信任里,沉浸在教育的探索与发现中,沉浸在学生的幸福成长里,沉浸在教育最美的姿态里。

在阅读的世界中寻找教育最美的姿态

人生是一个从知识的贫乏走向知识富有的过程,是一个从感性认识走向理性思考的过程,是一个从学习知识走向运用知识,并最终创造知识的过程。阅读在人生中起着至关重要的作用,阅读在改变人生、奠基人生、丰厚人生,只有终身阅读者,才能适应社会发展的需要,才能担当起新时代教育者的责任与使命。

阅读沉淀内涵

师者,传道授业解惑也。为人之师,必须闻道在先,教师只有不断地积累知识、更新知识,让自身的知识日趋壮大、充满活力,才有传道授业解惑的能力。在信息爆炸的时代，我们每天都从互联网上接触大量的碎片化信息，阅读变得越来越零碎。但作为教师来说，系统性的学习和对深度资料的吸收必不可少。一本书就是一个世界，阅读越多，内心越沉稳。我们常说，一个人的气质里，藏着曾经读过的书、走过的路、爱过的人。因为气质是岁月长期沉淀的产物，是漫长时光所赠予我们的最好的礼物。换句话说，你的内心是怎么样的，你的世界就是怎么样的，你走过的路，不会骗你。阅读的积累，让你修身养性，让你才如泉涌，你才能解决教育、教学中不断出现的新盲点、新问题。

阅读提升思想

教师是学生思想的引领者，引领孩子成长的方向，激发孩子成长的斗志。思想源自站位，源自实践的探索升华，源自独特的智慧思考。不同的楼层，就会有不同的视野和心态。人也一样，当我们迈入了一个新的高度，进入了一个更高层次的站位，就会有不一样的视野和胸怀。读书，是为了遇到更好的人，见到更精彩的世界，让自己拥有更好的思考与思想。人的精神需求的最高层次是理性的思考。刺激是心理本能的满足，娱乐是心理休息，信息是人捕捉到的事物的信号，知识已进入到认识的总结，只有在大量系统知识的基础上结合长期的实践探索，才能创建自身的思想，只有思想才能进入到理性，进入到规律和方法的把握，是人们对客观世界的更深刻的认识。一个有思想的教师，才能真正读懂孩子、引领孩子、温暖孩子，促进孩子成长！

阅读升华灵魂

掂着有分量、翻着有声音、闻着有墨香、看着不伤眼、读着有营养的书，陶醉在字里行间、多情多景中，字斟句酌、细嚼慢咽、进入意境、领会精神、升华灵魂，这是多么的惬意啊。我们怎能放弃这种伟大而充满尊严的阅读习惯！余秋雨说过："中华文明之大，相当一部分取决于他的普及企图和传播力量。暂处衰势时他会隐匿自保、清高自慰，而一旦有兴盛的可能，总是百川连注、众脉俱开、气吞万汇。"教师一定要做有文化、有灵魂的人，有文化、有灵魂的人，实际就是将文字、文章、书籍、思想情怀化入人的血液、生命里去了，成了生命的一部分了。读书的最高境界，不是学知识，而是要发现自己、发现良知、重塑自我，提升格局、升华灵魂。即使阴天内心依然充满阳光，即使下雨灵魂也依然晴朗，不会因为外在的环境而影响自己的成长，永远保持行动和思想的高度统一、和谐同步，永远保持内心独立和坚定的力量。当文学真正走进教师，当读书成为教师日常生活，我们就会对世人说：管它"什么流"来袭，我自"中流"砥柱。阅读升华灵魂，一个拥有良好读书环境的教师群体，一定会弥漫着人性光辉的未来；一个善于从经典中汲取力量的教师，一定会展现最有活力的教育。请老师们记住阿根廷国家图书馆馆长博尔赫斯的话——这个世界如果有天堂，那么天堂的样子肯定是图书馆的模样。

教师在工作之外，常常沉浸在阅读的世界里，默默吸收着书中的营养，享受着知识世界的旖旎风光，沉淀内涵、提升思想、升华灵魂，这样的场景难道不是教师最美的姿态？

在舒展的自然中展示教育最美的姿态

"舒展"既指孩子的生命状态像大自然的花草树木一样，顺着天性，自然地自由地伸展枝蔓、健康生长，又指内心宁静、舒坦、愉悦、美好。每一个鲜活的儿童生命都像大自然的粮食作物一样在拔节孕穗期不断吸收养分尽情生长，呈现出它自然的舒展姿态，这个姿态展现其自然、自由、自己、自觉、和谐、美丽的生长。教育就是遵循孩子身心发展的天然规律、尊重孩子自主成长的美好愿望、遵守立德树人的教育追求，培养人、发展人、塑造人，让每一个孩子健康地、自主地、幸福地成长，努力成为更好的自己，不断攀登自己生命的高峰！

培植适合舒展生长的土壤

学校是学生舒展生长的土壤。它应当是像公园一样，像图书馆一样，像家庭一样，有着新时代学校的样子。像公园一样，是说学校要开阔大气，环境优美，文化气息浓厚。开阔大气的校园，能涵养出眼界高、胸襟广的独特气质。美丽幽静的环境，能让学生举止文明、行为优雅、心灵洁净。厚重浓郁的文化，会使学生远离喧嚣和浮躁，学会沉静和思考。像图书馆一样，既是说学校管理有序，遵守规则，又充满读书的浓厚氛围。我们的校风是"健康、明礼、乐学、创新"，"明礼"强调的是文明、礼貌、秩序、规则。像家庭一样，是说要懂得尊重与欣赏生命，创设温暖、温馨、温情的生长环境，建设和谐、友爱、平等、尊重、善良的师生关系。有着新时代学校的样子，是说学校要摒除功利，去除浮躁，安安静静办教育，既要务实，又要有情怀、有理想，越来越接近教育本真，贴近生命，越来越像一个新时代的学校，教书育人、全面育人，为孩子的40岁做好准备。

拓展适合舒展生长的空间

舒展生长需要空间，学校系统规划并努力构建适合"自然成长、自己成长、自由成长、自觉成长"的"十五年一贯校本融通课程体系"，为学生自主成长与发展提供广阔的选择空间。努力激活精气神、塑造真善美。校本课程实质上是一个以学校为基地，进行课程开发的民主决策的过程，即校长、教师、课程专家、学生以及家长和社区人士共同参与学校课程计划的制定、实施和评价活动，在于通过课程展示学校的办学宗旨和特色。我校依托十五年一贯制的办学优势，构建既能实现幼小初高四个学段无缝链接、纵向贯通，又能促进各学科知识整体融合的立体融通课程体系。

具体包括以下含义：

一是强调课程间的横向整合，通过四个学段多种学科的知识互动、综合能力培养，促进师生合作，实现以人为本的新型课程发展，在课程结构、课程内容、课程资源以及课程实施等各个方面实现一定程度的整合，从而促进课程整体的变革。

二是强调课程的纵向贯通，建设各学段的融通课程，促进四个学段间的有效衔接，同时加强一体化校本课程的建设，使课程目标、课程内容、课程实施和课程评价等方面均能体现出进阶性、整体性和一贯性。

三是整体开发四个学段衔接的"入境课程"和"引桥课程",落实幼小、小初、初高衔接问题,完成幼、小学科,小、初学科与初、高学科融通课程和教材,并跟踪调研使用效果,再进行完善,以保证课程研究与整体实施的成效,促进学生、教师、学校的可持续发展。

探索符合舒展生长规律的时间

生命长成参天大树有一个过程,我们要给它舒展生长的时间。在教学方面,推行"加减法"措施。"加"是开展魅力课堂探索,让课堂成为引力场、思维场、情感场,成为促进生命发展的力量场,提升教学质量、提升课堂效能,提升教育品质。"减"是减负,减轻学生思想与心理包袱,减少学生作业量、减轻学业负担,严控各科课外作业时间,还给学生休息的时间、自主学习的时间、发展特长爱好的时间,确保孩子每天锻炼的时间不少于1小时,确保幼、小、初、高的孩子睡眠的时间分别不少于12小时、10小时、9小时、8小时。定期发放学生与家长调查问卷,了解各科作业量和作业时间,了解学生校外补课时间。对问卷数据认真统计、认真分析,针对问卷反映的问题,通过家长大会、教师大会、学生大会及时研究解决。以行政方式严格控制作业时间,规定晚上作业时间不能超过上限,确保孩子足够的睡眠时间,促进孩子健康、持续、全面成长。

儿童的生长有其天然的规律,教育就是要尊重儿童成长的规律,为儿童的发展培土施肥、浇水除虫、通风光照,让儿童之树根深叶茂、自然舒展、茁壮成长,在舒展的自然中慢慢长大成人,这就是孩子成长最美的姿态。

在探索的实践中创造教育最美的姿态

教师从事的是创造性的实践劳动,教师每天面对的是众多鲜活的生命个体,每一个生命都是如此活泼可爱、欢蹦乱跳、天真烂漫,每一个孩子都是祖国的未来、民族的希望、家庭的希冀,教师需要在教育的实践中用心探索,创造适合每一个孩子发展的教育,让孩子们像雨后春笋般茁壮成长。

课堂是教师激情探索的圣地

课堂是教师专业价值实现的殿堂，是教师与学生思维交汇碰撞的最佳地，是素质教育的主阵地。教学是师生彼此都要珍惜的缘分，课堂是教学的核心环节，有限的课堂时空，却有着无穷的探索与创造的空间，教师需要用无限的激情与执着的探索精神，去创造没有最好只有更好的课堂，让课堂成为孩子幸福成长的天堂。在课堂里教师用诗性的语言，捕捉教学的灵感，体会语言的力量，追问教育的本质，感悟生命的真诚，展现激情的魅力。教师应该将课堂向学生开放，多把机会留给学生，想方设法为学生的成长搭建起舞台，让每个孩子在自己的舞台上演绎出生命的精彩。教育的润物之功，大多数不能立竿见影，应该给他们一点时间，守望孩子的成长，静待花开。

教育教学活动应该是师生的共同活动，是教师"教"与学生"学"的统一，要创新"教"与"学"的方式，课堂主要体现的是"学"而不是"教"，"教"的目的是为了不教，是为了促进学生的"学"。一堂完全由教师把控，顺着教师的精心设计进行的课堂，不是好课堂，也不是课堂的常态。教师合理地引导，学生在学习的过程中积极思考，如此学生才会有所收获。当学生完全被动地接受时，这堂课就成了教师的表演秀。师生关系是开展有质量教育的前提，师生关系协调，才会产生情感上的共鸣，从而进入教育教学的最佳境界。请相信：教师俯下身子，学生"总会醒来"。

最好的教育是教师率先垂范、以身作则

教师自身是最好的教育课程，身教重于言教，教师应该率先垂范、以身作则，提升师德修养，做立德树人的表率，做孩子成长的榜样。以身作则不是装，不是在孩子面前变成另外一副模样。以身作则是一种习惯，一种日常行为，一种能让人看到但又不刻意的东西。有这样一所乡村小学，老师们每天早早到校，第一件事就是拿起扫帚打扫校门处的公共场所。渐渐的，学校里的操场再也见不到孩子们不经意扔下的垃圾，甚至，幼儿班的孩子也兴致勃勃地为校园里新种的树浇水、除草。教育不是一味地说教，以身作则是对教育最好的诠释，我们从自己做起，并且努力做到最好，就是教育最好的一面镜子。教师眼中要有学生，而不只是机械的分数，任何一张考卷是考不出人的综合素质的。如果教育不追求德行与智性的统一，就是残缺的教育。作为教师，首要工作是育人，就是引领孩子走一条健康、正确的人生之路，让每个孩子都能得到充分的、全面的、健康的发展。

教育的幸福不是熬出来的，面对无休止的累，消除职业倦怠，最好的办法是去爱。爱孩子，爱课堂，爱校园，增强内心的教学勇气，善于激发孩子成长的内动力，勇于探索教育的规律，在教育改革与探索中豪情满怀、激情奋斗，创造教育最美的姿态！

在奋斗的人生中呈现教育最美的姿态

知识的泉水涓流不息，让希望的种子吐露新芽，让思想的大树开花结果，让人生的蝴蝶破茧而出。让每个学生都能拥有一个幸福而有意义的童年，以此为他们幸福而有意义的一生创造良好的基础。这是新时代教师肩负的使命，教育者需要用一生去奋斗、去创造、去超越。

在笃志笃行的深耕细作中提升教育艺术

教育是农业，不是工业。教育的田园上，种子和灵魂的生长要求每一缕风、每一丝阳光、每一滴雨露都来得恰到好处。在最适宜的时候，最用心的所在，才会有生命花开出最粲然的笑脸。所以，为人师表的我们，就得像那些在希望的田野俯首耕作的农民兄弟一样，沉浸在激情、专注和挥汗如雨的光阴中，去探寻并掌握行之有效的深耕细作的技艺和方法。

在不断丰厚自身文化底蕴、理论素养的基础上，笃志笃行、深耕细作、精心研究、潜心探讨、丰厚实践、凝聚智慧，揭示孩子成长的规律，提升育人的智慧与艺术，竭尽全力为育人事业奉献力量。

在奋斗与探索中创建自己的教育思想

成为一名有思想的教师，使我所做的一切有了一种自觉的追求，使生命在教育生活中挺立，并产生一种凭海临风的洒脱与旷达，矢志不渝地追寻教育的理想。36年的教育生涯，在不间断的博读深思中，在经历探索县城教育、地级城市教育、省会城市教育、首都教育的德育、教学创新改革中，在近十年开展的幼儿园、小学、初中、高中十五年一体化的综合改革实验中，在遍及祖国四方的游学研修中，在北师大、北大、清华的校长培训班的学习中，在和全国各地教育名家、教育同行的深谈纵论中……一本本深入的阅读，一程程深入的探索，一轮轮对比的实验，一场场精神的盛宴，一次次思想的碰撞，一回回心灵的融通，一篇篇深思熟虑的教育写作……我实践、探索、聆听、发现、感受、思考、写作……

36年实践中思索的结果告诉我，教育的基础是实践的探索、哲学的思考、科学的研究。教育者的生命观，教育者对儿童生理科学、心理科学的研究程度直接影响着人才的培养、教育的未来。教育需要从原点出发，去尊重规律，去尊重并激扬生命。我读哲学著作，将中国传统"天然合一"的哲学思想，与西方哲学"自觉、认识、行动"的思辨探寻结合起来，深入探究教育深层次的问题。在每天的实践、阅读与写作中，我越来越认识到要把孩子当成一粒种子，怀抱着静待花开的慧心，去发现和成全，去唤醒和激扬，去等待不同孩子的不同的花期，去欣赏不同花期不同的美丽。最后将魅力教育的核心思想表述为：

构造"一方池塘"，服务孩子"自然成长"；点燃"一束火焰"，启迪孩子"自己成长"；敲打"一块燧石"，引领孩子"自由成长"；推开"一扇大门"，促进孩子"自觉成长"。

办一所"孩子向往、教师幸福、社会满意"的学校，培养具有"'北实'精神、中国灵魂、国际视野"的现代人。魅力教育着眼于激发内动力、培育精气神、塑造真善美，着眼于为孩子的终身发展与幸福人生奠基。

在归心低首的生命关爱中呼唤教育情怀

"爱在爱中满足了。"纪伯伦如是说。"爱满天下。"陶行知这样身体力行。"教育其实很简单：一腔真爱，一份宽容，如此而已。"李希贵如此理解教育。没有爱，就没有教育。教育者需要怀抱着持久的热忱，以爱育爱，以情激情。在平凡的时光里，师生因爱携手，与梦同行，让生命里的一切思想、情怀、品格盛开成三月如诗如画的原野，在寂寥的人生路途中，共同用生命去唱一支充实而热烈的成长之歌。

我想让我的每一天，都怀着雀跃期待的心情去迎接和学生的每一次相逢；我想让我的每节课，都洋溢生命的温暖，释放智慧的灿烂；我愿在孩子取得进步的时候，毫不吝惜为师者的激赏和赞叹；我愿在孩子出现错误的时候选取适当的教育方式，恰如心有猛虎而细嗅蔷薇，不去惊醒花蕊上晶莹的晨露。我希望带领学生走进文学，走进经典，走进自然，走进生活，在春天温润的空气里，秋天清澈透明的光线里，从林间洒落的阳光里，陌上盛放的花树里，溪边萌动的绿芽里……感受到心灵舒展的饱足和喜悦。从小获得欣赏艺术和大自然的能力，将为他们终身精神生活的丰富奠定美好的基础。

从事教育的人是愉悦的，做奋斗的教师是充实的，成为有思想的教师是幸福的。新时代的教师，热爱自己的工作，毕生追求崇高的教育事业，逐步成长为有智慧、有思想的教师，在坚持不懈的奋斗中呈现最美的教育姿态。

做教育是美好而幸福的。这里充满着浓厚的诗意，洋溢着诗的烂漫，弥漫着诗的芳香！在教育生活中以阳光进取的心态，包容宽广的胸襟，博学优雅之素养，温润欣赏之态度，安心乐意地投入，倾洒满腔的激情，拥有深挚的爱心，勇于奉献的精神，才能追寻教育的诗意与远方。

> 在不懈的追寻中，相信我们的生命一定能穿越翠绿旷野、湛蓝海洋，穿越苍茫风雨、七彩阳光，抵达长空浩瀚、星空璀璨处，浸润在教育的世界里，尽情享受教育的温馨与魅力。这就是我们的理想境地，这就是教育最美的姿态。

新时代教师的品格

党的十九大报告指出,要"推进教育公平,努力让每个孩子都能享有公平而有质量的教育"。这是党中央的庄严承诺,作为基础教育一线的教师,如何贯彻党的精神,让党对教育的要求变成我们自觉的创新行动,对每一个孩子的成长高度负责,创造适合每一个孩子发展最好的教育,努力为社会主义现代化建设培育高素质人才,这是现代教师肩负的历史责任与崇高使命。新时代的教师要与时俱进、反思前行、创新超越、拼搏奉献,要努力转变理念、修炼品德、提升内涵、教书育人,要努力成为"有理想信念、有道德情操、有扎实知识、有仁爱之心"的现代教师。

转变理念,发展学生素养

一个人如果仅仅有很多知识,只能算一个移动硬盘;一个人如果仅仅熟练掌握了各种技能,最多算一个熟练工;一个人如果只会思考而欠缺知识和技能,只能算一个空想家。如果想成为真正的人才,如果想成为真正的高手,一个方面是知识的积累和技能的训练,另一方面是思维能力的不断提升与发展。我国基础教育在知识的积累和技能的训练上都稳打稳扎,但在思维发展与关键能力的培养上需要突破。现代教育需要培育学生的思维能力,发展学生的素养,提升学生的创新精神与实践能力,需要努力培养适应未来社会,又能改造未来社会的优秀人才。

强化关键能力培养

2017年9月中共中央办公厅、国务院办公厅《关于深化教育体制机制改革的若干意见》指出：强化学生关键能力培养——培养认知能力、培养合作能力、培养创新能力、培养职业能力。

培养认知能力，引导学生具备独立思考、逻辑推理、信息加工、学会学习、语言表达和文字写作的素养，养成终身学习的意识和能力。

培养合作能力，引导学生学会自我管理，学会与他人合作，学会过集体生活，学会处理好个人与社会的关系，遵守、履行道德准则和行为规范。

培养创新能力，激发学生好奇心、想象力和创新思维，养成创新人格，鼓励学生勇于探索、大胆尝试、创新创造。

培养职业能力，引导学生适应社会需求，树立爱岗敬业、精益求精的职业精神，践行知行合一，积极动手实践和解决实际问题。

在学校教育中，既要培养学生良好的习惯，促进学生在德智体美劳等方面全面发展，打牢知识与技能的双基，重视人格的健全，又要突出关键能力的培养，培育创新意识、激活创新灵感、激发创新潜能、孕育创新智慧，形成创新能力。只有这样的教育，才能真正培养出时代所需的创新人才，为民族的振兴、国家的强盛打下人才基础。

突出核心素养提升

世界各国的教育都重视学生核心素养的培养，最受全球关注的七大核心素养包括：沟通与合作、创造性与问题解决、学会学习与终身学习、批判性思考、信息素养、自我认识与自我调控、公民责任与社会参与。这些素养很重要，特别值得我国教育者思考与借鉴。但每个国家的发展有其自身的历史文化与时代特征，要培养适应我国未来社会又能改造未来社会的优秀人才，需要在人文底蕴、科学精神、学会学习、健康生活、责任担当、实践创新等核心方面，开展系列化的创新教育，提升学生的核心素养，为每个学生的终身发展，为伟大复兴的中国梦的实现贡献教育的智慧与力量。

我国学生发展核心素养要从以下几个关键方面去突破。

- 人文底蕴：人文积淀、人文情怀、审美情操；
- 科学精神：理性精神、批判质疑、勇于探究；

- 学会学习： 乐学善学、勤于思考、信息意识；
- 健康生活： 珍爱生命、健全人格、自我管理；
- 责任担当： 社会责任、国家认同、国际理解；
- 实践创新： 劳动意识、问题解决、技术运用。

每一位教师要站在新时代，深刻认识培养核心素养的价值与意义，要自觉把核心素养的培养贯彻教育的全过程；要把核心素养的培养融进学科教育中、融进每一堂课中；要充分思考与实践将核心素养的提升与学科教学的每一个章节、每一个教学目标结合起来。核心素养的培养不只是一种理论探索与嘴上功夫，而是要变成一种教育行动、扎实推进、落地有声、成果凸显，真正让教育担当起为国育才的历史重任。

提供全面优质教育

进入新时代，人民对美好生活的向往和发展的不平衡、不充分成为中国社会的主要矛盾。什么是我国当前和今后一段时期基础教育发展中最大的不平衡与不充分？我国基础教育在知识、技能、解题能力、认真、勤奋、刻苦方面都表现突出，但在实践能力、创造性、好奇与兴趣、独立思考、合作与沟通、自尊自信、人生观等方面还存在种种问题。中国教育面临的最重要最突出的矛盾是学生发展的不平衡与不充分的问题。办好老百姓家门口的每一所学校，为每一个孩子提供优质的教育，既是党和政府的责任，更是每一所学校、每一位教师的历史使命。新时代的教师都要积极行动起来，要成为教育改革的主人，学校发展的主人，提供优质教育的主体，用自己的教育情怀与教育创造去书写欣欣向荣的教育明天。

推进学区制教育改革，集团化办学、城乡一体化教育发展，开展精准教育扶贫，实现优秀校长、优秀教师的有序流动等，都是实现教育优质均衡的有效途径。每一位教师要有政治责任感、国家使命感，要热情投身这场教育改革中，将个人的发展融进教育整体发展之中，在推进教育均衡优质的事业中主动有为、积极奉献、创新创造、建功立业。

修炼品格,提升教师魅力

走上三尺讲台,教书育人;走下三尺讲台,为人师表。这是现代教师的使命使然,也是现代教师优秀品格的必然呈现。教师的品格应该有天地的宏博、磊落和坦荡;有日月的热情、奔放和无私。天地包孕一切,化生万物,有序运转,促进生命的不断充实、成长和更新;日月默默积蓄能量,有一分热发一分光,尽情奉献,永远不悔。教师的人生观能与天地日月的宇宙观融为一体,教育便会呈现一种令人动容的气象:一切都在互相包容,互相融通,互相感化;一切生命都在成长和成熟,充实和更新;知识、思想、情感、道德、才干和智慧都在日出竿头、节节攀升地长进。这是教师品格化生万物、生生日新的奇妙力量与神奇魅力。

教师品格的修炼需要一个过程,需要对教育有敬畏之情,决不能把教育干成小买卖,而要把教育当成崇高的事业去追求。教师需要教育的信仰、教育的情怀、教育的精神,才能逐步修炼成现代教师的品格。

看到美好

首先,要看到生活的美好。教育是一种心灵与心灵的交流,精神与精神的启迪,生命与生命的对话。教育让教师的情感细腻、生活充实、价值彰显、生命成长、感受欢愉。教师要能用运动、发展、变化的眼光,看到生活中进步、积极、美好的一面。教师要胸中如日月,胸怀博大、善于包容、尽情奉献。教师要思想澄明、眼睛亮丽,善于发现孩子的细微进步,善于多维度、立体式、全过程地激励孩子前进。其次,要看到学生的美好。教师要认识到学生是家庭的未来、民族的未来、国家的未来,在他们身上寄托万千美好的希望。每一个学生都是家庭的力量之源,都是父母的心肝宝贝,都担负着家庭的美好期待。教师要把每一个孩子当成自己的孩子一样去培养,成就每一个孩子,幸福每一个家庭。每一个学生都必将成为未来社会的公民,把每一个孩子培养成现代化建设的优秀人才,为实现中华民族伟大复兴的中国梦贡献力量,这是每一位教师的光荣使命与幸福追求。

教师要扛起重担，担子的一端挑起孩子的明天，担子的另一端扛起祖国的未来。教师要勇于挑起这副重担、不辱使命、努力前行、追求美好！

教育是培英育才、塑造灵魂的美好事业，美好的事业要用美好的色彩、美好的事物、美好的景象去描绘。教育要滋养生命、激活生命、成全生命，美好的生命要用美好的思想、美好的情感、美好的精神去培养。

充满信心

要对教育充满信心，对学生充满信心。古罗马哲人西塞罗说："信心就是抱着足可确信的希望与信赖，奔赴伟大荣誉之路的感情。"

教师只有将学生视为可塑造、可成栋梁、可迈向卓越之人，才会因势利导，因材施教，耐心细致地去雕琢他，塑造他，也才会由此产生无私奉献精神。"自信人生二百年，会当水击三千里"。教师有了信心便能化解一切，战胜一切。有信心的教师才能教出有信心的学生。

信心是对教育信念的坚守，是构建成功金字塔的基石。教师要对自己充满信心、对学生充满信心、对教育事业充满信心。教师的信心来自自身专业的不断发展与超越，来自对每一个学生的信任与激励，来自对教育事业的崇高追求与不懈努力。拒绝自卑、不要自负、坚持自信，让自信成为促进师生发展的强大动力。

简化生活

教育是沉潜的事业、容不得轻浮暴躁、急功近利。教师要静以养心，做到身心表里纤尘不染，不要为那些无所谓的附加物平添烦恼，平添劳累。"淡泊以明志，宁静以致远"。教师生活贵在淡泊，贵在宁静，耐得住寂寞，沉得下身子，沉潜于教育生活，有滋有味的投身教育研究，读懂孩子的内心世界，尊重孩子成长的自然规律，在教书育人中丰厚自己的精神生活，让生活充满教育，让教育愉悦自己的生活。不要与人比官阶、比富有、比享受，教师应该比读书、比学问、比贡献、比境界、比未来的美景。

不要抱怨生活，因为生活根本不知道你是谁。要感恩生活的馈赠，感恩生活给你物质与精神的享受。不要抱怨这个世界，因为这个世界缺少谁都照样运转。要感恩世界的给予，感恩世界给你提供生命的舞台，让你演绎生命的精彩！感恩教育给了我们创造性的事业，只有不断丰厚自己的文化内涵，锤炼自身的精神品质，才能在教育生活中升华自我、壮大自我。

提升内涵，滋养教师精神

教师的内涵决定教师的教育态度、教育理念、教育智慧、教育艺术、教育精神，如何让教师的精神博大，激发起自身的教育激情，通过教师的教育激情，激发起学生的精气神，让教育成为价值的导航仪、精神的播种机。现代教师的内涵究竟是什么？如何提升教师的内涵？

一要有"德"

德，是做人的根本，更是为师的关键。育人先育德，立德树人、修德养性、以德示范，这是做人的需要，事业的需要，家长的希冀，更是"有内涵的教师"必备的人格底色。修德养性，就要做到宠辱不惊，不以物喜，不以己悲，拥有平和的心态；悦纳他人，融合共生，建构良好的人际关系；"上善若水，厚德载物"，拥有至真、至善、至美、至爱的博大情怀。

善者吾善之，不善者吾亦善之，德善；信者吾信之，不信者吾亦信之，德信。生而不有，为而不恃，长而不宰，是谓玄德。修身养性，体悟道德；上善若水，厚德载物。常修为教之德、常思自私之害、常怀律己之心，把"人"字写正，把"我"字看小，把"干"字放大，只有师德高的教师，才能真正实现教书育人。

二要有"识"

识，知识、学识、见识。知识是认识，是经验，是做好教育的前提；学识是学术，是修养，是育人的基石；见识是思想，是智慧，是创新教育的法宝。作为教师，知识要广泛、宽厚，要能满足促进学生全面发展的需求；学识要专业，包括专业知识、专业思想、专业技术、专业眼光等；见识要独到，既要有专业的思维，又要有独特的智慧，看得远、想得深，不人云亦云，不随波逐流。这就要求我们要多读书，乐读书，读好书，让自己浸润在文化的滋养里，由内而外散发光泽。

教师要具有全面性、专业性、通识性的知识结构。全面性是指既要掌握所教的学科知识，又要掌握教育专业知识。专业性也体现在两个方面，即学科专业和教育专业。对于学科专业，要求教师深入掌握所教学科的基本理论、基本体系、发展历史、发展趋势和前景。通识性指教师具有相关学科的知识。当前科学文化知识日新月异，而且知识的创新点都在交叉学科中。许多学者认为，引领 21 世纪科技发展的是生命科学、认知科学、信息科学、材料科学（纳米技术）四大学科及其综合。通识性还有利于教师的自我文化修养。现代教师要注重自我发展、终身学习，成为建设学习型社会的典范。教师要在工作中不断学习钻研，反思自己的教育教学行为，不断改进，不断提高，成为一名成熟的、优秀的教师。

三要有"心"

教师要有爱心、责任心、恒心、平常心。对学生有爱心，"幼吾幼以及人之幼"，用海纳百川的博大和宽容之心去包容千差万别的，甚至差异不啻霄壤云泥的莘莘学子；对工作有责任心，对教育事业的坚守与担当，对每一个孩子的无限热爱与高度关注；对教育过程、教育科研有恒心，行百里者半九十，许多人跋涉至成功的边缘，却又功亏一篑。对一个教师的成长来说，坚韧不拔的意志力尤为重要；最后，凡事要有平常心，淡泊名利，既要有木秀于林的万丈豪情，又要有甘于沉潜的从容淡定。

每个学生都是他们自己家庭未来的希望。每个孩子都是一座拥有巨大潜能的宝库。每一堂课都是创造惊喜和收获幸福的殿堂。用心去爱每一个学生，用责任心去关注每一个孩子的成长，用恒心去发现教育的规律，用平常心看淡个人的得失，让每个人都能从周围的人和身边的事中寻求真、感受善、发现美！

四要有"阅读"

教师内涵提升的一个重要途径是阅读。阅读的广度，改变你生活的内涵；阅读的深度，决定你思想的高低。积极倡议现代教师要走进阅读的世界,让阅读丰厚自身的翅膀,才能在广阔的教育蓝天中尽情飞翔。

各位教师启动读书工程,特别是每一位教师都要参与行动。学校应有号召,有行动,有激励,否则读书又会成为空谈。做现代文明教师,从"读我喜爱的书"开始,引发兴趣,营造氛围;然后进入"读有营养的书",逐渐形成习惯;最后达到"读有思想的书",提升自我,惠及后代。

我们还建议成年人"为孩子而读书""和孩子共读一本书"。我们的调查结果显示:孩子不爱读书主要是因为家长不读书。所以我们提出"读书做文明人,从爷爷抓起"爷爷读书儿子就读书,儿子读书孙子就读书。成年人读书就是在做教育。读书最实际的好处是能让我们的孩子能够获得一份生存的自信和应有的尊重。因此,我们不仅要全民读书,还要世代读书!

爱读书还要会读书。吃饭是为了吸收身体所需的营养,读书是为了吸收精神所需的营养。适合自己的书就是好书。

读书是一个缓慢的滋补过程,切忌急功近利。读书是一程没有终点的旅行,终身学习;读书是一个伟大的公益事业,切忌得失算计;读书是一笔无形的财富积蓄,零存整取。阅读是一种静修,有时轻松,有时清苦,有时乐在其中,有时需要劝解,然而不管怎样,阅读都是一种回报最大的投资。我们的愿望是:让读书成为教师永久的时尚,让读书成为教育未来的希望。

同生共长,培育时代新人

有和谐的师生关系才有好的教育。师生关系的主导方在教师,教师有改善师生关系的责任与使命。教师要多陪伴学生,多和学生一起生活,一起活动,一起学习,在相处中相遇、相识、相知、相依、相靠,实现同生共长。教师要善于欣赏学生,相信激励教育是一种有力量的教育。会欣赏、多包容,善激励、多期待,多把尺子、多元评价,积极等待、静待花开。教师要高举立德树人的大旗,推进全员育人、全程育人、全科育人、全活动育人，教书育人是教师的天职，教师要把育人渗透到学校教育教学工作的每一个环节、每一个细节，对每一个学生倾注师爱、尽职尽责、耐心引导、绝不放弃，努力把每一个孩子培育成时代新人。时代新人是社会主义的合格建设者与可靠接班人，是身心健康、诚实守信、积极进取、自律自强、创新创造的人。

身心健康之人

健康不仅是没有疾病，而是保持体格方面、精神方面和社会适应方面的完美状态。社会发展以人为本，人的发展以健康为中心。健康不一定代表一切，但是没有健康肯定就没有一切。人民健康是建成小康社会的重要内涵；健康是人全面发展的基础，关系千家万户的幸福；健康是促进人全面发展的必然要求。健康是个人价值的体现，是家庭幸福的保证，是国家和民族兴旺的标志。

锻炼身体、保持运动。每一位教师都要高度重视体育教育，要努力提升体育教育的魅力，培育体育锻炼的习惯，丰富体育课程，发展体育兴趣，培育一门体育特长，培养终身锻炼的习惯。要确保在校学生每天锻炼一小时以上，要积极践行"每天锻炼一小时，心情舒畅一整天，积极带动身边人，健康工作五十年，幸福生活一辈子"的新理念，让运动带来生命的活力，促进生命健康发展。

科学膳食、平衡营养。学校要积极引导学生科学膳食，学校食堂要依据青少年成长需要的营养，科学选择早中晚食材，引导学生饮食要注重各种营养的平衡，膳食要讲究科学。学校要定期开设如何科学膳食的专题讲座，逐步养成如下的膳食习惯。

- 食物多样，谷类为主，粗细搭配；
- 多吃蔬菜、水果和薯类；
- 每天吃奶类、豆类及其制品；
- 经常吃适量鱼、禽、蛋、瘦肉；
- 减少烹调油用量，吃清淡少盐膳食；

- 食不过量，天天运动，保持健康体重；
- 三餐分配要合理，零食要适当；
- 每天足量饮水，合理选择饮料；
- 不抽烟、不喝酒；
- 吃新鲜、卫生的食物。

心理健康、豁达乐观。学校要高度重视师生的心理健康，培养积极乐观向上的人生态度。学校要创建心理咨询室，为每一个孩子配备成长导师，为每一个孩子的成长释疑解难。用积极的态度对待生活，开心的事，可以分享，一人喜悦，大家高兴；不开心的事，可以分忧，一人有难，八方支援。教师善于把控情绪。作为一位生活在社会上的人，情感一定要丰富，但情绪一定要稳定。正确处理亲情、友情。母子情，父子情，父母之爱是世界上最伟大的爱！多与同学、老师相处，拥有一批知心、知己、知音。善交际，人际关系好，人缘好，是心理健康的重要标志。幽默感是心理健康的高级表现，幽默感是良好的人际关系和和谐生活的润滑剂。要保持快乐生活的习惯，生活上要知足常乐；与人交往上要助人为乐；享受人生要自得其乐。

诚实守信之人

中华民族是诚实守信的民族。"一言既出，驷马难追"这些流传了千百年的古语，都形象地表达了中华民族诚实守信的品质。"言必信，行必果"。在中国几千年的文明发展史中，人们不但为诚实守信的美德大唱颂歌，而且努力地身体力行。一个人要想立足于社会，干出一番事业，就必须具有诚实守信的品德。一个弄虚作假，欺上瞒下，糊弄国家与社会，骗取荣誉与报酬的人，是要遭人唾骂的。诚实守信是一种社会公德，是社会对做人的基本要求。

学校一定要创造性地开展诚实守信的教育，围绕诚实守信开展专题讲座、主题班会、魅力论坛、诚信板报、诚信之星等系列活动，倡导诚信做人，创建诚信文化，让诚信成为一种优秀品质，成为孩子优秀做人的基础，为孩子一生发展打牢根基。

积极进取之人

你的个人"愿景"是指你想要达到什么样的成就,你想要过什么样的生活,你的"终极成功画面"是怎样的。当你有一个想要去实现的愿景,如果它的最终成功画面能够活生生地出现在你的脑海中,而这个成功画面是你一心想获得的生活、成就、价值、意义……这个逼真的成功画面,如果会让你大喊:"对!这就是我要的!"它就会带给你无比的激情动力,带领你全身都极度专注在"如何去达成"的行动上。如果目标是箭,那么欲望就是弓。有弓无箭,就是徒有蛮劲,不懂计划部署,无的放矢,一生多劳而少成;有箭无弓,就是徒具理想,没有摧枯拉朽的精神,做白日梦,一生多言而少成。只有有弓有箭,才会将最不可能的梦想实现。破釜沉舟、背水一战的故事,给我们的启发是,只有强烈的取胜欲望才能引导成功。强烈的欲望能够激发你前所未有的力量。你的欲望越强烈就越能使你迸发出力量。

培育志趣爱好、激发理想追求、激活成长动力,努力把发动机安装到每一个孩子体内,自己控制、自我约束、自动发力、自觉成长。要积极创建梦文化,将自己的梦想融进伟大复兴的中国梦之中,畅谈理想、憧憬未来、不懈奋斗、挑战超越、走向成功。

自律自强之人

青春是美丽的,好比朝阳。它的美丽不仅仅是绚烂的外表,更美在恪尽职守,更美在严于律己。没有自律,青春是野草,漫无边际的草长;有了自律,青春是盛开的牡丹,娇艳芬芳。青春是美丽的花儿,自律是精心的呵护,自强是盛开的力量。要开出人生最美的花朵,就要自律,自尊,自强。风可以穿越荆棘,靠的是藐视一切挫折的勇气与顽强进取的毅力。青春就是要让火来烧。这把火就从自律烧起,把懒惰燃成灰烬,把虚伪烧成黑烟,让自律成就青春梦想。人生的最高境界就是自律,自律不是社会对你的强迫要求,是你的自我要求,自律是比法律、纪律更高的要求。有了高尚的个人品德才会有人格魅力,到最后才会成功。

今天的学校、今日之师，应该怎样科学地开展素质教育，怎样提供最好的教育，推动孩子更好地主动成长、自觉成长，从而使我们的教育得以改革、得以成功，这是值得每一位教育工作者深思的问题。加强自律、自强教育，通过主题教育周活动、系列主题班会、主题报告会等多种方式，在创新教育中养成自律自强的习惯，培育自律自强的品质，让优秀的品质成就优秀的人生。

锐意创新之人

在现代社会中，没有创新智慧，就无法在竞争激烈的现代社会中生存和发展。创新是时代强音，创新是进步源泉，也已成为提高竞争力的法宝，保障可持续发展的战略基点。创新智慧是智慧的一种类型，是对事物面临的问题能迅速、灵活、正确地理解和解决，从而改进原有事物或创造新的事物。创新的智慧从何而来？主要应在深入学习中增长智慧。创新的实践需要创新的素质。知识是创新中最活跃的因素，也是最本质的东西。只有学识渊博，遇事才能"眼观六路、耳听八方"，才能在关键时刻产生灵感，迸发出独到的思维。

要创新，必须要认真学习科学理论，不断拓宽知识领域，优化知识结构。学习中须"思要义"，不仅知其然更知其所以然；要"思变化"，以生动的实践增强理论的说服力和认同感；要"思运用"，把学习过程变为解放思想、形成创新意识的过程。还要在实践中增长创新智慧。实践出真知，创新能力的培养和提高，需要在实践中锻炼。

教师有创新智慧才能衍生出学生的创新智慧。课程改革的新形势，给学校教育带来了许多新课题。这种变化的广泛性、深刻性，决定了教师创新的紧迫性和艰巨性，所以我们更要注重在工作中边实践边总结，从而进一步增强创新智慧。学校的办学理念、德育活动、课程结构、课堂改革等，需要强化创新意识，注重创新思维，培育创新动力，激活创新思维，逐步形成创新习惯与创新能力，为新时代创新人才的培养奠基。

我愿成为这样的老师

- 胸怀理想,履行使命,充满激情和诗意;
- 自信、自强,不断挑战自我、超越自我;
- 理念先进,师德高尚,方法科学,效果优秀;
- 善于合作,注重分享,具有人格魅力;
- 充满爱心,关注个体,受学生尊重;
- 追求卓越,富有创新精神;
- 勤于学习,不断充实自我;
- 具有反思与研究精神,不断发现教育规律。

康德有句名言:"有两样东西,我们越是持久和深沉地思考着,就越有新奇和强烈的赞叹与敬畏充溢我们的心灵:这就是我们头顶的星空和我们内心的道德律。"康德的哲学,实质上是一种批判哲学。一个明智的教师,会时刻反思当下教育实践的具体现象和问题,探寻这些现象与问题所产生的根源所在,进而思考解决这些实践和问题的路径与方法。教育无定法,但教育需要好方法;教育无捷径,但教育需要有定律。有好的教师,才有好的教育;有卓越的教师,才能提供卓越的教育。

> 新时代的教师一定要修炼品德、提升内涵,扛起新时代的责任与使命,努力探索理想的教育,让每一个孩子享受公平而高质量的教育。
>
> 教育是培养人才的基石,实现强国梦,关键在人才,根基在教育。教育必须率先从"跟跑"到"并跑"甚至"领跑",中国才能赢得未来!

魅力教师应有的十佳心态

在工作生活中，一个好的心态，可以使你乐观豁达；一个好的心态，可以使你战胜苦难；一个好的心态，可以使你淡泊名利；一个好的心态，可以使你快乐工作、幸福生活。工作是幸。梁启超先生曾说："人生在世，是要天天劳作的。劳作便是功德，不劳作便是罪恶。"吃苦是福。鲁迅说："苦难是一所大学。"只有经历过苦难的磨砺，才会历练我们的意志和韧性，才会增加我们对工作的热爱和珍惜，从而产生一种积极的工作态度。修炼是乐。教师的修炼就是保持最佳心态，追寻崇高事业，激情创新工作，助力学生健康成长，为国家培育优秀人才。

面带微笑，因为我们热爱教育事业

面带微笑，感悟生活美好。微笑，是一种言语之外的美好，它发生在瞬间，却在记忆中永存；微笑，是一种平淡而让人感动的幸福；微笑，是朋友给予的回报，给疲惫者带来慰藉，给灰心者带来希望，给悲观者带来光明，是消除烦恼的天然良药；微笑，是信心，支撑着我们的坚强，鼓舞着我们应对万变；微笑，是希望，给予我们无限的畅想。对于一个人来说，真诚的微笑能够显示你的自信、教养、热情以及善待他人的人生态度，在对方的心灵中投下一束束阳光，使对方觉得你诚实可信，并乐于与你交往与合作。微笑，当我们给予别人的时候，传递给人的是一种平凡却最让人感动。很多时候，不需要太多的言语，不需要华丽的修饰，只是一个浅浅的微笑，或许，就是一个奇妙。笑一笑吧，用心的笑，你会发现，生活是那么的美好，做教育是那样的美丽。

面带微笑，享受教育美好。教师微笑地工作，源自对教育的热爱。爱是教育的基点，是教育的出发点，也是教育的归宿。教师对学生没有爱，就如同歌唱家没有了嗓音，录音师没有了听觉，万物生长没有了阳光与空气一样。教师对教育的爱、对学生的爱是一种职业使然，是一种人性的本能。爱学生是一种由内而外的自然表露，是一种灵魂深处的虔诚之爱、细腻之爱、温暖之爱。微笑是教师心灵深处对学生爱的外在表达，是对学生的亲近、信任与力量。微笑伴随每日的教育生活，教育也会变得温暖美好！孩子也会健康愉悦地成长！

梳妆打扮，因为我们热爱生命和生活

梳妆打扮，展现教师魅力。新时代的教师肩负着教书育人、为国育才的神圣使命，教师肩挑重担，担子的一端挑起孩子的明天，担子的另一端挑起祖国的未来。教师每天面对的是鲜活的生命个体，教育的过程中充满着复杂性、艰巨性、持久性，教师的职业有着非同一般的压力，化妆是调节心情的最佳配方。工作越忙越要"妆"，化妆使人精神焕发，增添魅力，从而唤醒潜在活力；精神焕发，有助于消除疲劳、延缓衰老，有利于身心健康。

梳妆打扮，提振教师精神。教师的工作属性决定了教师需要与孩子面对面的对话交流，教师本身的形象气质对孩子有着潜移默化的影响，教师适度的梳妆打扮能提振师生的精气神，愉悦师生的心情，从而提升教育效果。教师适度化妆，能给家人、同事、孩子带来美的感觉和自信，化妆也是对同事、孩子的尊重。男士也要"妆"，在当下的教育战线中，男士本身就是稀缺资源，男士的阳光之气、帅气，对孩子的成长来说有着不可替代的作用，能够激发孩子的进取心、责任感、使命感。化妆也是热爱生活的标志。并非所有的鲜花都会守候在我们经过的路口，并非我们达到的每个驿站，都将春色满园，我们需要的是面对太阳、执着地热爱生活、热爱生命，在雷电交加时去搏击长空，为生命画一道亮丽的彩虹。

服装得体，因为我注重形象塑造

服装得体，凸显高雅气质。教师的穿着打扮、精神气质影响孩子的视觉系统，美的形象带给孩子精神的愉悦，有助于孩子的发展成长。教师要做到时刻用自己的风采美丽影响孩子，活出自我真正精彩的人生。教师要有良好的审美意识，根据自身的特点，选择最适合的服饰，展示自我最好形象。同时要不断激励自己，充分观察自己的长处和不足，扬长优势，有效弥补不足，让自己穿着得体，恰到好处地展现自身的精神气质、生命力量、自信人生，引领孩子更好成长。

服装得体，展现最美形象。好形象是人生的一种资本，充分利用它不仅能给日常生活添色加彩，更有助于人生一帆风顺。每个人对自己的外在形象不一定都有客观的评价，别人的评价又是随每个人的角度不同而各异，然而要想在与人对话时留给对方一个良好的印象，就必须具备良好的形象塑造。这种自知之明，就是要认识自我形象，尽量保持明确的自我形象，从而发展自我形象、认识自我形象、关键是要有塑造自我形象的意识。塑造良好的自我形象，首先使自己接受自己、自己欣赏自己，对自己充满信心。信心又再塑造形象并向更高层进一步。用自己的方式塑造自我形象，将自己的能力高估一点，对自己有信心，穿着艺术搭配并且洁净能彰显对生活的热爱，气质独特呈现、激情凸显魅力，这也是新时代教师迈向成功之路的必经之途。

态度温暖，因为我们注重师生和谐

态度温暖，感悟人性美好。和谐温暖的师生关系是教育教学质量的有利保证，师生彼此尊重信任、和谐融洽、心心相通，这个教学过程师生精神饱满、情绪良好、注意力集中，师生的智力与积极性都会得到最大限度的发挥，从而有利于提升教育的效能。教师只有态度温暖、亲切友好、关怀爱护，师生关系才会更和谐，才能营造更适宜学生成长的温馨环境。

态度温暖，创建和谐文化。营造一个温暖、温馨、温情的"育人场"，教师的语言应该温暖、和谐、美好，语言中渗透着尊重、欣赏、温润。斯宾塞在他的教育论中曾经谈道："野蛮，产生野蛮，仁爱产生仁爱，这是教育的真理。"要求学生文明修身，自己就要讲文明；要求学生衣着朴素大方，自己就要端庄整洁；要求学生言行一致，自己就要说到做到；要求学生说话诚实，自己就要表里如一。动之以情，以情育人；晓之以理，以理塑人；导之以行，以行正人。无论你是班主任，还是任课老师，都应深入学生，融入班级中去，积极参加班级的各项活动，增加与学生们相处的机会，同时通过这些活动也可以让学生了解教师的另一面，从而形成一种信任、平等、和谐、融洽的关系。教师态度温暖，师生关系和谐，创建和谐育人文化，终将促进孩子健康成长。

用心激励，因为我们期待学生进步

用心激励，点燃希望之火。教育是爱的共鸣，是师生心与心的呼应。这种爱体现在爱每一个学生，把问题学生放在全体学生之中，一视同仁，对他们多一些有利期望，多发现他们的闪光点，对他们的每一个长处和进步都要用心激励，多和这些学生交流，要让他知道教师很关心他，他是我们集体的一员。教师应该用发展的眼光来评价问题学生，多做肯定性评价，少一些讽刺与挖苦，往往一句不经意的话和行为，对学生的伤害是巨大的。恰到好处的鼓励评价可以让学生不断增强自信心，他的自尊心得到保护，学生发展的可能性也就越大。教师在评价时要呵护每一颗渴望进步的心，给他们成长的道路上点缀希望之星。

用心激励，助力学生成长。搭建沟通平台，激励孩子成长。通过建立QQ、微信群，钉钉网，邀请关工委（中国关心下一代工作委员会）成员、富有教育经验的社会各界人士入群，构建德育交流平台，形成强大社会合力。这样可使教师与学生、教师与家长、教师与社会之间的沟通及时快捷，就学生的心理问题、道德成长问题为家长出谋划策，集学校、家长、社会的力量共同促进问题学生的良好发展。通过过程激励、多元激励、目标激励、信任激励、榜样激励，助力每一个学生的成长。

乐于助人，因为我们期待朋友幸福

乐于助人，幸福你我。为什么说乐于助人的人是幸福的。明明是奉献了自己的时间、金钱和精力，帮助了别人，为什么给人的感觉是帮助了自己呢？心理学给我们答案。积极心理学之父马丁·塞利格曼总结了人类幸福内涵的五个密码：积极主动的情绪、身心投入地生活、良好的人际关系、做有意义的事以及获得成就感。我们一一对照，不难发现，乐于助人就是在做一件让人幸福感爆棚的事情。帮助别人，最终也是帮助自己。在塑造人际关系上，助人为乐无大小之分，热情关怀助人，真情对待朋友，创建良好人际氛围，幸福你我。

乐于助人，共同成长。利用自己的专业和优势，花费一些时间去帮助身边的人，同样可以赢得身边同事、亲友的尊敬。送人玫瑰，手有余香，道理朴实而颠扑不破。助人为乐的人，是最幸福的人。帮助别人，更是帮助自己。在这个对现在和未来充满了焦虑，同时也充满无限希望的时代里，期待教育朋友们，努力去寻找人生的坐标，把自己的梦想融进伟大的中国梦之中，一起去追求幸福而美好的教育事业。

反思前行，因为我们追求自我超越

反思前行，实现自我突破。反思，是一种思维方式，也是一种自我成长能力。王尔德在《美国印象》中有一段话："我们对儿童的教育完全基于书本，但我们必须允许儿童有自己的头脑，然后才能教育这个头脑。"这里有一个基本逻辑，即教育的前提是受教育者有一个属于自己的头脑，或者说，他可以掌控自己的头脑。就如牛的反刍使得牛充分吸收营养，人的反思使得人充分内化认知，这会让人更具创造力，从而实现自我突破。

反思前行，激活创造潜力。反思，是一种思维意识，是人拥有头脑的具体体现。成功的有效率的反思对教学十分有意义。如果一个教师仅仅满足于获得经验而不是对经验进行深入思考，那么即使经验丰富，也许也只是一年一年工作的多次重复。因此，我们要不断反思自己的态度、经验、知识、能力、智慧、艺术等，从而为孩子提供更好的教育。教师要真的看见儿童、看懂儿童，唯有放下自己曾经的态度和观点，直到你真的相信儿童，儿童才能快乐成长。教师就是在看见儿童、看懂儿童中实现自我超越，教育也因为教师的自我超越而鲜活灵动、升华灵魂。

激情工作，因为我们追求人生卓越

激情工作，追寻心中梦想。世界上恐怕没有太多的职业像"教师"这个职业一样，任重而道远。说"任重"，是因为，教师是兴国之本、兴教之源。世界的竞争是人才的竞争，为社会输送人才是我们的使命。"师者，所以传道授业解惑也"，挖掘学生的创造潜力，培养创新人才是当前社会的需要，也是教育的意义所在。"学高为师、身正为范"，"师也者，教之以事而喻诸德者也"，传递知识容易，灌输学养难；灌输学养容易，塑造品行难。我们是新时代的教师，我们不是教学工匠，因此，我们自己首先需要修其性、养其道，淡泊名利，时刻提醒自己把握学术前沿，提升自己的研究水平，并将基于此而形成的深厚学养蕴含于课堂教学。教师要以更加饱满的激情，努力工作，追求卓越，止于至善。

激情工作，创造卓越人生。世界上恐怕也没有太多的职业像"教师"这个职业一样，一分付出就有一分收获，让人如此充满成就感和正能量。我们都有这样的感受：若一堂课上下来，酣畅淋漓，学生吸收了你传递的知识，与你互动频频，当走出教室的那刻，你的心情一定是非常愉悦的；当你面对学生学业上的疑问，面对学生生活中的困惑，你不过是稍稍点拨或是坦率地与他谈谈类似的人生感悟，你也许早已不记得此事，但不曾想，某日聊起，他们却牢牢记在心里心存感激，此时，你一定会感慨教师这个职业所带给你的力量；当象牙塔外的浮躁向你我袭来，当我们也开始迷茫与困惑，当我们甚至想随波逐流时，站上讲台的那一刻，看着教室里那群朝气蓬勃，充满期待的童年，我们的内心就会归于平静并坚定，此时，你一定会惊讶这方小小讲台的神奇。静下心来，我们会发现，作为一名教师，恪尽职守，对于学生，对于我们自己，具有多么大的意义，这就是教师这个职业最大的魅力。长风破浪会有时，直挂云帆济沧海，让我们以更加饱满的激情，努力工作，追求卓越！

原谅他人，因为没有人不犯错误

包容自身问题，推动自我发展。周恩来总理有句名言：错误是不可避免的，但不要重复错误。诚如周总理所言，没有人能永远不犯错。除非他永远不作为，但不作为本身就是错的。"金无足赤，人无完人"这句话流传了千百年，自然是有它存在的道理的。所以，犯了错也不必害怕，不用觉得你的未来会因为这个错误而一片昏暗，等熬过这段时间，你就会发现当时难以承受的错误，不过是一粒尘埃罢了。有多少人想干一番事业，但最后都以碌碌无为而收场。归根结底，这样的结果都败在一个"等"字上，很多人都害怕失败，害怕自己犯错，于是不再努力，人生也会因此而平淡平庸。包容自身问题，勇敢改正错误，越挫越勇，砥砺前行，继续奋斗，奔向光明。

包容他人问题，激励他人成长。没有人不会犯错，犯错是不可避免的，而比犯错更严重的是拒不认错。要包容他人问题，引导认识与纠正错误，给予成长发展的机会。我们被错误左右，也被错误成就，无论喜欢还是不喜欢，我们都将与错误如影随形，相生相伴。要学会与错误拥抱，与错误和解。犯错，则意味着你在尝试着去做一些你不擅长的事，恰恰使人的能力拓展，都离不开一切尝试，这也是人背离平庸的开始。令人叹息的是，一个人害怕犯错、不敢去尝试。作家七月在《年轻，就是这么任性》中说：

"有些事，只有做了才会知道，如果你不做，连错的机会都没有。"犯错不可避免，亦不可怕，真正可怕的是，你不把犯错的结果当回事。人的成长，本就是从不断的犯错和失败开始的。在我看来，世上只有平庸的废物才从不用犯错，因为他们不去、不能做任何事，他们唯一擅长的就是对做事的人喋喋不休、指手画脚、评头论足。与自身的问题、错误、缺点进行斗争是一种让我变得强大的训练，也是自我成长发展的必经之路。在逆境中给人机会，在挫折中给人力量，携手同行，共同成长。

播撒快乐，因为没有人拒绝愉悦

播撒快乐，收获幸福。我们的心犹如一个灵活的遥控器，想让它指向哪里，就可以将其调整到哪里。要想让自己快乐起来，实际上也非常简单，好比我们在自己的田里播种。关键在于我们要撒什么样的种子。如果我们播种的是忧伤的种子，那么收获的就是痛苦；如果我们播撒的是快乐的种子，那么收获的就是幸福。

播撒快乐，愉悦前行。当我们心中有太阳，所见的都是光明，所说的都是善良；当我们心中有黑暗，所见的都是邪恶，所说的都是沮丧。如果我们对这个世界充满了怒气，那么这个世界怎么可能给予我们快乐和幸福？这种怒气会给我们的目光涂抹上带有怨恨属性的色彩，看到的一切都是扭曲变形的，那么这个世界回馈给我们的绝对不可能是喜乐和幸福。找不到喜乐，得不到幸福，并非是因为不存在，而是我们的目光已经看不到他们了。在前行的路上播撒快乐，愉悦地行走在虽布满荆棘但依然充满阳光的大道上。

心态决定人生。可以说，人生的痛苦与幸福，失败与成功，忧愁与快乐，都是由我们的心态所决定的。在痛苦、失败和忧愁面前及时调整自己的心态，就可以让自己的工作变得幸福、快乐。作为教师，理应有良好的工作心态，那么我们面对工作时就非常的坦然，我们的人生价值就能得到最大的体现，我们就能真正体会到教师的"幸福快乐"。

一个人真正的幸福不在于拥有财富多少，不在于获得多少，而在于放下贪欲的多少。追求一种简单质朴的生活，才能获得一种宁静的快乐。坚守住最本初的善良，不管世界留给我们的是无奈还是艰难，都要敞开心胸以广阔的胸襟去接受，保持最好的心态，愉快地与这个世界和平相处，你会觉得自己是世界上充实而幸福的人。

魅力教师如何精心备课?

备课是课前的全面准备,是教师根据学科课程标准的要求和本门课程的特点,结合学生的实际情况,选择最合适的流程设计和教学策略、教学智慧,以保证学生高质量地学习。备好课可以加强教学的计划性、针对性、艺术性、创新性,有利于充分发挥教师的主导作用与学生的主体作用,让课堂成为引力场、思维场、情感场,成为师生的生命发展场。

"学科育人"备课新理念

教师要成为学科育人的良师

核心素养是深化课程改革的新航标。课堂是落实核心素养的主阵地,要实现核心素养的教学转化,课堂必须从"学科教学"转向"学科育人"。

一是目中有人。教师要摒弃重知轻人的落后观念,树立"以人为本"的教学观。引导学生开展基于问题解决的科学性学习,实现问题共振、情感共鸣和智慧共生。

二是胸中有书。教师要摒弃"一滴水"与"一桶水"的落后观念,树立终身学习思想,沉淀积累、厚积薄发,做学生理想火花的点燃者和创新智慧的引路人。

三是教中有标。教学中教师要以课标统领教学,以课标作为评价教学是否有效的重要标准。随着课程改革的全面推进,深度学习、合作学习、项目式学习成为课堂教学新趋势。

究竟该如何实现核心素养的教学转化?一言以蔽之,教师要从"学科教学"转向"学科育人"。

教师要成为以学习为核心的课堂设计师

备课将以教案的方式呈现,教案是教师专业度的一个重要体现。但是许多教师的教案并不专业,大多教师深入研究不够。要成为新时代的教师,必须在备课上下真功夫,要创新设计符合新时代要求的教案,不断提升教育境界与专业水平。

备课是以学习为核心的课堂设计。课堂革命的前提是学习设计的改进,要围绕课程标准、学生学业基础、学生思维基础,以问题驱动设计多样化、有趣味的学习流程,实现其核心素养培养目标。

教师要努力成为以学习为核心的课堂设计师,掌握高质量学习的技术,研究科学的学习方法,激发多样化学习的激情,才能构建高质量、有魅力的课堂,从而提升教学质量。

教师要在创建思维场中发展学生思维能力

创建思维场,要营造促进思维发展的探究激情,解决问题的内在欲望,趣味问题的思维体验,思考过程的欣赏激励。需要时间、空间的保证,需要自思、群思的结合,需要分享、倾听的升华。

逆向思维设计——先想到这堂要达成的教学目标,即这堂课你想要达到的终点结果是什么,再逆向思考35分钟、30分钟、25分钟、20分钟、15分钟、10分钟、5分钟的时候各自应该达成的子目标是什么,建立起终点结果的起点思考,将大目标分解成系列子目标,且要科学思考子目标与大目标(课堂的终点目标)的递进关系、逻辑关系,循序渐进、逐步达成。在设计的过程中需要边思考、边学习,实现思维的创新与超越。

正向思维设计——在逆向思维的基础上,顺着一堂课的时间轴展开正向思维。依据逆向思维确定的各个子目标,设计多样化的学习活动,借助数字技术、问题驱动、思维发散、多维撞击、笔下落实、学习评价等方式,激励学生在热情参与、自信前行、勇于攀登中达成目标。教师要在尊重和满足学生的需求和体验中埋下自己的情感态度价值观,并不知不觉地导航着孩子的认知走向。

立体思维设计——在逆向思维、正向思维基础上要围绕调动人、激励人、激活人来思考，激发兴趣、激起激情、激活潜能，需要在学习知识、提升能力、培育人才上搭建起一个立体的思维空间，让课堂幽默有趣味，科学性与艺术性相结合，教师与学生融为一体，教与学融为一体，显性教育与隐性教育紧紧贴合，才能有效实现课程目标。

教师在创建思维场的过程中，要始终以"学生发展需求"来贯穿，也会逐渐被"我希望你能更好成长"所影响。课堂最终要实现所期待的理想学习状态：学习是主体积极参与的一种源自于内在需要的活动，是不断地积累与打破经验、建立并改变范式，不断地更新、充实、发展自我的过程。教师需提供具有个性化的多个问题让学生选择，学生确立选题到自身对问题解决的预期，教师需要不断洞悉谁会需要这样的问题，并将一系列有设计的"打法"贯穿于研究之中，一路的解决问题与自我成长又是对能力、态度、精神品质的锻造，最终看到自己设计问题以及课内生成问题的有效解决，学生在完成一次深度学习的同时内动力再次激发，学习的能量在巅峰中得以存续。

教师要在尊重差异中实现有差异发展

如何备好一节课？需要考虑的维度很多，但备课中最需要考虑的一定是学情，而学情中最需要关注的是学生的差异，因为学生客观存在的差异是教学的基础，也是学生发展的前提。备课中，我们需要充分考虑学生两种关键性的认知差异：一是起点基础差异，二是个体思维差异。

学生个体间的起点基础差异直接决定着教学起点的定位问题，具体到一节课而言，如果教师对"该课背景下"学生个体间的起点基础差异研究不透，就有可能把教学起点定得过高或过低，甚至错位，这都会影响教学实施的针对性。再说思维差异，我们不得不面对这样的现实：有的学生抽象思维发展得很快，有的学生形象思维发展得很好。抽象思维发展得好的学生学习数学就相对轻松；而有的学生离开实物就没有办法理解，会显得很吃力。

针对两种不同的思维方式，我们在备课时就要充分考虑到学生的实际情况，给学生提供多种学习材料和设计多种活动方式，供他们选择，使每种思维方式与学习材料和活动高度相匹配。让每个孩子都能在自身优势上强信心，在自身弱势上强干劲。

创新提升备课质量

常听"师傅"的课

所谓"师傅"，要么是对所教内容已经有比较丰富的教学经验与非常好的教学效果，要么是对所教年龄段的学生有着丰富的相处方式，能较好地读懂学生的内心世界，有比较好的师生关系。听这些教师的课，可以使新入行的青年教师减少盲目摸索的风险，在相对较高也更平稳的起点上更顺利地探索适合自己的教育之路。

首先，听课时不只要记录课堂流程，更要带着自身上课的问题来听，随时把自己所关注和思考的东西标注出来，比如，对某些重要概念如何深入阐释、迁移理解；对难点的问题如何化难为易、有效突破；对学生特定反应如何有效应对；对合作学习如何推进与评价等。边听边主动总结，注意把握一节课整体框架，整节课的流程设计有何特点，如何通过问题驱动来突破难点，教师如何运用教学语言让课堂更幽默更有力量，课堂的高潮发生在什么位置以及为何要出现在此位置等。

其次，要尽可能找被听课的教师讨论，主动向"师傅"学习，将自己的思考、疑问追问一番，得到系列指点，往往会有意想不到的收获。当然，很多成熟的处理思路是高经验性的，一时也未必能说得清楚，还要自己亲自上过课之后，再进一步去体会，慢慢积累经验、提升智慧。

实现教学期望的全程设计

实现教学期望的全程设计包括以下三个步骤。

第一步，确定本节课的教学期望。你期望学生了解什么、知道什么、能解决什么，获取哪些成长，这些就可以形成这节课的课程目标。

第二步，确定学生学习的效果。也就是用练习来测量学生的学习表现，评估学生对学习目标的达成情况。除了测验，还可以采用问题研讨、观察状态、师生对话、课外作业等方法来进一步评估教学效果。

第三步，对教学活动、学习流程进行设计。考虑在教与学过程中应该创设怎样的情景、利用什么样的活动、素材和资源，助力学生掌握学习内容、提升学习能力，达到学习目标。

运用思维导图让教学思路科学严谨

"思维导图"的表现形式虽然是图，但本质还是一种逻辑思维，是一种优秀的思考方式。为此，在运用思维导图备课之前教师应该从如下五个方面努力。

一是读懂课标。课标是我们教学的纲领，设计教学时读懂了课标才不会在教学时方向不明，甚至背道而驰，领会了新课标理念，我们的设计才能更具有创新性、有效性和开放性。

二是读懂教材。教材是教学的蓝本，只有读懂教材才能更好地把握教材的精神、定位、重点、难点，才能创造性地使用教材，正确处理教什么、怎么教，学什么、怎么学的问题。

三是读懂习题。习题是编者精挑细刻的，每一道习题的背后都有着深刻的目标导向，教师要有效读懂其意图，发挥其最大的功能。

四是读懂自己。包括自己的教学心态、教学情绪、专业水平等诸多影响教学的个人因素。反思自己的知识水平：今天的这节课，我目前的知识水平能否应付？要上好这节课，我需要哪些知识储备？要真正成为优秀教师，我还需要哪些文化积淀。

五是读懂学生。学生是课堂教学主体中的主体。我们教学的一切都是为了学生的成长。教学前，学生不是一张白纸，要深入研究学情。课程标准明确指出："教学活动必须建立在学生的认知发展水平和已有的知识基础上。"

对教材的整合、挖掘与创新

当教材中呈现的问题情境远离当地学生生活实际时,教师可以将其换成学生熟知的事物;当教材提供的学习内容、有关信息等与本班学生实际情况有差异时,教师可以作适当调整补充;当教材安排的课时对本班学生来说过快或过慢时,教师可以结合班级实际情况适当调整所教班级的教学进度。当然,这些调整与变动是建立在对教材的精心研究与对学生的充分了解的基础之上。

创新性地使用教材主要表现在对教材的充分挖掘、灵活运用以及课程资源的整合上。对课程资源要进行综合分析、科学选择、有效利用,这需要教师树立科学的课程观,强化课程意识,准确把握教材编写意图和教学目的,要避免形式化、非科学的倾向。

创新性地使用教材是教学内容、教学方式、教学策略、教学评价综合优化的过程,是课程标准、教材内容、学生实际、教学艺术相互联系的有效结晶,是教师智慧与学生创造力的高度融合。

"工欲善其事,必先利其器"。教师备课,如同影视导演编写脚本,事前功夫的优劣,直接决定着具体操作中的成败。精心备课,是教师的职业使然,更是新时代教育者的使命担当!

教师的成长，自"觉"成就卓越

在人生的道路上，有一条路不要选择，那就是放弃的路；有一条路不要拒绝，那就是成长的路。人的成长往往要经历自然成长、自己成长、自由成长、自觉成长的过程。"觉"是对生命的觉醒，对人生的把握。自觉即内在自我发现、外在创新的自我解放意识。自觉既是一种习惯，也是一种能力，更是一种坚定的价值选择。人生从平凡到优秀，从优秀到卓越，自"觉"是纽带、是桥梁、是金钥匙，自"觉"成就卓越。

觉知学生成长密码

教师的根本任务是为党育人、为国育才，教师是学生成长的引路人，要服务、启迪、引领、促进孩子健康成长。教师只有觉知学生成长密码，读懂学生的心灵世界，教师才能与学生的精神产生共振，教育才能引领孩子走向正确的人生道路。

尊重每一个生命个体

把学生看作一个个活生生的生命个体，给予每一个孩子无限的期望，提升每一个孩子的生命自信，让每一个孩子都能感受到生命的欢愉。锦上添花固然很美丽，但雪中送炭更显高贵。要尊重暂时落后的孩子，要尊重能力相对薄弱的孩子，要尊重家庭相对困难的孩子，要尊重身体有缺陷的孩子，要尊重还不理解自己的孩子。因为我们是教师，我们更懂得包容与博大，我们要用实际行动告知孩子，尊重是人与人之间和谐相处的前提，不懂得尊重他人是做人的无知，不懂得尊重孩子是教师的无知。

把温暖传递给每一个孩子

善良是温暖的体现。善良的教师,其内心宽广、为人诚恳、对人真实、孩子喜爱。教师要善待每一个孩子,让每一个孩子内心甜美温润。善良的教师是人师,是人性的改良,是成长火把的点亮。善良的教师特别有耐心,能辛勤耕耘、培土施肥、静待花开。微笑是教师的标志。微笑是仁爱的象征、是亲近的媒介、是温暖的居所、是师爱的沉淀。让微笑展现在脸上,把微笑奉献给孩子。微笑融进课堂,课堂就会灿烂;微笑进入对话,对话就会和美;把微笑带到校园,校园就阳光温暖。

不要吝啬对孩子的表扬

太过严肃的责骂,过于紧张的氛围,只能让学生害怕一时,但不能实现长效教育。只有以情融心,才能实现以心换心,走进心灵。教育要注重引导不折腾、浸润不强执、滋养不教训,引导启发,触及灵魂,用心做事,以情动人,推动自我反思,引导自我成长。教师要注意发现孩子的点滴进步,及时欣赏激励孩子成长,绝不能吝啬对孩子的表扬。好话让人如沐春风,在激励环境中长大的孩子更加阳光开朗;坏话让人如见毒蛇,处在总是批评环境中长大的孩子,会自卑低落。孩子出现问题,采用必要的惩罚教育是应该的,但惩罚教育,一定要讲究技巧、注意艺术。原则是以事论事,绝不秋后算账,懂得表扬更能激发人的进取状态。在中小学成长中的孩子,正是身体、心理发育的重要时期,会经历成长的苦恼,适时恰当的表扬,有利于孩子的健康、自信、快乐成长。

塑造优雅幽默的教师形象

教师说话要简洁。唠叨、念经式教育,容易惹人生厌,激发学生逆反情绪,影响师生关系。教师要加强语言修炼,增加人文修养,言辞精辟、字斟句酌、语言精练、思想深邃,富有穿透力。教师应举止优雅。德高为师,身正为范。勿以恶小而为之,勿以善小而不为。教师品位要高雅,要成为做人的示范、学习的榜样、创新的典范、奉献的楷模;要成为有修养、有文化、有担当、有创造的人;要成为学生信任、喜欢、追随、依靠的人。

教师要富有幽默风趣的性格。教师要善于营造宽松愉悦的育人环境，懂得调剂课堂，语言高低起伏，表达抑扬顿挫，表情亦庄亦谐，态度热情欢愉，师生融于一体，在和谐温馨的氛围中启迪思维、催生智慧、引领成长。尤其是课外师生之间的对话交流，幽默雅趣的语言不仅带来精神的放松，更有利于师生之间心灵的契合，学生更容易亲近教师，信任教师，此时的信任会成为一种力量，促进师生更好成长。

从孩子的立场出发改进教师的行为

作业少而精。童年不应该淹没在作业堆里，作业适量即可，要留有时间让孩子发展自身的爱好与特长。作业应该少而精，一定要减少重复性劳动，要在典型性、针对性、能力点上做文章。作业的形式要多样化，注重分层布置让孩子自主选择，努力提升作业的兴趣与质量。

教学质量优。教师的课堂教学充满趣味、生机、活力、激情，能有效调动孩子的内驱力、激活学习潜能，在多样化的学习中教会孩子学会学习，发展孩子的思维能力，让每堂课都留给孩子美好难忘的记忆，所教班级成绩能达到优良。课外关注孩子的全面发展，善于倾听孩子们的成长故事，乐做孩子生活的益友。

不随意告状。老师的嘴巴可以多用来与孩子亲切交流，关注孩子的身心健康，别有事没事拿起电话就告状，别开口闭口与家长投诉：你的孩子上课又不认真、不按时交作业、与同学闹矛盾等。学生的问题往往有其多方面、深层次的原因，要走进孩子心灵，倾听孩子讲话，与孩子心灵对话，理解孩子的不成熟，才会有效果。越是问题孩子越发需要与其做朋友，用真心实意的帮助赢得学生的信赖，促进学生的进步发展。

换角度思考。教师要经常站在学生的角度思考问题，不要老把自己的童年苦难说得太过凄惨，而彰显现代孩子的富足与幸福。因为现在的孩子兄弟姐妹少，表兄妹也少，他们的苦闷、无聊缺少排解的渠道。教师不要总是站在自己的角度想当然，不要用一个成年人的视角看问题，而要设身处地站在一个成长的孩子角度看问题，你所看到的世界可能就不一样了。

教师要对今天的孩子多一分理解，多一分期待，多一分信任、多一分欣赏。教师要知道孩子的名字，了解孩子的性格，关注孩子的成长，回应孩子的问候，主动关注孩子，在意孩子的内心感受。得到了孩子的帮助，记得说声"谢谢"，正因为是孩子，老师对他的感谢更具分量与榜样作用。教师要善于感谢孩子，因为有孩子，我们的教育才变得有意义；因为有孩子，我们对教育的研究才变得有价值；因为有孩子，我们的教育才能创新前进，实现生命的价值。

为每个孩子提供公平有质量的教育

创建公平温暖的教育环境。偏心是教师师德的缺失，相信每个学生均能长为参天大树。对待优秀生要有会欣赏的赞美之情，对待后进生要有等静待花开的教育耐性。教师要以"有教无类"促进"起点公平"，突出"为了一切学生"，提供面向全体的公平教育；以"因材施教，循序渐进，差异发展"促进"过程公平"，突出"一切为了学生"，提供适合多样化、可选择的优质教育；以"人尽其才，各尽其能"促进"结果公平"，突出"为了学生一切"，提供相互衔接的一体化教育。

觉知孩子的成长密码，走进孩子的心灵世界，尊重孩子的成长天性，引领孩子的人生航向，享受孩童的多彩生活，成就孩子美好未来！

觉知自身成长潜力

有好教师才会有好的教育，只有教师的优秀成长才能促进孩子的健康成长。新的时代，对教师有新的要求，新的课程，对教师有新的期待。新时代的教师要勇敢担当起为党育人、为国育才的时代使命，觉知自身成长潜力，激活教育创新潜能，不辱使命，奋斗前行！

理想信念是教师的精神之钙、力量之源

理想信念是中国共产党人的精神之钙，也是当代中国人实现中华民族伟大复兴的共同思想基础。教师立德树人的首要之义，是培养有理想、有担当、讲奉献的社会主义新人。只有自己有坚定的理想信念，才能真正担当起立德树人的重任。

　　加强党的历史和中国特色社会主义理论的学习教育，是坚定教师理想信念的重要支撑。中国共产党的历史和中国特色社会主义伟大实践，充分证明了中国共产党和中华民族的理想之伟大、之坚实。新时代的教师要积极进行党史和中国革命史的学习教育，利用节假日时间，走进红色基地，开展生动的活动形式，切身感受中国共产党和中国革命的艰辛历程，全方位地把握中国特色社会主义之路是中华民族的光明之路。教师要有政治觉悟，积极拥护中国共产党的领导，对中国特色社会主义事业高度认同，把自己的教育梦想融进伟大复兴的中国梦之中，为实现强国梦做出自己应有的最大贡献！

　　教育理想是教师成长必备的心理基础。如果想要变得杰出，就意味着要面临许多比平常更多更难的挑战，需要坚韧的毅力与品质，唯有信念才能够长久支撑。一个人的信念，就像一个人精神家园的穹顶。穹顶越结实，人就越安宁；你的信念越结实，人生就会越从容。我们对教育要有坚定的信念，要努力追寻教育自身的生命价值。认可价值，才愿意奔赴；愿意奔赴的强度越强，信念的穹顶就越坚固。

　　树立正确的教育理念是教师成长的前提。教育究竟意味着什么？教育是生命影响生命的互动过程，教师必须用自身文化内涵、精神品质、专业思想引领孩子的成长，促进孩子德智体美劳诸方面全面发展，为孩子的终身发展与幸福人生奠好基，为社会主义现代化建设培育优秀人才。

　　用起点上的终点思考制定好人生的战略规划。新教师走上教育岗位，就应该做好自身的教育人生规划，思考自己七十岁的时候在哪里？你身边有什么人？你的教育成就是什么？回想你的教育人生是无怨无悔，还是后悔莫及。这样就可以推断你六十岁的时候在哪里，你该做出怎样的成就……五十岁……四十岁……三十岁……以至于走上教育岗位时如何起步？阶段目标是什么？创新措施在哪里？自律要求点是什么？描绘好路线图，坚定目标不动摇，以钢铁般的意志、坚毅的品格，始终沿着理想的目标阔步前行！必将走向辉煌的未来！

让全世界成为你的学习资源

资源无处不在，每个人生活的世界，都会有许许多多的资源。人们往往缺少发现资源的眼光，充分运用资源的能力，以及整合资源的智慧。

在课堂上要释放"有限资源"的无限潜力。老师在组织一堂课的学习时，拥有如下资源：课程目标、教材、40或45分钟的主导时间、几十个孩子的基本能力和注意力；制定规则的权利，评价的权利；选择教学方法、教学流程、教学艺术的权力；简单的工具以及通过简单的工具可以拓展的认知和链接；此外还有听、说、写、读、讨论、分享、搜索等手段……一堂课能够调用的资源其实是非常丰富的。关键是如何释放"有限资源"的无限潜力。

同样的课程资源，既可以上成一堂普通平凡的课，也可以升级为具有创新特色的魅力课、优质课。科学研究表明，学习的效能是金字塔形（图1）的：最上面的一级就是听，孩子们如果只是靠听讲的方式吸收知识，他记住的效能是5%；阅读，视听，演示，三种方式逐渐增高；通过讨论学习的效能已经超过50%；而如果通过解决问题来学习，学生掌握知识的效能约为75%；通过自己消化后再系统讲述给别人，他记住自己所学的效能为90%……

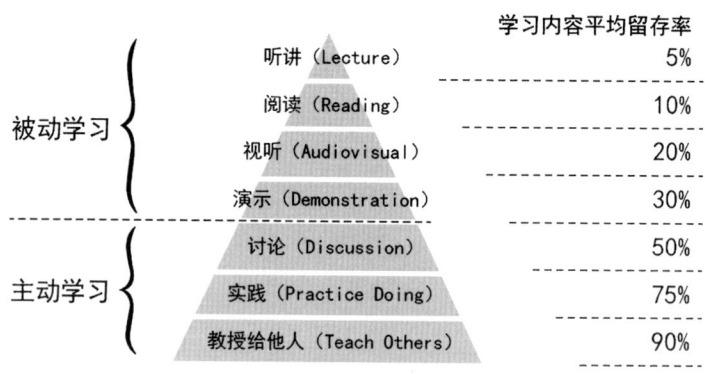

图1　学习金字塔
（资料来源：美国国家训练实验室）

我们从过去"满堂灌"的课堂转为生动活泼的课堂，这是一次进步。但仅仅活跃还远远不够，课堂要从表象的热闹走向思维的灵动，开展合作讨论式学习。我们要让学习的输出代替单纯的输入，要在知识的应用中去学习，去解决实际问题。课堂需要孩子的独立思考，也需要孩子们合作讨论，还要反馈展示交流，激活思维，才能开发潜能，提升效能。

在课堂中老师要提出有价值的问题，助力大家思维流动；在某个具体场景中设计可以适度挑战的任务，激发起孩子跳起来摘桃子的心力；设计交互式反馈环节，既有同学们的交互式反馈，也有老师的教学反馈，及时把握学习的进程与质量。

教师能否上好一堂课，85%以上取决于是不是把已有的资源进行科学的设计、灵活的运用、智慧的整合、艺术的呈现，是否能实现课堂效能与魅力最大化。

用好资源、助力发展，实现自我成长和转型。什么是最好的资源？一个基本原则是：离你最近的、容易使用的就是最好的。教师的近处有什么？其一，有自己的学习能力、教育潜能；其二，有孩子的学习潜力；其三，有班级平台、学校舞台；其四，有家长资源等。要把自己身边的资源合理整合、充分享用、有效调动。

教师要加强自我认识，知道自己的问题点在哪里，用什么办法、用多少时间去提升自我，去弱提优。可以制定一个时间表，在每个阶段专注去攻克某一个问题。在某个阶段专注于学习的宽度、专业的深度、设计能力、语言艺术或者组织能力的提升，每个学年你会进一步，每送走一届学生，就可能跨越一大步了。

自身学习绝不要漂浮，找资源不要太理想或一味寻找高大上。这要求教师专注于当下，面对解决实际问题，用以致学。要面对你今天要设计的这堂课，要教的这个章节、板块，围绕课程目标思考其中的问题，挖掘其扩充的面和迁移的点，围绕当下学习需要的知识、课堂提升与突破需要借鉴的经验与能力，主动向身边的同事请教，或与几位同科教师集体研讨、团队攻关。这样可以在每一堂课的设计上高效地学习到教学的策略、方法、手段等。教师的教学能力就是在认真对待每一节课，精心雕刻每一节课，冷静反思每一节课中提升与发展。

教师每年至少要读五本以上专著。每一本教育名家、同科专家的著作，往往凝聚着作者几十年教育教学创新探索出的先进理念、改革经验、智慧启迪、思想升华。吸收其精华、启迪新思考，应用于实践。同时开展年级组、学科组教师之间的阅读分享交流，把学习转化为应用，把应用设计成学习，这样可以带着你切入很多的维度，实现资源的最大化利用和个人能力的极大提升。

教师如何走出一条富有激情、充满诗意、感受魅力的教育人生之路，这需要教育者对教育事业的崇高追求与奉献精神，对教育规律的创新探索与坚毅品质，对每一个孩子成长的无限耐心与热情守望。教师教育的潜能是巨大的，需要在不停顿地攀登中不断创造新的高峰！

觉知教育魅力与幸福

教育是一首绵延不断的长歌，每一个小小的休止符号都预示着下一段美妙音乐的开启。孩子的生命不可重复，他们既要创造幸福的未来，也要拥有幸福的当下。幸福的童年并不意味着没有困难、压力和挫折，但只有痛苦、压抑和挫败的童年，一定不是幸福的童年。教育要为童年当下的幸福创建，又要为未来的幸福奠基。只有教师本身有魅力、有幸福，才能创造有魅力、有幸福的教育，才能担当起时代的使命，为孩子的终身发展与幸福人生奠基。

做有魅力的教师

要树立正确的教育观。德育是要鼓励崇高的精神追求，而不是灌输规范；智育是要发展好奇心和理性思考的能力，而不是灌输知识；体育是要强身健体又健全心理，而不是灌输技能；美育是要培育灵动又丰富灵魂，而不是灌输技艺；劳动教育是让学生懂得，幸福生活奠基于辛勤劳动之上，要尊重劳动与劳动者，而不仅仅是停留在劳动本身的直接体验。

学习是教师重要的价值观。干得有效，是因为想得明白；想得明白，来自学得明白。确立"我们不是不合格才需要学习，而是要思考、要成长、要发展、要超越，要创造自我生命冠军，就需要学习"的新观念。教师有较高的综合素养、崇高的使命、创造的激情、教育的情怀，才能为孩子生命的完整、人格的健全而创造与奉献。

教师要练就一双悦纳学生的眼睛。师爱首先是接纳：确立"每个孩子都是宝"的信念，接纳每一个孩子，善于挖掘每一个孩子的潜能，善于发现每一个孩子的优点，给孩子信任与力量，给孩子舞台与掌声，为孩子成长加油、喝彩！宽容是交流互动的前提，要谅解成长中孩子的问题与不足，把期望化为美丽，要在积极且富有智慧的教育中静待花开！

教师要在立德树人中凸显魅力。教师要以自己高尚的人格、美好的心灵去熏陶孩子；教师要以自己风趣的谈吐、渊博的学识去吸引孩子；教师要以自己优雅的行为、成熟的思想去感染孩子；教师要以自己强烈的责任感、高贵的正义感去影响孩子；教师要以自己理性的思考、博大的胸怀去包容孩子；教师要以自己高尚的师爱、永恒的激情去鼓励学生。教育如春光明媚、春暖花开；如夏日阳光、闪耀大地；如秋高气爽、五谷丰登。

享受教育的幸福

一个人的职业生活占据了人生最宝贵的时光，职业生活是实现人生目的的重要途径，也是人幸福的源泉，一个人的理想与幸福只有在职业实践中才能实现。课堂就是舞台，工作就是过节。一堂精彩的好课、一次充满魅力的主题班会、一次富有童趣的团队活动、一次温暖的师生对话，对于教师而言，无疑是一种享受和幸福。

教师的幸福来自哪里。教师的幸福来自于激情的教育与教学工作；教师的幸福来自于学生的幸福成长与健康发展；教师的幸福来自于教师的专业成长与人格力量；教师的幸福来自于教师的教育研究与实战能力；教师的幸福来自善好的学校生活与家庭文化。

研究是教师的高阶幸福。苏霍姆林斯基说:"如果你想让教师的劳动能够给教师带来乐趣,使天天上课不至于变成一种单调乏味的义务,那你就应当引导每一位教师走上从事研究这条幸福的道路上来。"实践证明,没有以研究为依托的深化和提高,课程实施和教学改革将走向形式化、浅层化和庸俗化。教学应该成为师生的精神之旅、发现探究之旅、共同成长之旅。

幸福是积极心态下的愉悦与满足的体验。一个孩子能够成功,并不是完全取决于他的智商、情商、努力和技能,更多是取决于积极的心态。积极心理学家做了很多研究,发现美好生活至少有4个特别重要的积极心理体验:第一,要活出爱的感受;第二,要活出愉悦的感受;第三,要活出贡献感,能够当家做主、养家糊口、贡献社会、成全他人;第四,要活出有意义的感觉。我们做的事情要对别人有意义,对自己有意义,要能够随时随地感受到自我的意义和价值。教师只有保持积极的心理,活得朝气蓬勃、意气风发、心花怒放,才能给孩子提供积极的心理教育,培育出积极心态的孩子。

教育要努力关注孩子的自然生长、情感体验、内在幸福,在生长体验中激发起对生命、生活的热爱,享受成长的幸福,让童年生活留下最美好的记忆,憧憬着美好幸福的未来。教师在为孩子提供优质的教育中感受教育的魅力,享受教育的幸福!

觉知教育常识与坚守

重视儿童教育,是一个社会、一个国家文明进步的标志。童年的成长度反映了一个国家的高度。童年生活是否幸福将影响到一个人的一生。教育回到常识,从看见儿童开始,从尊重儿童的天性开始。让儿童站在舞台的中央,也不仅在课堂里,在家庭里、在学校中、在社会上、在儿童的成长的一切生命场域中,都要能做到,让儿童成为成长的主人。

儿童成长从生命教育开始

教育应该以生命为原点，重归生命的本体，向内审视生命的本能，让生命回归自身价值；向外建构教育的场域，铸造生命的精神家园。今天的儿童就是明天的公民，今天儿童的模样，就是明天祖国的模样。儿童是未来世界的主人，是人类命运的主宰，可以说有什么样的儿童，就有什么样的世界和未来。

关注儿童成长，就是关注人类的共同命运。对儿童友好，才会让人类美好，让世界的明天美好。我们曾经也都是儿童，儿童也都终将成为我们。只有当我们意识到，每个生命，每个儿童都和我们的命运休戚与共时，都和我们的未来息息相关时，我们才能真正走向人类命运共同体。让我们热情拉起每一个儿童的手，不让任何一个孩子掉队，和儿童建立命运共同体，共同过一种完整的、趣味的、深情的教育生活。

把忠诚担当、热爱坚持献给祖国的教育事业

教育工作需要教师一辈子的坚守。教师要把自己毕生的精力献给祖国的教育事业。无论你出生于乡村、城镇还是城市，无论你是农民、工人还是干部的后代，当我们成为教师的那天开始，就肩负着共同的责任，养今日花朵，育明日栋梁。这份沉甸甸的责任，让任何困难都阻挡不了我们对知识的渴望和进取的精神。

新时代的教师，既要仰望星空，又要脚踏实地。用知识就是力量激励自己，用智慧点亮未来筑梦理想。如饥似渴的吸吮着优秀的世界文化，为振兴祖国教育积蓄自己的智慧力量。扎根在教育这块希望的田野上，敬业奉献，为人师表。静下心来教书，潜下心来育人。用感恩图报的心态回馈党和人民的培养，在激情燃烧的岁月挥洒青春汗水。新时代的教师要用忠诚担当、智慧创造、坚韧坚持奉献给祖国的教育事业！

走上三尺讲台,我们是文明的天使;走进温馨校园,我们是智慧的工匠。

相信种子,坚守岁月;埋下种子,用心呵护;守望岁月,静待花开。

我们竭尽全力助推每一个孩子的健康成长,诠释教育者奋斗的价值与幸福!

我们坚信每一棵小树苗都能长成参天大树,他们将支撑起中华民族的未来!

良师修炼的八个原则

师者，传道授业解惑也。良师是一位师德优良、深受学生欢迎的教师；良师是教师中的优秀者、示范者。大多数教师一生都不可能成为名师，但每位教师都可以努力成为良师。没有人生来就是教师，教师也是一个个普通人，在成为良师的路上，有着无数的荆棘、坎坷与险滩，但也有着无数的幸福、光明与未来。为党育人、为国育才是新时代教师的神圣使命，良师必须十分清楚自己的站位，牢记使命、勇于担当。为了给每一个孩子提供公平而有质量的教育，为了每一个孩子的健康成长，良师要团结带领身边的教师一起成长，与学生一起成长，与时代共成长！

不媚世俗，坚守教育理想

教育应该是一个富有爱心、充满激情、拥有理想的事业！塑造灵魂的教师要用自己的理想激发孩子的理想，用自身的高雅品行引领社会的文明风尚，努力成为强国梦的践行者、奋进者、奉献者！

良师是一个有梦想的教师。一个有理想的教师，应该是个天生爱做梦的教师，只有具有强烈的美好愿景，才能够不断地提出新问题、发现新问题、解决新问题；一个有理想的教师还应该创造性地去探索教育，努力读懂孩子的内心世界，探寻孩子的成长规律，培育深厚的教育情怀，真正实现从学科教学走向学科育人。林语堂先生说过："梦想无论怎样模糊，总潜伏在我们心底，使我们的心境永远得不到宁静，直到这些梦想成为事实。"我们为什么做教师？我们如何做一位良师？我们应该以怎样的情怀做教育？教育是培英育才的美好事业，事关祖国的未来、家庭的兴旺、孩子的前程。美好的事业需要美好的心灵、美好的情感、美好的画笔去描绘。每一个孩子都可塑造、都能成长、都有无限的可能。教师的智慧就是给每一个孩子安装好发动机，把孩子的潜能激发出来。教师的使命就是为每一个孩子提供适合个性成长的优质教育，让其无限的可能逐步变成现实，实现全体成长、全面成长、健康成长、个性成长、持续成长！

良师要和孩子们一起成长。只有不断成长的教师才能促进孩子的成长，教师要激励、守望孩子的成长，与孩子一起成长：一起沐浴阳光，一起用心感受世界的美妙，一起感受生命的可贵与美好；一起快乐勤奋学习，一起迎接风雨，一起在战胜困难中感受生命的坚强与伟大。教育除了传递知识、提升能力外，更重要的是通过教师的以身示范培养孩子们一种积极的人生态度，正确的价值选择，以乐观地、积极地奋斗激情，不断进取、不畏挫折、勇敢坚毅、乐于挑战，共同去创造绚丽未来！

良师为人处世要洁身自好、不媚世俗。良师应像"莲"那样，出淤泥而不染，濯清涟而不妖。当下，浮躁之风、功利思想在教育界也有种种表现，做表面文章、片面追求升学率、违背教育教学规律的事情时有发生，身心健康教育还没有引起足够重视。新的时代，良师需要自身的职业操守、不媚世俗、洁身自爱。良师要尊重成长规律、担当育人使命，要在敬重、遵循教育规律的前提下，自觉地与违背教育规律的行为做斗争，推进五育并举、实现全面成长。

良师要在教育管理、课程改革、课堂探索、教育生活等方面与时俱进，有灵活的思维、有创新的热情、有特色的风格。良师既要仰望星空，更要脚踏实地，让人生的教育之路在登高望远与坚守奉献中不懈前行！

坚守课堂，优化学科育人

课堂是师生的一次共同旅行，是老师带领孩子们一起领略沿途的风景，达到理想的圣地。课堂是教师专业价值实现的地方，是引力场、思维场，是促进学生生命的发展场。

良师必须坚守课堂。良师都是从课堂实战中成长起来的，坚守住课堂才会有看家的本领，教师的生命价值要在课堂中去实现。坚守课堂，上课才有课感，才有教学的真实领悟，才有教学的话语权。不仅如此，良师还要带头进行课堂教学的探索改革，给身边教师做示范，努力探寻更优的课堂教学范式。良师需要有教学勇气，应该有"自身认同"这样一种教育自信，要有"向我看齐"的教育勇气，要担当起带领身边团队一起成长的教育使命。

良师要加强学习方法的研究。会学才会爱学，爱学才会乐学，乐学才会终身学。课堂教学的核心是学习。其学习方式包括被动学习、主动学习、建构学习、交互学习，其中交互学习涵盖了前三者所具备的激活知识、整合知识、做出推断、伙伴贡献等作用，学习方式越主动，学习层次就越深入。课堂要处理好"学习方式与学习层次"的关系，在课堂上时间就是能力，参与就是能力，在课堂时间流程上要做科学设计，在组织课堂参与上要实现趣味创新。任何学习都要从"为什么"开始，发现学习的意义，最后又归结至"为什么"，灵活转换。良师每堂课前必须思考清楚："我该怎么上课？我上什么样的课？我如何把学生带到学习的高速路上？"同时，课堂教学一定要扶放有度。从教师授受到师生问答，再到师生探究，到最后学生发现、解决问题。整个过程循序渐进，形成"你学，我帮；你做，我看；我讲，你思；我做，你跟；师生同研、总结拔高"的学习迁移模式，促进孩子学会学习，为孩子的终身学习奠基。

课堂是良师成长的发动机。课堂是良师成长航道上永远的港湾，也是良师成长的永久发动机。于漪、李吉林、余映潮、于永正等名师之所以教学之树长青，一个根本的原因就是他们始终坚守课堂。课堂是一个不完美的地方，每堂课都会有遗憾，都能带给自己反思与成长；课堂是良师追寻事业的殿堂，在坚守与创造中演绎人生的辉煌；课堂是实现学科育人的精神高地，要引领学生奔向美丽的远方；课堂是一个无限风光的地方，要努力创造师生的生命华章!

理念先进,展现教学风格

理念决定行为,教育理念决定了教师的教学方式、教学质量、教学风格。只有先进的教育理念,才能凸显课堂改革的活力,才能担当起立德树人的时代使命。

良师要有先进的教育理念。每一个儿童都是一个鲜活而珍贵的生命,每一个孩子都是一幅生动而美丽的画卷。教师要遵循人才成长规律,如果他可能是小草,就让他装饰着大地;如果他可以成为参天大树,就让他成长为栋梁之材。教师要成为介绍人,介绍学生与学习相互爱恋;教师要成为打火机,将学生的学习热情和智慧火把迅速点燃;教师要成为领头羊,引领学生走进知识的茫茫草原;教师要成为调味品,将学生的学习生活变成色香味俱全的美味佳肴。给孩子一些权利,让他自己去选择;给孩子一些机会,让他自己去体验;给孩子一点困难,让他自己去解决;给孩子一个问题,让他自己去探究;给孩子一片空间,让他自己探索前进。教师不要一味地赞美雄鹰,因为这样会伤害更多的小鸟。教师应该从多个角度、多个侧面去评价学生。让每一个孩子都得到爱的滋润,给每一个孩子激励与期望,让每一个孩子能在知识的海洋中和谐、自主、幸福地生长!

良师要有自己的教学风格。教学风格指教学活动的特色,是教师的教育思想、个性特点、教育技巧在教育过程中独特的、和谐的结合和经常性的表现,即教学风格是个性特点在教学中的表现。我们每个人都是独特的,有着别人无法模仿的个性特点。激情四射的性格特点有助于我们形成自己的独特教学风格。如有的人幽默风趣,可使课堂生动形象,充满吸引力;有的人活泼好动,可使课堂充满活力,富有朝气;有的人善于交际,可拉近师生距离,提升课堂亲和力;有的人性格沉稳,性情温和,可使课堂细致周密,稳步推进,等等。这些"个性"都是我们的"特色",都可成为我们教学中的亮点,展现自身的教学风格。

教贵得法，每门课程都有其学科特点和规律。作为老师，要善于钻研和发现，教给学生简单可行、行之有效的方法，在"巧"上多下功夫，让学生掌握其规律和特点，形成自己娴熟的教学技能和快捷适用的教学技艺。教学中要向优秀教师、教育名家学习。学习绝不是一味地刻意模仿，也不是机械地照抄照搬，而是善于发现和借鉴，发现其教学中的闪光点，如教与学的方式，教材的处理，学习积极性的调动，激励性的评价，突发事件的处理等，"取其精华，为我所用"。当然，学习的关键还要研究人家的教育思想，看是什么样的教育思想支撑的教学行为，然后结合自己的教学实际和教学特点，逐步探索、慢慢形成自身教学风格。

终身学习，站到学科前沿

学习是一程有起点无终点的人生旅行。在知识呈现爆炸性增长的年代，只有终身学习的教师，才能胜任新时代教育发展的要求。

读书是良师最美的姿态。良师需要泛读，更需要有方向的阅读，为自己的专业发展寻求最有力的理论支撑。比如，小学数学教师要读《教育与脑神经科学》《让儿童在对话中学数学》《吴正宪小学数学教学50问》《把数学画出来》等。当然，学习不仅是书本的学习，良师还要向时代学，向同行学，向优秀的战友学，把好的思想和做法有机地融入自己的思考和探索，吸收各路教学之"流"的智慧，让自己的教学个性更严谨、更厚重、更符合学科育人的规律，展现自身教学特色。比如，语文教师要学习人民教育家于漪老师的课堂教学艺术，她是语文教育审美派或"情感派"代表人，属于情感型教师，不仅文学作品能讲得流光溢彩、情趣盎然，就是一般人觉得枯燥无味的课文，她也能挖掘出丰富的情感内蕴、多维元素，讲得娓娓动听、引人入胜，从而形成她情真意切、以情动人、精神丰润的总体教学风格。如果说教师的专业生命像一条河，阅读就是河的源头，源源不断才能淙淙流淌；如果说，教师是孩子生命的导师，阅读就是引领的资本，不断地积淀才能取之不尽、用之不竭。

良师要把握学科前沿动态。学科前沿是指某一学科中最能代表该学科发展趋势、制约该学科发展的关键性科学问题、难题及相应的学说。教科书里的知识只是沧海之一粟。如何在教学中渗透鲜活的知识？如何让学生在学习教材的同时感受时代的脉搏？如何突破知识本位，赋予其高贵的科学精神与人文精神？重要的举措是在学科教学中渗透前沿知识。尤其是理科科目，渗透学科前沿，了解科技发展新动态，激发孩子的科学追求，对人才的培养来说，有着特别重要的意义。做学问需要结合时代的需要，符合时代的背景，与国际接轨。我们必须传承中国知识分子精诚报国的优良传统，把扎根中国大地、遵循客观规律和全面走向世界文化与科技前沿的新时代教育的重任担在肩上，不断培育新时代的优秀人才，铸就国家脊梁，为强国梦的实现贡献我们的力量！

教育者要有长远的眼光，要用未来创新人才的要求来改进今日之教育，教育者只有生活在未来，把握各学科发展的前沿，才能创造性提供今日有生命力的教育。

善于写作，创作论文专著

"写"既能锻炼教师的语言表达能力、信息整合能力、观点提炼能力、逻辑思维能力，又能使教师时常对过去的教学经验进行总结反思，使思想不断走向成熟，使教学活动更加科学高效。

让文字留下美好的画卷。当你走上三尺讲台，抱定终身从教的旨趣，教书育人成为你一生的选择，那么，从学生叫你第一声"老师"开始，你就应视教育写作为教师的基本功。在育人的路上，当你回首所走过的路，你会发现，时间给眼角留下了岁月的痕迹，文字却给人生留下美好的故事。无论工作多么忙，也无论外边世界多么浮躁，有一块自己的精神园地，哪怕是小小的"自留地"，它可以缓冲一下外来的干扰，让自己有练练"精神力量"的空间。什么是"自己的园地"，那是属于你自己的栖息地，可在此伸展你的才情，舔舔自己的伤口，做做思维的体操，为自己漫长而辛劳的人生来点调料。这个"园地"何在？这个园地就是教育写作，留下难忘的、美好的、记忆在生命中的精神画卷。

良师要真实践、真思考、真写作。要坚持站在教育教学一线，勤实践、勤观察、勤思考，这样才能直面现实问题，才能找到解决问题的办法。自己做了再去写，才是真命题，才有自己的真知灼见。我们看李吉林、窦桂梅、刘可钦等名师的文章，最强烈的感受就是他们是行动者、思考者、探究者，文章很有现实针对性。良师要备课、上课，要做课题，要开发课程，要做班主任工作，要面对每一个学生。这当中，会有大量的尝试、思考、探索，把这些记下来，再加上理论的学习，就会有很多可以写的东西。这些源于一线、源于现实的材料是最鲜活、最有感染力的，也是广大一线教师最爱看的。

良师要在反思写作中修炼自我。苏格拉底说，未经省察的人生没有价值。叶澜教授说："一个教师写一辈子教案难以成为名师，但如果写三年反思，则有可能成为名师。"反思写作，既是追求职业的旨趣，也是直面自我、自愈内心的最好方式。要坚信：行动，就能改变；学习，相伴成长；思考，走向深刻，写作，提升智慧。

持之以恒，开展教育研究

教育研究有利于转变教育思想，树立新的教育理念。有了正确的教育思想，才能产生正确的教育行为。同时教育研究有利于解决教育实践中的问题，提高科学管理、科学育人的水平。

良师伴随着教育研究而成长。开展教育研究能促进教师的成长，这是被无数事实证明的定律。问题是：我们是不是真研究？我们研究的成果真不真，是否有生命力和教育价值？长期以来，教师的课题研究存在一个问题：就是课题确定时认认真真，开题时热热闹闹，但研究过程冷冷清清，结题时拼拼凑凑，没有什么有价值的成果。良师要坚持认真做课题、做项目，开展实实在在的真研究。谈到教学研究，北京实验学校孟强老师引用曾国藩先生的话说："用功譬如掘井，与其多掘数井而皆不及泉，何若老守一井，力求及泉，而用之不竭乎？"搞研究一定要耐得住寂寞，坐得住冷板凳，下得起苦功夫，专心致志，锲而不舍，持之以恒，定会水滴石穿，天道酬勤，有所获益。十年前，他从词语组串教学开始研究，由《黄鹤楼送别》中"暮春三月"入手，关联出"暮春、暮秋、暮年""暮春三月、金秋十月、寒冬腊月"等两字、四字词语组串，使学生在关联比对中领悟遣词用字的规律。在此基础上，他将组串教学扩展到汉字组串、句子组串、段落组串、篇章组串等领域，在组串聚合中发展学生的语用能力和深度思维，形成了独具特色的语文组串式教学流派。2020年，他将十年间在该领域的研究成果结集成《组串式教学课例研究》，受到语文教育专家和一线教师的一致好评。

良师要持之以恒开展课题链研究。如果一个教师仅仅满足于获得经验而不对经验进行深入的思考，那他就不可能在原有基础上再有发展。教师专业发展所要求的大量知识和实践智慧只有靠教师自己在日常教学实践中不断反思、探索和创造才能获得。我们要不断反思、不断进步致力于课堂改革，让自己的课堂越来越精彩。我们要寻找适合的切入点，选择适合的课题进行持之以恒地跟踪调查。课题研究一直在路上，作为一名良师只要在教育教学课题研究过程中认真去做、用心积累，一定会有所收获。李庾南老师从教60多年，一直做班主任，创造了吉尼斯世界纪录。她说："我的前半生因生存而教育，后半生因教育而生存。"从1978年开始，她经历了"学生自学数学能力及其培养""自学·议论·引导教学法""优化学习过程，改善教学结构""学程导进技艺研究""主体性教育研究""学生学力的形成及其发展"以及"三学"课程思想等7个研究阶段。如果不是秉持享受教育的理念，又怎能如此执着、如此痴迷、如此无怨无悔？！

把学生培养成为德、智、体、美、劳全面发展的人，具有创新精神和实践能力的建设者和接班人。在教学的过程中，必然会遇到各种矛盾和问题，通过教育研究，促使教师自觉地钻研教育理论，运用理论去了解、分析、研究各种教育现象，通过教育研究激活教师成长的动力，促进教育持续、健康、创新发展。

低调谦虚，学习他人长处

一个独来独往的教师很难获得快速成长，一个成长为良师的人，一定有他人的启迪、团队的促进，每个人的成长都受益于他人。如果有点能力、有些名气就飘飘然，就容易刚愎自用，听不进别人的建议，对别人的成绩嗤之以鼻，这就会阻碍自己的发展道路，影响自己的未来。

良师要诚心听取别人的批评和建议。年轻的时候心高气傲，面对他人的批评常常认为是挑衅，是找茬，是无理取闹，很少安静地审视自己的错误，这是教师成长的大敌。回顾一下，从小到大批评自己最多的人是谁？是我们的父母。哪个父母不望子成龙？在学校批评你最多的是谁？是我们的老师。哪个老师不是望生有为？同样，今天那些批评你的人，也是为你好，真心希望你进步！人人都爱听肯定、表扬的话，所以才有"忠言逆耳利于行"的古训。每个人对自己的思想和行为最熟悉，正因为太熟悉，所以对某些缺点总是习以为常。但人若想进步，就要经常"照镜子"，否定自己、改变自己、超越自己；就要虚心听取别人的批评和建议，有则改之，无则加勉，这样才能快速成长。爱默生说："做自己生活的主人，不必等到生命的最后一天，才去领悟；不必等到为时已晚，才去反省。不要过分眷恋流逝的岁月，只要用心真实地体味每一个当下，倾听自己每一刻的心念。"导师也好，同行也好，战友也好，他们的观点总有其道理，要真心吸收，有效融入，切不可固执己见。

著名特级教师、"江苏人民教育家培养工程"培养对象李凤老师的语文教学个性鲜明，专业发展一路高歌。何以如此？她自己很能钻研，她对导师、对同伴非常尊重。每堂重要的课备好以后，每篇重要的论文构思好以后，她都要向师傅、江苏省首批名师曹津源先生讨教，向其他专家学者请教，并和同伴们反复研讨，反复修改。满足孩子愿望成为她的追求，孩子的幸福成长是对她最好的回报，成长好自己才能引领孩子健康成长，寻找一切机会向专家和身边的优秀者学习才能成为更好的自己。正因如此，她的课越上越好，她的文字越来越有魅力，她的专业探索之路也由"无痕语文教学"走向"无痕语文课程"，进而走向"无痕语文教育"。智慧需要积累，根深才能叶茂，伟大源自平凡。

良师应主动学习他人的探索经验。良师要继续向前发展，必须追寻心中的榜样，主动学习榜样的探索经验，才能加速自身的成长。学习榜样要注意科学地学习，有针对性地学习。第一步，锁定榜样的某段经历。榜样也不是平步青云的，他也是一步一步走过来的，只是我们没看到而已。如果我们分析出这位榜样是如何从那个不起眼的普通人一步一步变成光芒四射的专家的，就可能找到与我们匹配的经历，从中获得启发。所以，当我们向榜样学习时，需要解构榜样的过去，描绘出他的足迹，标注出关键的经历，从中选择与自己状态相匹配的一段或几段经历。第二步，一旦锁定榜样的某段经历就可以分析他的这段经历，他的理想是如何树立的？他自律的习惯有哪些？他是如何坚持下来的？他是如何积极思考的？他获取了哪些重要资源？等等。第三步，分析榜样的某段经历后，接下来要关联自己的相似经历，进行对比反思。我哪些做得不好？具体不足是哪些？为什么会有这些不足？第四步，从榜样的经历中萃取经验值，挖掘出特别值得自己学习的精神与方法。第五步，应用经验值指导自身的教育实践，推动自身工作务实创新。

一位良师要主动向大学教授请教，要主动向身边的专家、优秀的战友学习，用别人的思想武装自己的头脑，让自己的研究更有高度，可以说是博采众长以后自显特色，自创风格。

勇于进取，实现自我超越

勇于进取，自我超越是指一个人总是能认清自己真正的愿望，为了实现愿望而集中精力，培养必要的耐心，并能客观地观察和现实，实现自我改进、自我提升、自我突破的过程。一个勇于进取、自我超越的人，一生都在追求卓越的境界，自我超越的价值在于学习和创造。

良师的主要价值体现在学生的健康成长之中。哲学家勒维纳斯说过：每个他者都是不同于我的独立个体，我的价值只有通过尊重和为他者才能真正实现。教师的专业成长在课堂，教师的专业成果在学生，教师的价值是在课程育人中实现的，教师的业绩体现在学生的成长上。学生的思维，有巨大的潜能等待我们用智慧去挖掘，而学生的心灵更是一个敏感而丰富的世界。"落红不是无情物，化作春泥更护花。"讲的是爱心。"横看成岭侧成峰，远近高低各不同。"讲的是方法。博大的爱心加上科学的方法，这就是走进学生心灵的全部真谛，这更是一把开发学生潜能的金钥匙。关注每一个成长的生命，一个学生就是一本丰富的书，一个多彩的世界。每一个学生都是一个独特的人，发展的人。尽管他们各方面的表现不尽相同，兴趣爱好、学习方式、个性特长、发展趋势也不尽相同，作为教师要关注学生的身心，首先要尊重他们，从思想上、感情上尊重他们的人格，尊重他们的个性，激励每一个学生健康成长。

良师的进取体现在自我超越。首先，要超越自我。要成为学生的良师益友，教师就应该具有良好的综合素养和深厚的知识储备。只有学习型教师，才能不断充实自己，不断超越自我。为适应人类知识的快速增长和加速更新，教师不能再把单纯的知识传递作为教学的主要任务，而应该把形成正确的学习态度、方法以及灵活的知识迁移能力、创新探索精神作为主要任务。其次，要超越教材。教师一定要走向终身阅读的道路，提升自身的文化内涵与创新素养，拓展思维的立体空间。另外，互联网的出现打破了时空的界限，教师、学校已不再是获取知识的唯一途径。学生由于其思维活跃，易于接受新生事物，在某些新兴科技应用领域甚至可以成为我们的老师。勇于以生为师，通过师生的良性互动学习，也是新时代教师应具有的胸怀。教师要与时俱进、不辍学习、学而不厌、诲人不倦，从而教学相长，让教育充满思想，让思想充满智慧，让生活充满人性的光辉！

只有不断淬炼、沉淀,才能修炼成自己想要的模样;只有变成更好的自己,才能创造更好的教育。良师要平心静气、脚踏实地育人;激情四溢、迸发成长力量;阔步向前,与时代共成长!

教育生活，如琢如磨，如诗如画

教育是追求美好且幸福的事业，学校既要为师生今天的幸福生活勤奋创新，又要为师生美好未来耕耘创造。没有教师的幸福和快乐，就不可能有学生的幸福和快乐。叶澜老师说："教师是一种使人类和自己都会变得更加美好的职业。教师以其创造性的劳动去实现自己的生命价值，并在创造性的劳动中，享受因过程本身而带来的自身生命力焕发的欢乐。"新的征程新气象、新的时代新创造。教师们需要肩负起教育的使命、扛起历史的责任。教师们需要在传承中创新，在激情中超越，让教育生活新颖有活力、美好而幸福！

做好精神准备，向往教育的美好

一名真正敬业的教师，必须明白自己生命的目的。反思自己的价值观，否则就无法给孩子指引成长的历程。应该使自己内心做好准备，清除内心的尘埃，拥有一颗仁慈、纯洁和光明的心；他应省思自我，始终研究关注自己的缺陷，而不是过分地把眼光指向儿童的缺点，一心纠正儿童的错误。

从事教育必须先教育自己，这样他的话语才能打动人心。如果不能做到言行一致，就无法影响和教育他人。作为教师，除了关注儿童身体发育的需要，更应关注儿童的心理、精神的总体发展需要，必须去掉对儿童的轻视和不尊重的态度，使自己沉静、谦虚、慈爱和优雅。应该明白自己是儿童学习的典范，让孩子们能感受他们的温情和爱抚。应该对儿童进行观察，对儿童的困境进行反思，并提供必不可少的帮助和指导。应该抑制容易发怒的习性，因为儿童的心智无法理解，他们是那么无助，并接受我们对他们所说的任何责备、羞辱、批评的话，而深深感到自责有罪。蒙太梭利指出："在培养儿童中，一个最初的错误，可能会成为他精神生活中无数歧变的根源。"正如一句谚语："培养孩子就像雕刻石头，永远不会磨灭。"所以治疗任何疾病，不管是心理的还是身体的，都应该考虑一个人童年时所发生的事情。教育要给童年留下美好，留下有趣的故事，带给他一生最美好的回忆，为他一生的成长打下健康的身心基础。

教师应具有合作、团体精神。育人是一个整体，相互间的回应、照顾、智慧的撞击，决定一个孩子的进步与成长，教师的心团结在一起，智慧创造在一起，共同向往教育的美好，才能给每一个孩子提供最适合的教育。

教师要有高贵的品格。有天地的宏博、磊落和坦荡；有日月的热情、奔放和无私。天地包孕一切，化生万物，有序运转，促进生命的不断充实、成长和更新；日月默默积蓄能量，有一分热发一分光，尽情奉献，永远不悔。教师的人生观能与天地日月的宇宙观融为一体，教育便会呈现一种令人动容的气象：一切都在互相包容，互相融通，互相感化；一切生命都在成长和成熟，充实和更新；知识、思想、情感、道德、才干和智慧都在日出竿头、节节攀升地长进。这是教师品格化生万物、生生日新的奇妙力量与神奇魅力。教师的高贵品格要经历三方面练就：看到美好、充满信心、简化生活。

看到美好。首先要看到生活的美好。教师要能用运动、发展、变化的眼光，看到生活中进步、积极、美好的一面。教师要胸中如日月，思想澄明眼睛亮丽。教育是培英育才、塑造灵魂的美好事业，美好的事业要用美好的色彩、美好的事物、美好的景象去描绘。其次，要看到学生的美好。教师要认识到学生是家庭的未来、民族的未来、国家的未来。在他们身上寄托万千美好的希望。美好的生命要用美好的思想、美好的情感、美好的精神去培养。

充满信心。要充满信心，要对教育充满信心，对学生充满信心。古罗马哲人西塞罗说:"信心就是抱着足可确信的希望与信赖,奔赴伟大荣誉之路的感情。"

教师只有将学生视为可塑造、可成栋梁、可迈向卓越之人,才会因势利导,因材施教,耐心细致地去雕琢他、塑造他,也才会由此产生无私奉献精神。"自信人生二百年,会当水击三千里"。教师有了信心便能化解一切,战胜一切。有信心的教师才能教出有信心的学生。

简化生活。学做减法,只有不再拥有过多的东西,不再被过多的感情所纠葛,不再被过多的牵挂所束缚,不再被外界那些诱惑所困扰,做一件事情踏踏实实,心无旁骛,才能有更多的时间去关注自身发展,自己寻找自己的方向,倾听自己内心真实的声音,才能在自己的道路上走得更长、更远。

教师精神高贵,教育质量才有保证;教师理想宏大,教育才能成就孩子未来。新时代的教师要做精神高贵、理想宏大的播种者,努力给孩子提供最好的教育,创造孩子最好的未来。

怀着诗心匠心,品味教育的美好

"凡是艺术家都须有一半是诗人,一半是匠人。"朱光潜先生说的这句话同样适用于教师。教师若没有匠心,教育教学难以出成绩、出成果;教师若没有诗心,便难以感受教育的生动有趣!教师拥有这样丰富而深厚的心灵,才会实现完美的教育,拥有美好的人生!

事实上,所有的幸福、快乐和美好,全是需要费时费心费力才得来的。如米兰·昆德拉说的:"麻烦的事情里头,隐藏着真正的乐趣来。"一个掉了牙的人看别人啃甘蔗,会觉得辛苦,而啃的人却甘之如饴。教育的终极问题落实下来,不过是寻常问题。"看似寻常最奇倔,成如容易却艰辛",这是教育的真味,也是教育的胜境。如同毕加索把同一题材画了又画,面对他人"是否有很多人订购这一题材的画"的疑问,淡淡回应:"问得好愚蠢!光线每分钟不一样,每天也不同,所以我画出来的也总是新题材。"

回看自己的教育历程，确是怀了一点诗心和匠心在行走。期间与各不相同的孩子相遇，彼此之间碰撞产生出太多的乐趣和神奇。当我把《高效学习方略》赠送给我的学生时，孩子们内心喜悦、精神欢愉，激情对话、侃侃而谈，可谓欢呼雀跃。我会带着仪式感给孩子们过好每个节日，比如成人礼，与每个孩子握手、拥抱，祝福孩子愉快成长，与孩子合影留念，成为孩子们心中的永久记忆；比如"六一"儿童节，我带领校务委员给每一个幼儿园、小学、初一的孩子送节日礼物，祝福孩子们节日开心快乐、幸福成长，温馨甜蜜的糖果，甜在孩子的嘴里，温暖在孩子的心里。教育中，有趣的资源无处不在，需要读懂孩子的内心世界，需要用心去发现与利用身边的资源，这些要靠我们自己去寻找、去发现、去创造。

回看自己，曾遇见过太多让我喟叹的"巨石"和"险滩"，但当我静静回顾其间的惊涛与骇浪，却真切地体会到，那些困难让我对教育有了更深的理解。原来困难真的是教师成长的最好教科书，原来教育并非想象地那般艰难甚至还带点回甘。此时回看托尔斯泰的艺术论，"任何伟大的作品都是蘸着血泪写成的"，终于能体会他的深意。带着这样的认识和体验，我重新定义教育，并尝试着让自己的步履从容一点，用心勾兑教育生活的点点细节，果真将教育生活经营地生动非凡：办公桌上每周都换一本新书，站在教室讲台上，每周都尝试新的语言、新的教学方式，点亮了一片空间，也赢得了众人的尊敬；学生晨读时，我也顾自读书，在花香和着书香的氛围里，让灵魂也浸染上香气；忙碌的间隙，为自己冲一杯茶，慢慢品尝，不忘用精致的杯子；每次从外地回来，都给孩子们带点当地的小特产，长沙的臭豆腐、北京的糖葫芦、新疆的葡萄干、陕西的琼锅糖等都曾甜过他们的嘴；每个节气，和孩子们一起谈谈收获与成长，说说酸甜苦辣，体验春夏秋冬，带孩子们走进校园观赏，或是走进大自然，感受生命的节奏和时序。春天，看花浪涛涛，明媚地装点世界；夏天，看萤火点点，浮荡于草丛的叶尖；秋天，听虫儿声声，唱着金色的歌；冬天，看雪花片片，积蓄一个季节的思念……把教育生活过得生动有趣、富有诗意，不是矫情，而是深情。

师生之间的情意，流动着音乐的律动之美。教师用内心的生动有趣做"本钱"，必定会留下温暖动人的"利息"在孩子们心间，于是教育中处处有惊喜和甜蜜：我的桌上时不时有孩子们的"心意"，一个香喷喷的小饼，几个小小甜甜的橘子，几颗紫皮糖，一些精巧的小手工制作，等等，我能猜到它们的原主人及其心意。

在北京十一学校担任教学副校长期间，我给高中部全校同学做过一场报告，报告的主持人是我任教高三班级的物理课代表，她在主持会议上是如此介绍我："十一学校副校长曾军良，主管高三毕业班的全面工作，并兼任高三9班的物理教学工作，他特别注意激励学生，坚持教育的永恒激励，每节物理课总是提前5分钟来到教室，在黑板上写一句激励学生的话，经过一个学期的课前激励，产生了很好的教育效果，形成了一种积极向上的激励文化，有效地推动了学生的主动成长、健康成长、快乐成长。他得到了全体学生与家长的充分肯定，被学生誉为'善于超越自我的激情勇士''播撒真、善、美的恩师''带给我们自信的天使'。"学生给我的激励是我前进的一种巨大力量，激励着我不畏困难、勇敢挑战、愉悦前行。

怀着诗心匠心行走，师生之间的情意循环往复互动，教育的情趣就会源源不断，乐趣也会生生不息。我怀着诗心匠心行走，品味着教育的美好，享受着师生成长的幸福。

拥有深度思考，创造教育的美好

马丁·路德·金说："国家的繁荣，不取决于其国库之殷实，不取决于其城堡之坚固，也不取决于其公共设施之华丽；而在于其公民的文明素养，即在于人们所受的教育，人们的远见卓识和品格的高低。这才是真正的利害所在，真正的力量所在。"教育是一项伟大的事业，干好教育需要伟大的志向、宽广的胸怀；教育是面向全体的事业，干好教育需要理性思考、全面思考；教育是面向未来的事业，干好教育事业需要创新思考、深度思考。

教育有太多的复杂性，教师需要不断地思考与研究。面对性格各异、基础不同的鲜活生命个体，没有研究、没有思考，教育就无法走进孩子的心灵、无法激活孩子内在动力。思考究竟有什么特点呢？我们平常总是不假思索的使用"思考"一词。这让我们以为，我们是肯定了解思考的含义的。而深究起来，所谓的思考到底是什么呢？跟单纯的"想想"有什么区别？跟泛泛的"了解"又有什么关系？思考需要遵循什么样的顺序吗？

我们似乎也从未对自己拥有相当的思考能力这一点产生过怀疑，即使有时会因为无法得到结论而感到焦虑、悲观。思考这种能力仿佛是人类与生俱来的。学校既没有教过我们关于思考的方法，我们自己也没有特别下功夫去研究。不知不觉间，我们就已经在思考问题了，并且逐渐拥有一套自己的思考方法。然而，我们也会发现：当我们想换一种思路来思考，想取得一些思考上的突破时是如此困难。这是因为，每个人的想法都被自我的思考模式限制住了，而我们对这些限制并没有感觉。这时，我们不妨接触一下他人的思考方式，这样做可以有效地让我们意识到自己是以何种方式在思考。

把思考当作是一种奢侈的享受。思考本身是一件非常有趣的事情。思考本身能带给人幸福与安全。当一个教师新接手一个高三班级后，他有怎样的感觉？会怎样去做评价？教两个班级时，他会用怎样的思维去看待相对薄弱的班级？他传递给同学的、给以前任课教师的、给班主任的是什么信息？

思考是一件难度更高的事。在平时的工作中，许多人宁愿立马埋头干，任劳任怨，也不愿好好想一想。这种看似勤奋的行为实质上是一个人"思维懒惰"的保护色。有句话说得好，如果想得到与过去不同的结果，就必须做一些与过去不同的事情，而这些不一样首先要体现在认知层面，这就需要深度思维。如果你想造一艘船，先不要召集人们，要求他们提供木材、准备工具，分配任务。你应该号召他们，然后激起他们对无边无际的海洋的期望。

教师要成为善于思考、深度思考的人。有智慧的教师他们往往有良好的思维方式。思维方式，是指思维倾向、思维脉络、思维策略、思维习惯等。思维方式对于教师太重要了。比如，"一粒老鼠屎坏了一锅汤"与"火大无湿柴"到底谁对谁错呢？问题学生可能破坏班风，好的班风能转变问题生。到底哪一句是真理呢？都是，也都不是，要看具体情况。"近朱者赤，近墨者黑"。比如，一个好学生忽然和某个问题学生交往增加，教师提醒学生："你小心学坏（近墨者黑）。"为什么教师不反过来想一想，这位好学生可能使那问题生"近朱者赤"呢？再比如，有些老师认为"赏识教育"很神奇，就一厢情愿地想把学生个个"夸"成人才，结果难免大失所望；另一些老师听说"挫折教育"很重要，于是就盲目给学生设置障碍，或者盲目批评，一厢情愿地把学生个个"压"成人才，结果常常是把学生"压"成了"炸弹"。还有的老师先后迷信这两种教育思路，结果发现都不灵，终于绝望了。很少有老师会把两种思路同时放在自己的脑中，进行整合，融会贯通。

教师要习惯于在矛盾中思考，在事物的互相联系中思考，在刨根问底中思考，假设多种可能性，在思考中反驳自己，防止思维方式是表面的、片面的、单向的、线性的、独断的、非讨论性的。"人"字的一撇伸向过去——这就叫你积累经验、注重反思；"人"字的一捺指向未来——那是让你拥抱理想、探索未来。"人生"作长度，"价值"作宽度，"理想"作高度，我们不做只追求长度的"直线人"，不做只在乎面积的"平面人"，要将自己发展成更有容积的"立体人"。

深度思考才能带来认知升级，从而成为高品质勤奋者。教师有深度思考才会创造出好的教育，好的教育才能浸润孩子心灵，同时也将提升教师的品位，让师生共同感受教育的美好。

带着激情工作，享受教育的美好

我们的课堂上是许许多多正在成长中的生命，每一个都如此不同，每一个都如此重要，全部对未来充满着憧憬和梦想。他们都依赖我们的指引、塑造及培育，才能成为最好的个人和有用的公民。教育是如此神圣，如此重要，事关一个民族、一个国家的兴衰成败。教育工作需要每一位教师的执着与激情，去点燃孩子成长的火焰，去唤醒孩子人性的善良，去享受教育的美好！

激情是工作的灵魂。保持工作激情最重要的方法，就是爱上自己的工作，以自己的工作为荣，与工作谈恋爱，像坚持初恋一样去热爱自己的教育事业。激情是可以传递和相互感染的。一个人的激情可以激发周围人的激情，一个有激情的团队又相互激发着新的激情，让激情永在，让教育事业充满活力。激情是一种可以融化一切的力量，是一种不断鞭策和激励我们向前的动力。在所有伟大的成就中，激情是最具活力的因素，成功总是属于充满激情的人。

把激情带进课堂，让课堂展现魅力。课堂是教学问题解决的源泉、是教学理论产生的故乡、是教师专业成长的土地、是教学质量提升的阶梯。尽力上好我们的每一天、每一节课。不管我们的学生是男同学，还是女同学；是经济优渥人家的孩子，还是困难家庭的孩子。因为在我们的每一堂课的钟点里，有着别人交付我们的、他或她生命中的每一秒钟、每一分钟、每一个时辰、每一个日子。而正是那些分分秒秒，构成了我们生命的岁月。因此，我们不能，也不忍，不认认真真地去正视他人的这份厚重的信任与托付；我们不能，也不忍，让他人生命中的那些分秒与时光，在我们的松懈中变得无价与轻贱；我们不能，也不忍，让自己的生命，也在这怠慢中变得无色与廉价。把激情带进课堂，就能提振孩子的精气神；把激情带进课堂，就能激发孩子的理想追求；把激情带进课堂，就能唤醒孩子成长的力量；把激情带进课堂，也必将促进孩子的成长与发展。

教育家马卡连柯说:"教育是像诗一样美好的科学,尤其是教育新人的过程更如同诗歌创作一样,其间充满着艰难困苦的探索,同时也极富浪漫传奇的色彩。"没有崎岖坎坷不叫攀登,没有经历挑战不叫成长。改变一个学生的过程是艰辛、复杂和曲折的,但倾心领略一个灵魂"从迷茫到苏醒,再到振奋前行"的全过程的人,则又是最愉悦、最幸福、最满足和最可爱的人。让我们用忠诚和执着去构建理想的教育,为孩子一生幸福奠基!

> 任何职业都有它独特的愁苦和乐趣,教育也不例外。教育是难的,面对千差万别的孩子,充满各种变化与可能,充满对智慧与人格的考验。也正因为如此,激发着教师不断挑战自己,建设自己,渐进中收获一个更好的自己:平凡,但不平庸;大胆,但不大意;敢说,但不空说;多思,但不乱思;大干,但不蛮干;谦让,但不迁就;虚心,但不虚荣;勇敢,但不蛮横;活泼,但守纪律;天真,但不幼稚;勇敢,但不鲁莽;倔强,但有原则;热情,但不冲动;乐观,但不盲目。

"北实"教师,可敬可爱的人

北京实验学校的所有教育工作者,都是我的亲密的战友,是最崇高而最可敬的人。"北实"战友对教育深爱,对事业坚守,用智慧创造了"魅力教育",用奋斗打造了"普适品牌"。"北实"战友,有天地的宏博、磊落和坦荡;有日月的热情、奔放和无私。我为我的"北实"战友而深感自豪!

教师每天的工作看似很平凡,但平凡的岗位,是神圣的职业。"淡泊以明志,宁静以致远"。教师生活贵在淡泊,贵在宁静。日月默默积蓄能量,有一分热发一分光,尽情奉献,永远不悔。教师每天的肩膀上挑起一副重担,担子的一端挑起孩子的明天,担子的另一端挑起祖国的未来。放眼未来,桃李遍天下,芬芳飘万家,这是教师最大的幸福!

在平凡中的坚守

一提起教师,会有人说:"教师这个事业,实在是普通又平凡。"是的,教师的职业是平凡的,就像是地面上的铺路石,朴实光滑,静静躺在地上,没有钻石耀眼,没有宝石名贵。但是教师的事业是伟大的,这源于教师多年来默默无闻的付出、倾注的心血与无私的奉献。在教育事业中有很多默默无闻的教师,他们每天早早来到学校,管理早读、备课、上课、批阅作业、沟通谈心、辅导学困生、组织活动、进修培训、自我阅读写作等,每天工作10余小时才下班。每天的内容看似大同小异,但绝不是重复昨天的劳动,他们每天面对不一样的问题、不一样的学生,需要思考与创新,需要艺术与智慧，需要坚韧与坚持，需要激情与挑战。他们深知自己的责任，他们用深厚的教育情怀书写最美的教育诗篇，他们是新时代最可爱的人。

在艰难中的探索

现在有无数强有力的对手铺天盖地而来，在和教师争夺孩子的注意力，教师处于明显的劣势。你讲课再生动，生动不过说评书，生动不过动画片，生动不过电视连续剧，生动不过那些歌星舞星，生动不过足球赛，生动不过游戏机里的打斗攻防，生动不过广告里的拼命煽情。你再有本事，也没有办法把所有的科学知识都转化成游戏和故事。相比之下，越发显出了教师献给学生的礼物的枯燥乏味。孩子们在传媒的不断进攻中，对强刺激都越来越麻木了。因此，学生对教师的教育提出了十分苛刻的要求，甚至只是一种理想的要求，教师的处境艰难，要求甚高。

倘若教师不提高自身素质，不发挥学校教育的真正优势，还照老办法念经，确实会越来越被动，前途真的不光明。社会中的许多老师觉得学生一拨比一拨难对付，越教越不会教，越活越累，这是不祥之兆。社会变了，对教师的要求极大地提高了，老皇历看不得了。

因此，老师需要大量地付出，大量地研究，大量地学习，大量地创造，大量地奉献。北京实验学校的每一位老师，工作、学习的时间何止是8个小时……

在爱与创新中享受幸福

"北实"教师总是在尊重孩子、理解孩子、包容孩子、赏识孩子、平等对待孩子的基础上，努力提升自身的教育魅力，用多元的视界激励学生全面成长，用严格的要求培养孩子的好习惯，这是教师的责任，这是爱的情怀。"北实"教师总是视学生为孩子，善于用父爱、母爱、师爱去唤醒孩子的梦想，激发孩子的追求，努力给孩子提供最好的教育，努力为孩子最好的人生奠基，这是教师的使命，这是爱的境界。"北实"教师总是用心做教育，满怀激情做教育，快乐幸福地做教育，以心换心，以情传情，以乐促乐，引领孩子走进学习的殿堂，走进快乐幸福的人生，这是教师的崇高，这是爱的升华。

可敬的"北实"战友，您用火一般的情感温暖着每一个孩子的心房，无数颗心被您牵引激荡，连您的背影也凝聚着滚烫的目光……您不是演员，却吸引着孩子饥渴的目光；您不是歌唱家，却让知识的清泉叮咚作响，唱出迷人的歌曲；您不是雕塑家，却塑造着一批批学子的灵魂。刻在木板上的名字未必不朽，刻在石头上的名字也未必流芳百世。战友，您的名字刻在了孩子的心灵上，这才真正永存。您的思想，您的话语，充溢着诗意，蕴含着哲理，又显得那么神奇呵，在孩子的脑海里，它们曾激起过多少美妙的涟漪！

可敬的"北实"战友，您是水，滋润着成长的幼苗；您是火，点燃了孩子的心灵；您是光，照亮了学子的道路；您是热，温暖了孩子的心窝。您用粉笔写下的是字母、词句、线条、符号，在我看来却是浇花的甘露、哺儿的乳汁、育树的养料……一方黑板，是您辛勤耕耘的土地。在这里，您播种知识，播种智慧，播种理想，播种祖国明天的希望……

忠诚教育、关爱学生、教书育人、为人师表、严谨治学，是"北实"教师的价值选择。

不畏困难、勇往直前、坚持不懈、团结奋斗、创新超越，是"北实"教师的精神追求。

"北实"战友，您辛苦了！可敬的战友，我爱您，学生们爱您！祝愿每一位战友，心想事成，幸福安康，教师节快乐！

"北实"战友,共创魅力教育

事业的伟大不仅在于目标的辉煌,更在于过程的壮丽;生活的美好不仅在于享有的富足,更在于经历的丰实。

艰难困苦,玉汝于成

几度风雨几度春秋。在全体"北实"人孜孜以求的不懈努力下,北京实验学校的工作取得跨越性发展:魅力教育在市区乃至全国产生了重要影响,中央电视台、北京电视台、中国教育报、中国教师报、中国政协报多次报道魅力教育的系列成果,魅力教育专著《曾军良与魅力教育》入选中国当代教育家丛书,教育科学研究成果名列海淀前茅,魅力教师、魅力学生、魅力课程、魅力课堂的系列创新探索取得重大进展,艺术、体育、科技等特长培养全面跨越,实现人人有特长,项项有成果,全面开花、立体结果、令人振奋。一次次攻坚克难、一步步勇毅前行,书写了光照时代的华美篇章,创造了属于"北实"人的美好教育生活。

山以险峻成其巍峨,海以奔涌成其壮阔。我们已经走过了万水千山,但走向未来仍需要不断跋山涉水。苏霍姆林斯基说:"理想的教育是,培养真正的人,让每一个从自己手里培养出来的人都能幸福地度过一生。这就是教育应该追求的恒久性、终极性价值。"我想,我们的魅力教育,就是要努力激活师生的精气神、塑造师生的真善美,尊重与激励每一个生命个体,让每一位师生过一种幸福而完整的教育生活。

共创"北实"梦

所有的"北实"教师,是我并肩前行的战友。新的时代赋予我们神圣的历史使命,百年的历史名校需要我们有责任担当、传承发展、创新超越,把北京实验学校建成魅力教育的普适品牌学校是我们共同的梦想。"北实"梦只有融进伟大复兴的中国梦之中,才能更好激活师生的内在动力,爆发出生命的能量,不断追寻教育的理想,享受生命的最好成长。我们必须清醒地认识到自己的价值与使命,带上我们的教育信仰和人本精神,不断追求自己的人生梦想和教育志向,以海纳百川的宽广胸怀和矢志不渝的奋斗精神,促进团队和谐向上、创新超越,以优秀的管理业绩,实现学校新跨越。

亲爱的老师们,我们是最亲密的伙伴,让我们胸怀理想、履行使命,充满激情和诗意,不断挑战自我、超越自我。让我们做理念先进、师德高尚、方法科学、效果优秀的教师;做善于合作、注重分享,具有人格魅力的教师;做特别充满爱心、关注个体,受学生尊重的教师;做追求卓越,富有创新精神的教师;做勤于学习,不断充实自我,具有反思与研究精神,不断发现教育规律的教师。于漪老师说:"一辈子做教师,一辈子学做教师。"教师在教学的过程中,要始终保持一种警觉,即自己的专业能力还有待加强,需要用心学习,全身心地投入教育实践中,以便提升自己的专业水平。学生们一旦感到"老师也和我们一起在成长",课堂上便有望营造出热烈的学习气氛,师生之间也会构建出一种教学相长的友情关系。人们的上进心,通常就是从友情中激发出来的。期望每一位"北实"教师,在魅力教育的辛勤耕耘中实现自己的教育理想,彰显自己的教育魅力!

"风雨多经人不老,关山初度路犹长。"我们要牢记我们的使命,以"孩子向往、教师幸福、社会满意"为目标,办人民满意的高质量魅力学校;我们要继续保持和发扬"北实"人"勇于担当,善于超越"的"北实"精神,献礼北京实验学校百年华诞;我们要不忘初心,砥砺前行,为中华民族的伟大复兴做教育,为实现两个一百年的奋斗目标做教育,努力培养具有"中国灵魂,国际视野"的魅力现代人!

"把握生命里的每一分钟,全力以赴我们心中的梦。"亲爱的战友们,让我们带着教育的理想,带着自己的阳光,带着奋斗的激情,带着创新的智慧,一同出发!

我坚信:创造中国基础教育普适品牌的教育理想一定会实现!北京实验学校的明天一定会更美好!在教师节来临之际,献上此文,祝各位战友节日快乐,阖家幸福!

你好，明日之师

河南某小学老师的"辞职信"与安徽六安教师招聘遇冷等事件一度引起热议。大地明师班"90后"准教师，向"00后"高中毕业生发起邀约，鼓励他们报考师范院校，做明日之师、明白之师、明亮之师，更是引发了广泛关注。

2018年1月20日，中共中央国务院颁布了《关于全面深化新时代教师队伍建设改革的意见》（以下简称《意见》），提出"把全面加强教师队伍建设作为一项重大政治任务和根本性民生工程切实抓紧抓好……要培养造就数以百万计的骨干教师，数以十万计的卓越教师，数以万计的教育家型教师。"据了解，"大地明师班"就是在《意见》颁发后，教育专业媒体、师范院校和课改名校共建的国内首个创新教师教育人才培养模式项目，旨在提供思想和技术援助，打通师范生就业的最后一公里，培养一批既能脚踏实地，又能仰望星空的知行合一的教师，既有高远的教育情怀，又有田野研究精神的新时代教师。

作为从教36年的老教师，我深感教师职业的幸福。教师的幸福来自于有意义的教育教学工作；来自于学生的改变、成长与发展；来自于教师自身的专业成长；来自于教育研究中的新发现；来自充实的学校生活。我深感教育事业的崇高与伟大。我时常问自己，我们究竟拿什么奉献给我们的学生？我们有没有以自己风趣的谈吐、渊博的学识去吸引学生？我们有没有以自己优雅的行为、成熟的思想去感染学生？我们能不能承担起为国育才的使命？做教育，是最可爱、最幸福的人。改变一个学生的过程是艰辛、复杂和曲折的，但倾心领略一个灵魂"从迷茫到苏醒，再到振奋前行"的全过程的人，则是最愉悦、最幸福、最满足和最可爱的人。我为这些"90后"准教师的这一行为点赞！我为这些准教师们的教育之爱所感动！我更为有这样一批未来的优秀教师而深感自豪！人民期待有好的教育，好的教育需要好教师，这个时代特别期盼"00后"的优秀高中毕业生热情报考师范院校，希望更多的优秀青年成为未来教师，这更是新时代的热切期待。

选择做教师是一生的荣耀

党和国家一再强调要打造一支高素质的教师队伍，要实现这一目标，就要从建设一支高素质的师范生队伍开始。新时代赋予了高中毕业生新的责任——报考师范院校，选择做教师，成为新教师，成为"三明"教师，争做人民好教师。坚定的理想信念，意味着教师肩负着国家使命和社会责任，有了这样的信念，才能给学生传播中国梦的正能量。因此，教师是一项崇高、神圣的事业，而非一种简单的职业。因为教师是育人的事业，有着共同的理念，是从事教育教化人们心灵的事业，只要这个人还在，那么教育就还在，我们培育他的那些品德、品格还在他的工作中、生活中和家庭中，起着这样和那样的作用，他的一言一行，他的所作所为，很可能都与我们当初的教育有着千丝万缕的关系。十年树木，百年树人。所以，教师是一项事业，是一项树人的伟大事业！选择做教师，就是选择与人类精神文明对话，就是选择了崇高，选择了新时代教育的担当与使命。

做教师就要做新时代的好教师

新时代教师是一个有意思且有意义的职业。古人对教师的职责概括为：传道、授业、解惑。这其实只道出了教师"教书育人"的职责的一面，而我们常说的"为人师表"，是对教师提出了人格上的要求，而做新时代的好教师，则是党和人民的更高要求。新时代好教师更应重视自身的道德形象，追求人格完美，展现个性魅力。我们要从树立"以德立教、率先垂范、严于律己、无私奉献"的教师形象入手,把外树形象与内强素质结合起来,创造出尊重、信任、宽容、友爱的新型的师生关系;要重视对《中华人民共和国教育法》《中华人民共和国义务教育法》《中华人民共和国教师法》等教育法规的学习,具有依法执教的意识。正如习近平总书记指出的:"好老师应该取法乎上、见贤思齐,不断提高道德修养,提升人格品质,并把正确的道德观传授给学生。"教师不仅要传授知识,更要以身作则,给学生们树立正确的价值观。明辨是非、曲直、善恶、义利、得失,是一个教师应当为学生起到的表率。

新时代的好教师要有仁爱之心。鲁迅先生曾说:"教育是植根于爱的",爱是教育的源泉,教师有了爱,才会用伯乐的眼光去发现学生的闪光点,才会对自己的教育对象充满信心和爱心,才会有追求卓越和创新的精神。爱是教育的灵魂,有爱才有责任,爱教育、爱学生是每一个教师应尽的义务。爱源于高尚的师德,爱意味着无私的奉献,教师身上没有伟大光辉的故事,有的只是默默无闻,终日坚守劳作,不求回报、无怨无悔。教师对学生的爱,不仅是教师的本能,更是教书育人的需要、民族振兴的需要、实现强国梦的需要。

做新时代有扎实学识的好教师

《中庸》有句名言:"博学之,审问之,慎思之,明辨之,笃行之。"后人把它当作条幅挂在墙上,而这句话只是说要达到的结果,是目的,至于如何达到这个结果并没有表达出来,而把后面最核心的一句话省略了。后面是什么呢?《中庸》上说:"有弗学,学之,弗能,弗措也。"就是说要达到博学的目的,在学习过程中,有不懂不会的地方,就要下决心学习,如果学了还不会,不要停下来,要努力改变方式,再坚持刻苦学习。

读书是为了教育的生命完整。教师为什么要多读书?一句话,为了教育生命的更完整,或者说是为了追回另一半的生命。人生命的一半是物质,一半是精神。读书是对精神的那一半生命的能量补充。在地球上所有物种中，除物质之外还需要精神滋养的就是人类。只有人，有精神生活，有主观思维，会改造客观，追求幸福。人的精神需求的最高层次是理性的思考。刺激是心理本能的满足，娱乐是心理休息，信息是人捕捉到的事物的信号，知识已进入到认识的总结，只有思想才能进入到理性，进入到规律和方法的把握，是人们对客观世界的更深刻的认识。教育不仅是传授知识，更是培育品德、传递思想、提升智慧。教师始终要有"人一之，我百之；人十之，我千之"的精神，如果我们有这样的精神，我们就能虽愚必明，虽弱必强！我们的教育是百年树人的伟大事业，正需要有这种学习精神，因为我们培育的是国家未来的人才，关系到中华民族的兴衰成败。

做新时代有远大志向的好教师

成大事者必有大志。当我们为功名利禄工作时，只关心工作延伸出来的东西，而不关心工作本身。当我们为志向而工作时，才有事业心，才关注工作，敬业、创造皆由此而生。教师要把给每一个孩子提供公平而最好的教育作为自己的坚定志向，因为追求最好的教育，教育的改革与创新就不会停滞，教育的人生就会选择终生奋斗与奉献。有志向教师的重要价值就是造就有志向的学生。要关心学生远大志向的树立，让他们挺起实现中国梦的脊梁！要思考如何担起这份责任，如何享受这份荣誉。教师要用爱教导学生，用法解决问题，用心成就学生。以校为家，爱生如子，一天天，一月月，一年年，红颜老去，青丝渐白，依然不忘初心，孜孜不倦地追求着，默默无闻地奉献着，只因坚守心中那个教育理想。

做新时代有艺术魅力的好教师

教育本身就是美的，充满艺术美。他不是一点美、一方面美，而是各方面都美；不是作品美、学问美，而是人格美、教育艺术美；不仅追求美，而且要用美作为尺度，时时丈量自己、评判事物、澄明世界。优秀教育具有了这样美的品格，就会渐渐走向文化自觉、美的自觉。教育是极富创造的事业，创造是教育的本质。所有的教育名家都富有宝贵的创造精神。陶行知是一个创造、创新的典范。"别看小孩小，人小心不小。若把小孩看小了，你便比小孩还要小。"多妙的一首诠释儿童、解读教育、弘扬创造的诗。当下正在成长中的教师们，深谙此理，努力探索，积极创造，逐步形成自己的见解和主张，这是了不起的进步。但总觉得少了点什么。究竟少了什么？大概是少了那种高雅的教育艺术、崇高的美学精神，因而，少了点纯粹，少了点从容，少了点大气，少了点境界。教育的创新，是忘我的，是有诗情画意的，是极具艺术感染力与教育独特魅力的。新时代的教师要把发现教育的美与创建教育的艺术作为自己的毕生追求，让自己的教育人生充满美学精神、彰显艺术风范。

教育是培英育才的事业，教育事业充满着探索与创造，彰显着时代的价值与独特的意义，教育事业是光荣而自豪的事业。有爱心的优秀的"00后"学子们，选报师范院校，让我们一起同行，一起做教育的筑梦人！美好的未来在前方迎接着你们，远大的理想在此时孕育，高尚的品行在此时萌发，生命的辉煌在此时奠基。今天，就把握在你们手中！期待你们以激情为旗，用青春作注，拼一个无悔的青春！任前方荆棘丛生，你们要持之以恒。青春的脚步如行云流水，青春的岁月容不得浪费。要把握好生命中的每一天，向着金色的彼岸前行。用智慧和勇气扬起理想的风帆，用青春和生命做时代的强者！

实现伟大复兴的中国梦，关键在人才，基础在教育，教育是振兴中华的奠基工程。作为新时代的"00后"学子们，时代的需要就是我们的选择，要在使命担当中学会选择，在逆境中谱写乐章。雄鹰在风雨中练就坚实的翅膀，梅花在严寒中绽放扑鼻的芬芳。在今天这个充满竞争的时代，新时代在召唤，一定要以"崇高的理想、创新的意识、无畏的勇气"，发挥新青年的智慧、风采和力量！我相信，只要选择做教师，成为好教师，就一定能为人民教育事业不断跨越新台阶、创造新业绩、谱写新篇章，续写新辉煌！

新时代，新使命、新征程，新时代赋予新教师的新责任，"00后"学子们，不论是你选择了教育，还是教育选择了你，都要做一名新时代的人民好教师。一名好教师就应对自己提出更高的要求。一个梦想要以一个梦想去点燃，一个理想要用一个理想去唤醒。希望你们"牢固树立终身学习理念，……不断提高业务能力和教育教学质量。"希望你们弘扬高尚师德，淡泊名利、言传身教，真正做到自尊、自强、自省、自律，用高尚的道德情操引领学生全面发展。希望你们把自己的本职工作和国家发展、民族振兴结合起来，静下心来教书，潜下心来育人，努力成为学生爱戴、让人民满意的教师。这样就会播下梦想的种子，开出理想的花朵，收获成功的果实。

> 做新时代的人民好教师，就是要做明日之师、明白之师、明亮之师，让祖国的花朵不断成长、成才；就是要让社会主义的接班人，不忘初心，不辱使命，不负期待，永远奋进；就是要让每一位师生为实现中华民族伟大复兴的中国梦贡献自己的全部力量！

争做魅力教师

推进魅力育人

激发精气神，塑造真善美

教育是为了促进每一个个体生命的健康与快乐成长，为把每一个孩子培养成适应未来社会并能改造未来社会的人才打下基础，为他们幸福地度过一生打下生命的底色。人的全面成长需要精气神，社会的和谐发展需要真善美，学校的教育工作要努力激活师生的精气神、塑造师生的真善美。

激发精气神

中医认为，人体有"三宝"，即精、气、神。精气神乃生命之根本，是维持人体生命活动的三大要素。只有养足了精气神，人体才会健康发展，少生疾病。精足，气旺，神全，则精神焕发，行动矫健，老年人能鹤发童颜，延年益寿，青年人可长葆青春，激情永在。教育是生命与生命的对话，是一个不完美的人牵引一群不完美的人去追求完美的过程。教育需要以情育情、以爱育爱、以精气神激发精气神。

素养决定生命之精

精，泛指人体一切营养物质，有先天与后天之分，先天之精禀受于父母，后天之精来源于饮食，主要由肾来管理，常常有"肾精"之称。"人始生，先成精"，精不仅是构成人体的基本要素，而且主宰人体的整个生长、发育、生殖、衰老的过程。精不仅需要遗传基因，需要后天的营养物质，更需要精神的营养、核心素养的提升，培育适应终身发展的必备品格与关键能力，为终身发展奠基。

做一个有素养的人，就要做一个自信的人。自信地面对生活,面对未来。

自信，是塑造良好气质的重要因素，是成就事业的前提。人将来可以从事不同的职业，从事的职业可以平凡，地位可以卑微，但人的心灵不可以低下，只要心灵高贵，人的气质就高贵。

做一个有素养的人，就要做一个具有博爱的人。博爱，是指博大的爱，对身边的人、事物乃至宇宙万物都有爱。博爱，是以爱人为基础，包括爱集体、爱祖国、爱人民、爱生命、爱人类的生存环境、爱大自然、爱人类的劳动创造、爱文明进步、爱一切真善美的事物。

做一个有素养的人，就要做一个有礼貌的人。文明礼仪是我们学习、生活的根基，是我们健康成长的臂膀。没有了文明，就没有了基本的道德底线。礼貌是人从小养成的一种修养，一种习惯。礼貌不需要做作，来自自身的文化积淀、品德熏陶、精神修炼。

做一个有素养的人，就要做一个宽容的人。宽容，是人类生活中至高无上的美德。因为宽容包含着人的心灵，因为宽容可以超越一切，因为宽容需要一颗博大的心，因为宽容是人类情感中最重要的一部分，这种情感能融化心头的冰霜。宽容，可以让我们的生活更加美好。对别人多一些理解，站在对方的角度去想一想，宽容别人，其实就是善待自己。

做一个有素养的人，就要做一个有正确价值观的人，坚持社会主义核心价值观不动摇。只有坚持正确的价值观，才不会迷失人生的方向，才会成为有益于人民的人、有益于社会的人、有益于祖国的人，也才能成为受人尊重的人、高尚的人、幸福的人。

我们的教育重视素养的培养，每一位教师都应成为素养的示范者，重视素养的教育才能成就学生的未来！

理想激活生命之气

气，是维护人体生命活动所必需的精微物质，是推动人体脏腑组织机能活动的动力。它既是物质的代称，也是功能的表现。气在人体有推陈出新、温煦脏腑、防御外邪、固摄精血、转化营养等重要职能。"人之有生，全赖此气"。气能周流不息，如环无端，人体则健康无病。人的发展不仅需要生命之气，更需要精神之气，理想是照亮人生之路的灯塔，理想能激活个体生命的原动力，理想是催人奋进的兴奋剂、生长素，理想是腾飞的翅膀，有了翅膀才能在蓝天里飞翔。

能够达到金字塔顶端的动物只有两种，一种是雄鹰，一种是蜗牛。雄鹰之所以能够达到是因为它拥有傲人的翅膀；而慢吞吞的蜗牛能够爬上去就是因为它心无旁骛，认准了自己的方向，并且一直沿着这个方向努力。如果我们像蜗牛一样坚持做一件事，将自己的潜力发挥到极致，那么一定会劳有所获。

像坚持初恋一样坚持梦想。人生最美好的事情莫过于还拥有梦想，而更令人欣喜的是像坚持初恋一样去坚持梦想。因为坚持，一切都将变得富有意义；因为坚持，我们将收获到远胜于坚持本身的东西。

教师要憧憬理想的教育，探究理想的教育，走进理想的教育，让教育成就孩子的未来，振兴祖国的明天。

理想的教育——有教育的自我反思精神，不断地追求完美的教育。教育的过程就是一个不完美的人引领着另一群不完美的人追求完美的过程。也许我们始终只能在现实与理想之间徘徊，愿我们眺望理想的高低，不屈服现实，但也可暂时的休憩和沮丧，让更多的教育战友成为追求理想教育的人，让教育真正改变孩子的命运，成就孩子的未来。

理想的教育——不断引导孩子善于学习，勤于自我反思，有开放的胸襟，不断地追求生命更高的境界。

理想的教育——真正地培植起孩子的信念、理想、爱心与希望。

理想的教育——开发适合孩子自我发展的多彩课程，促进孩子多元发展。

理想的教育——提供有引力、有激情、多方法、高质量、有幸福感的课堂。

理想的教育——营造笑声朗朗、书声琅琅、歌声琅琅的氛围。

理想的教育——给孩子一生有用的教育，着眼于孩子的终身发展。

理想的教育——需要为一个民主、平等、自由、公正、文明的社会培养人。

理想的教育——视学生为孩子，让每一个孩子都感受到温暖的师爱，决不放弃任何一个孩子。

理想的教育——要为基本国策的落实贡献力量，传承文化、敬畏法律、保护环境、热爱生命、可持续发展，要让文化意识、环保意识、法律意识、生命意识深入人心。

理想的教育——尊重与包容每一个生命个体，善于激励每一个个体的发展，对每一个生命个体成长负责。

理想的教育——过一种幸福完整的教育生活。

教育是崇高而伟大的事业，从事教书育人的教师，需要有教育情怀、需要有奉献精神、需要探求理想的教育。有理想的教师才能培养出有理想的学生，学生有了理想，这个时代就有了希望，中华民族伟大复兴的中国梦就一定能实现。

阅读丰厚生命之神

神，是指人体的一系列精神意识，思维活动，为心所主。心为人体的最高司令官，神则居其首要地位，心健则神气充足，神气充足则身强，神气涣散则身弱，故《灵枢·邪客》说："心者，五脏六腑之大主也，精神之所舍也。……心伤则神去，神去则死矣。"生命之神不仅需要物质的滋养，更需要精神的滋润。书是精神的巢穴、生命的禅堂，是一扇通往大千世界的天窗，足不出户就了解到世界各地美丽山水、风土人情，开阔视野，沉淀底蕴。书是一个时间穿梭机，可以回到千年前，感受古人的聪明智慧，学习先贤的道德品质和处世哲学，体味生命的意义。走进阅读的教育，吸收一切文明的成果，阅读必将丰厚生命之神。

阅读不仅是教师专业化发展的重要途径，还是人们精神充实、素养提高和生活幸福的必由之路。宋代大儒张载强调："为天地立心，为生民立命，为往圣继绝学，为万世开太平。"这是他认为的读书的最高境界。王国维有读书三境界："昨夜西风凋碧树，独上高楼，望尽天涯路。""衣带渐宽终不悔，为伊消得人憔悴。""众里寻他千百度，蓦然回首，那人却在灯火阑珊处。"

教师读书要进入境界，荡漾在书海里，让内涵提升，让专业发展，让个性鲜明，让文化传承，让胸怀博大，让智慧增加，让灵魂升华。

读什么都是知识。人在无知的时候、消遣的时候读书，读什么都是知识；孩子启蒙入学，学什么都是知识；大人业余看闲书，或行业书、工具书，也是补充知识，让自己学识渊博。上知天文，下知地理，三教九流，五行八作都懂一点，博览群书指的就是这样。当然，大家不要仅仅做词典的知识分子，要做活学活用的知识分子。

读什么都是专业。这句话有两层含义：1.书不在多，读对则可；2.多读书不如读对书。什么叫读对书？就是知道自己要什么。假设你是个语文教师，别忘记你首要的是提升自己的语文教学水平和教育理念。那么立足语文老师应该读的语文专业方面的书才是读对书。一个老师将自己的专业素养提升了，就能让自己的课堂吸引学生，就能够懂得如何去启迪孩子的思维，树立孩子的信心，就能做个优秀的学科教师。在好的读书人眼里，看什么都是自己的专业，都有自己的专业。因为有了专业性的东西做基础，就有了阅读的自我立场，于是你的眼睛里看到的哲学书不是哲学而是教育，你看到的老子不是老子而是班主任著作，你看到的稻盛和夫的东西不是企业管理而是带班的路径，你看到的圣经教义不是宗教的教条而是教育的情怀，你看到的哪怕是一本普通的小说那也有教育的亮光……当阅读丰富了你的视野的时候，教育就在你的世界里广博了。

读什么都是自我。当有了扎实的专业基础与一定的阅读广度、深度，就会有一定的境界。读什么都是自我，都有自己的影子、自己的情感、自己的思想在里面。一个优秀的读者不会顺随别人的思维，不会被别人牵着走，而是结合自己的实践经验，把所有习得的东西转化成自己的营养，让那些东西成为构建自我的工具。说到底，一切都是工具，最终是为了构建独立的自我。没有自我的独立，就不可能有真正的成就。没有自我，没有独立思考、独立人格，也就注定了一个人走不远。

读什么都是文化。文化是什么？在汉语中实际是"人文教化"的简称，我的理解是"以文化人"。文化是学习得来的，不是通过遗传而天生具有的。读书可以变成文化人，而不仅是知识人。当经历了前面三个层次，三重境界，再往前走，就到了"以文化人"的地步，无论读什么都是文化，都是素养，都是气度，都是精神，哪怕是闲书，哪怕是食谱，举手投足、一颦一笑都有气质，有风度，有魅力。腹有诗书气自华，说的就是读书的最高境界。所以，生活中很多人有知识没文化，修养差，德行差，那是因为书读得不够多、不够好。我们要做有文化的人，有文化的人，实际就是将文字、文章、书籍化入血液、生命里，成为生命的一部分。比如，那些德高望重、谦恭温和的大师级人物，以及乡间古村里百姓敬重、清淡朴素的老先生。

书让我们的心灵比世界大，知识才是真正的阳光和雨露，被书籍静静沐浴的心灵，才能像花朵一样的绽放。

塑造真善美

有人认为"真是指认识符合客观实际；善是指善行，是指人的行为对群体的价值；美是客体作用于主体，使主体产生一种精神上愉悦的体验"。这类观点把真、善、美的内涵分属于（真理）事实、（行为）价值、精神体验三个完全不同的主观和客观的哲学范畴。

有人认为"真者智力之理想，善者意志之理想，美者感情之理想""人的认识活动追求真，人的意志活动追求善，人的情感活动追求美"。这类观点是把真、善、美分属于认识、意志和情感三个不同性质的范畴。

爱因斯坦说："照亮我的道路，并且不断地给我新的勇气去愉快地正视生活的理想，是善、美和真。"一个人在现实中生活，很难一帆风顺，会遇到各式各样的困难，有时会遇到艰难挑战，甚至是挫折磨难。人为何能不畏困难，超越自我，勇往直前，那是因为有追求真善美的无穷力量。

科学求真

真,即真实、真相、真理。相信科学,才会去探究真理,在历史上有许多为追求真理而献身的科学家,他们是历史的荣耀。

意大利著名的物理学家、天文学家和数学家伽利略,他热爱科学,追求科学真理,在当时恶劣的条件下,仍然没有熄灭燃烧在伽利略心中的那一簇科学圣火,1638年他出版了《关于两门新科学的讨论和数学证明》一书。1642年1月8日伽利略的生命之火熄灭在他的终身监禁之地。300多年后的1979年,罗马教皇出面为伽利略沉冤昭雪,正式恢复其名誉。他的一生是艰难曲折的,但他对自然科学的发展做出了卓越的贡献,他是一位伟大的科学家,不屈不挠的斗志是永远值得人们学习的,他主张运用科学实验和数学方法去认识自然现象的原因和规律的这一研究方法已成为后人从事科学研究的必然方式,他本人也成为古典力学和近代实验物理学的先驱者。

科学是分科而学的意思,后指将各种知识通过细化分类(如数学、物理、化学、生物、信息学等)研究,形成逐渐完整的知识体系。它是关于发现发明创造实践的学问,它是人类探索研究感悟宇宙万物变化规律的知识体系的总称。科学是一个建立在可检验的解释和对客观事物的形式、组织等进行预测的有序的知识的系统。"科学"还指可合理解释,并可靠地应用型知识的主体本身。

科学推动着人类社会的进步与繁荣,科学技术是第一生产力。放眼古今中外,人类社会的每一项进步,都伴随着科学技术的进步。尤其是现代科技的突飞猛进,为社会生产力发展和人类的文明开辟了更为广阔的空间。科技的飞速发展成就了航天梦想,让中华民族千年来的九天揽月终成现实,人类终于可以自由翱翔于浩瀚苍穹;科技的飞速发展成就了生产自动化,解放了重复机械劳动和大量数据计算中的人们的双手,人类终于可以自由自在地享受生活;科技的飞速发展成就了现代通信工具,让相隔万里的人们交流无障碍,人类终于可以自由地零距离沟通。科学使生活变得异常方便。科技的发展也带来了原子弹，现在地球上的原子弹能量足以多次毁灭地球，科技的发展也可能带来人类的灾难。

教育要科学引导学生热爱科学，攀登科学的高峰。要激发广大学生对科学事业无限热爱与执着追求，要培养造就一大批科技创新人才，要走在世界科技的前沿，走科技强国之路，用科学造福于人类，造福于中华后代，造福于世界。

相信科学、学习科学、研究科学、酷爱科学，用科学的知识武装头脑，用科学的精神引领行动，才会追求真理，坚持真理，树立起辩证唯物主义世界观，科学发展观，人才会走向科学发展的道路，祖国也才能实现世界科技强国的梦想。

人文求善

善，即善良、善意、善行。"善"也可理解为真诚引发良知而做出对别人有益而适当的行为。"人文"是人类文化中的先进部分和核心部分，即先进的价值观及其规范。其集中体现是：重视人，尊重人，关心人，爱护人。简而言之，人文，即重视人的文化。

人文，是一个动态的概念。《辞海》中这样写道："一是旧指诗书礼乐等，二是指人情事理。"我们知道，文化是人类或者一个民族、一个人群共同具有的符号、价值观及其规范。符号是文化的基础，价值观是文化的核心，而规范，包括习惯规范、道德规范和法律规范，则是文化的主要内容。人文是指人类文化中的先进的、科学的、优秀的、健康的部分。广义讲，泛指文化；狭义讲，专指哲学，特别是美学范畴。人文分类：文化、艺术、美学、教育、哲学、国学、历史、法律（俗称规矩）。

中华民族是具有五千年文明的泱泱大国，有其独特、优秀、灿烂的文化。教师是人类文明的传播者，是中华文化的守护神，要努力走进中华文化的宝库，让中华文化进入自己的血夜里，流淌在生命的长河里，丰厚文化，积淀人文，心灵向善，以善待人。同时，要推进学校的人文教育，中华民族的传统文化教育，以文养心，以文促善，以文育人，让"善"成为人们相处的基本行为方式，让"善"成为促进社会和谐的精神纽带。

艺体求美

美的基本形态是艺术美和现实美。其中现实美包括自然美、社会美、教育美。美，不仅要表面美，还要心灵美，并与丑相对，这样才算真正的美。美通常指使人感到心情愉悦的人或者事物。这里"美"深意指鉴别美、发现美、欣赏美、塑造美、创造美的能力。艺术是心灵的阳光，让人的心灵更美；体育是强身健体的活动，让人的躯体更美。艺体将促进人的外在美与心灵美的有机和谐统一。

艺术包括文学、绘画、音乐、舞蹈、雕塑、建筑、戏剧与电影等八大艺术。艺术也可以分为造型艺术、表演艺术、综合艺术、语言艺术。造型艺术——绘画、雕塑、建筑、书法、摄影；表演艺术——音乐、舞蹈、曲艺；综合艺术——电影、电视、戏剧；语言艺术——诗歌、散文、小说。

让每一个学生有一门艺术特长，给学生艺术的熏陶，培养学生热爱艺术的品质，激发对生命的热爱，带来生命的激情，会催生人创造力的发展。一个人可能不会拉小提琴，不会弹钢琴，不识五线谱，这些并不重要，重要的是要有热爱艺术的品质。一个爱艺术的人再坏也一定会有底线，有一篇文章讲的就是艺术是心灵的阳光，当我们内心有阳光的时候，我们会对别人表现出更多的热情和友善。一首好歌、一次优美的舞蹈演出、一场美妙的音乐会一定会使我们的人生芳香四溢。当我们心中流淌清爽旋律的时候，我们会更有勇气面对生活中的阻碍、失意与困顿。如果学校特别重视艺术教育，让每个学生都有品尝艺术的能力，让他们体验到艺术的魅力与神奇，掌握一门艺术特长，艺术将陪伴他的生命走得更远，走得更幸福！

体育，是一种复杂的社会文化现象，它以身体与智力活动为基本手段，根据人体生长发育、技能形成和机能提高等规律，达到促进全面发育、提高身体素质与全面教育水平、增强体质与提高运动能力、改善生活方式与提高生活质量的一种有意识、有目的、有组织的社会活动。随着国际交往的扩大，体育事业发展的规模和水平已是衡量一个国家、社会发展进步的一项重要标志，也成为国家间外交及文化交流的重要手段。体育可分为大众体育、专业体育、学校体育等种类。包括体育文化、体育教育、体育活动、体育竞赛、体育设施、体育组织、体育科学技术等诸多要素。

身体是生命的本质特征，关注生命发展首先要关注他的身体健康，体育是学校教育非常重要的组成部分，身体是成就一切事业的前提，没有健康的身体，一切理想都可能化为泡影。

学校体育是全面发展的组成部分，是培养社会所需人才的重要内容。体育和教育都是人类社会的文化现象，随着人类社会的产生而产生，随着人类社会的发展而发展，同时，它以越来越复杂的形式适应社会发展的需要。

学校体育是国民体育的基础，对增强民族体质和提高竞技体育水平有重要的战略意义。一个民族的素质，主要包括身体素质、文化素质、心理素质和品德素质。民族体质的强弱关系到国力强弱和民族兴衰。学生时期是长身体的时期，特别是中小学生正处在生长发育的旺盛时期。人的生长发育水平，受多方面因素的影响，体育锻炼是影响人体生长发育最积极的因素。在学生时期，加强体育锻炼，能促进身体的正常生长发育，全面发展身体，增强体质，为一生的健康打下良好的基础。同时，通过世代的积累，逐步提高民族的体质水平，身体实力，关系到国家的声誉。

学校体育不仅能够使学生的体质得到增强，而且可以促进智力的发展。科学实践证明，坚持经常的锻炼，可以提高大脑皮层细胞活动的强度、均衡性和灵活性。学校体育有助于培养学生高尚的思想品德和坚强的意志品质。严格的体育教学和训练，可以加强学生的组织性纪律性，培养学生的集体主义精神。

培育学生的体育兴趣，认识体育锻炼的重要意义，养成一辈子锻炼的习惯，是中小学教育的重要使命，要让每一个孩子练就一门体育特长，培养对体育锻炼的终极热爱。因为有特长，因为有热爱，终身锻炼就成为生命的一种习惯，身体健壮，精力充沛，为成就事业提供保障。

教育要努力激活师生生命成长的精气神，努力塑造师生心灵的真善美。素养决定生命之精，理想激活生命之气，阅读丰厚生命之神；科学求真，人文求善，艺体求美。有了精气神，有了真善美，学校教育就有了活力，学校就会办成"孩子向往、教师幸福、社会满意"的学校，我们正豪迈地走在魅力教育改革与创新的道路上！

劳动创造历史，劳动开创未来

劳动创造了物质财富，也创造了精神财富。劳动推动了人类社会的进步，也创造了人类的多样文明。生命因劳动而彰显力量，人生因劳动而凸现价值。中国梦终究是全体劳动者共同缔造的伟大复兴梦。劳动是世界上一切欢乐和一切美好事物的源泉，奋进新时代，迈步新征途，奋斗的青春最美丽，劳动的人生最幸福。

光荣属于劳动者，幸福属于劳动者

劳动最光荣、劳动最崇高、劳动最伟大、劳动最美丽、劳动最幸福。

幸福是什么？正如一千个人眼中有一千个哈姆雷特一样，是个见仁见智的话题。幸福可能是一种心灵体会，也可能是一种精神感觉，又也许是一种明日希冀，抑或是一种心如其境的遐想。幸福是孩童手中游戏的玩具，幸福是父母脸上会心的微笑；幸福是农民对丰收的渴望，幸福是医生对生命的敬畏；幸福是少年离乡时学不成名誓不还的豪情，幸福是游子望极天涯对故乡的归恋。因为每个人的阅历不同，生活环境异样，人生观、价值观、世界观的异同，给出的"幸福是什么"的答案当然有差异。但只有劳动，人类才能生存，只有劳动，人本身才能获得发展，劳动的日子最幸福，奋斗的人生最绚丽。大千世界，人生百态，生活就是一个五味瓶，劳动的滋味是什么？说到底，就是获得了幸福，创造了幸福。

"天地有幸福，唯劳动为真！""幸福在哪里，朋友啊，告诉你，它不在柳荫下，也不在温室里，它在辛勤的工作中，它在艰苦的劳动里。啊，幸福,就在你晶莹的汗水里!"这经久不衰的优美旋律,朴实的文字表达,凝聚了人们淳朴的智慧:安逸享乐不是所有人的幸福,更不是真正的幸福。真正的幸福是通过辛勤的劳动换来的,是凝聚了汗水与智慧的所得!撸起袖子加油干,幸福是奋斗出来的!老舍先生说过:不劳动,连棵花也养不活。五彩斑斓的世界靠劳动来创造,一切美好生活靠奋斗来获得,在劳动中绽放人生魅力之花,在劳动中创造更精彩的世界。

劳动教育是中华民族教育的重要组成部分

劳动对人的幸福发展至关重要,劳动教育在教育体系中居于十分特殊的地位。中共中央、国务院印发了《关于全面加强新时代大中小学劳动教育的意见》,要努力构建德智体美劳全面培养的教育体系,形成更高水平的人才培养体系。要在学生中弘扬劳动精神,教育引导学生崇尚劳动、尊重劳动,长大后能够辛勤劳动、诚实劳动、创造性劳动,为开展好新时代劳动教育提出了原则,指明了方向。学校、家庭、社会都必须重视劳动教育,树立正确的劳动教育观,创建劳动教育课程体系,丰富劳动教育内涵,开展多方位劳动教育实践,让敬重劳动、积极劳动、全民劳动、创新劳动成为中华民族新时代最为靓丽的风景。

劳动是奋斗者的磨刀石

《左传》里记载:"民生在勤,勤则不匮。"古今中外,人们从历史的进程中总结出了一个道理:劳动是维持人类生存和发展的唯一手段、劳动是社会文明进步的不竭动力。日出而作、日落而息,古人有言,克忠克孝,一脉真传;唯读唯耕,两行正路。这里的"耕",就是指耕作和劳作。勤劳作,爱劳动,一直是中华民族绵延不绝的优良美德。"农夫不勤则无食;桑妇不勤则无衣;士大夫不勤则无以保家。"人生在勤,不索何获?古代劳动人民用勤劳的双手和智慧创造了辉煌,留下许多可歌可泣的经典故事。可以说,五千多年的中国文明史,就是一部劳动创造的历史。新时代的中国人民必将用劳动的汗水与智慧去创造一个强大的祖国。

劳动是追梦者的金钥匙

我们都非常熟悉爱迪生的那句名言：天才，是百分之九十九的汗水加百分之一的灵感。这句话揭示了一个亘古不变的真理：劳动的汗水胜过一切天赋！我们心中有梦想，但抵达梦想的唯一途径，就是用勤劳的汗水浇开梦想之花；我们脚下有追求，但实现追求的必经渠道，唯有凭辛苦的跋涉摘到追求之果。所以，只有不辞劳苦，才能抓铁有痕，才能踏石留印；也只有劳动创造，才能找到打开人生的那把独特的"金钥匙"。劳动成就幸福的人生，劳动创造财富，劳动创造了人，劳动也发展了人。幸福不会从天降，人间万事靠奋斗。劳动彰显人民本色，让劳动成为人生最亮丽的底色。

人民创造历史，劳动开创未来

习近平总书记曾说："建成富强民主文明和谐的社会主义现代化国家，根本上靠劳动、靠劳动者创造。因此，无论时代条件如何变化，我们始终都要崇尚劳动、尊重劳动者。"劳动是人类的本质活动，正是因为劳动创造，我们拥有了历史的辉煌；也正是因为劳动创造，我们拥有了今天的成就。实现"两个一百年"奋斗目标，需要靠劳动筑就、靠劳动者创造。当今时代，社会瞬息万变，但始终不变的那道最美风景是：吹响号子的辛勤劳动者！栉风沐雨见肝胆，砥砺奋进续华章。让我们高举劳动的旗帜，让我们携起手来，撸起袖子，甩开膀子，兢兢业业，凝聚智慧，汇聚力量，勇敢坚毅，做好本职工作，在开启全面建设社会主义现代化建设新征程的道路上，成长为这个伟大时代的最美最幸福的劳动者，为中华民族的伟大复兴添砖加瓦！

光荣属于劳动者！幸福属于劳动者！

"五一"国际劳动节起源于1886年5月1日,美国芝加哥工人为争取实行8小时工作制而举行大罢工,经过艰苦的流血奋斗终于获得了胜利。1889年7月,第二国际代表大会通过决议,决定把5月1日这一天定为国际劳动节。我国于1949年12月做出决定,将5月1日确定为劳动节,这是全世界劳动人民共同拥有的节日。劳动的人生最幸福。

用艺术做教育

十九大报告明确提出：优先发展教育事业。建设教育强国是中华民族伟大复兴的基础工程，必须把教育事业放在优先位置，加快教育现代化，办好人民满意的教育。这对广大教育工作者而言，深受鼓舞、激情兴奋、使命光荣、催人奋进！

教育是培英育才、塑造灵魂的美好事业，美好的事业要用美好的色彩、美好的事物、美好的景象去描绘。教师要认识到学生是家庭的未来、民族的未来、国家的未来。在他们身上寄托万千美好的希望。美好的生命要用美好的思想、美好的情感、美好的精神去培养。教育是崇高而伟大的事业，决不要干成小买卖。教育要为新时代中国特色社会主义事业培育合格的建设者与可靠的接班人，教育事业值得每一位教师一辈子去追寻、去奋斗、去创造、去奉献。教师要用责任、用心、用智慧做教育，努力走向教育的最高境界——用艺术做教育。教师要努力探索教育的艺术，让教育的艺术浸润孩子的心灵；要努力通过艺术教育推动教育的艺术化，给孩子以美的启迪、美的思考、美的享受。走向教育的艺术化，教师要用一生去探索；走进教育的艺术化，充分享受教育的美好与幸福，是教师价值的最高呈现。

用责任做教育

每一个人从事的工作可能不一样，工作的意义远不止是为了养家糊口，更重要的是工作背后的价值，那就是让你获得成长，并能实现其社会的价值，让生命更有意义。因此，每一个人都应该珍惜手中的每一份工作。不同的工作要取得成绩，甚至走向成功，都有一个共同的前提，那就是你对待工作的态度，你必须有高度的责任感、使命感，对待工作应尽职尽责、全力以赴。

改变人类生存方式，创建人类精神与物质文明，必须从基础做起，也就是通过教育形成人的环境、人口和可持续发展的认识和能力。因此，从长远看，最终解决可持续发展问题的最锐利的武器是教育，是培养一代高素质的具有可持续发展思想与能力的公民。教书育人、为国育才，既是每一位教师的光荣，也是每一位教师的天职。

敬重教育

走上了教师工作岗位，就要努力去发现从事教育工作的价值。教育是人类文明的传播者，是民族精神的国防军，是中华五千年优秀文化的守护神。教育的根本任务是立德树人、教书育人、为国育才。教师每天挑着一副重担，担子的一端挑起孩子的明天，担子的另一端挑起祖国的未来。教师要有能力与使命挑好这副重担，要为两个百年梦的实现贡献青春、智慧与力量。

教师的核心素养中，最基础的是有爱教育、爱学生、爱读书的品格。罗杰斯说："尊重是无条件的。"教师要尊重教书育人这一份神圣的职业，要尊重每一位学生。要尊重能力不足的学生，尊重有过错的学生，尊重和自己意见不一致的学生，尊重不尊重自己的学生。正因为学生是成长的孩子，成长中出现的一切问题都正常，都需要我们去引导、去矫正，教师要用一种博大的胸怀去感染、引领学生前进。尊重学生、敬重教育，不仅是为师的一种品质，更是促进自身成长的力量源泉。

实践探索

面对鲜活的、独立的、不同的生命个体，面对学科不一、班级不同、校情各异、学段有别的课堂教学，没有一种万能的教学方式教会教师如何教学、怎样教育。教育工作是一项非常专业、需要常干常新、需要创新创造的工作。面对每天的课堂教学，面对每一个学生，需要课前的精心准备，需要读懂每一个孩子的内在世界，这需要汗水与智慧支撑。有效开展学情调研，了解孩子的最近发展区，课堂教学才会有针对性、才能有效促进成长。课前准备要足够充分，需要反复琢磨、推敲、深思，要努力实现教学理念先进、流程设计科学、师生动力激活。课堂是师生共同成长的地方，在课堂的实践探索中，教师要投入激情，要善于观察、发现、激励、精讲、迁移、总结、升华；要善于促进学生自主学，引导学生独立学、合作学、分享学、倾听学、比较学、系统学。课堂是在不断地发现问题、暴露问题、分析问题、解决问题中，促进学生在真实的多维体验中，在坎坷与挑战中实现成长。

教育实践需要同伴互助，团队互动，共同发展。教师要开放课堂，相互走近课堂，实现在集体的实践探索中，在课堂的不断锤炼中成长。

敬业奉献

千万不要认为只要准时上下班、不迟到、不早退就是尽职尽责了，就可以心安理得地去领工资了。工作需要的是一种自动自发的精神，"工作"是一个包含诸如智慧、热情、信仰、想象和创造力的词汇。没有人会全面告诉我们所有需要做的事，这都要靠我们有高的标准、有一双会观察发现问题的眼睛，主动思考、积极行动，让每一个问题解决得更加完美。要提升激活学生成长动力的能力，这是需要大量的精力与时间去思考与实践，不断积累、孜孜以求去探究规律，需要勇气与耐力。有好的师生关系，才有好的教育，好的关系需要相处的时间作保证，需要关注到每一个人，这些都需要大量付出。在自动自发工作的背后，需要我们付出比别人多得多的智慧、热情、责任。当我们清楚地了解了教师的劳动特性和我们的工作职责，我们就能预知该做些什么，然后马上行动，不需要领导吩咐。只有把教育看得崇高的人，才会乐意付出，终身付出。我们的回报不一定与我们的付出成正比，需要教师的敬业奉献精神，敬业奉献要成为教师的职业境界，更要成为身为人师的道德品质。

我们应该明白，那些每天早出晚归的人不一定是认真工作的人，那些每天忙忙碌碌的人不一定是优秀地完成了工作的人，那些每天按时打卡、准时上下班的人不一定是尽职尽责的人。对他们来说，工作仅仅是一种简单的交易，对每一所学校和每一个校长而言，他们需要的绝不是那种仅仅循规蹈矩，却缺乏热情和责任感，不能够积极主动、自动自发工作的教师。当我们明白这样的道理以后，请主动去做我们要做的事情吧！不要等领导来安排我们的工作，自己的生命自己做主，当我们全力以赴、科学挑战地做好工作的时候，我们将获得专业的成长，享受教育的欢愉。

教育反思

教育反思是指教育者对教育、教学、管理、课程、科研、队伍建设、评价等实践的再认识、再思考，并以此来总结经验教训，进一步提升学生的核心素养，提高教育质量。我思故我在，我思故我新。

写教育日志，有意识地生动地表达自己，是一种有效的教育反思。教育日志不是罗列清单，而是聚焦事件（故事）；可以了解自己的假定，揭示自己的真实情况，从特别高兴、紧张、困惑、反感的经历中反映出现实生活所依附的价值观。

全神贯注的事情、难以回避的难题、习以为常的实践、出乎意料的挑战、成见的怀疑、假定的推翻、诱因的诊断、费心劳神的解脱；"盲目的高峰"与"迷失的低谷"；最投入、最得意、最能体现自我价值的时刻；最失落、最厌烦、最逃避（放弃）自我的时刻；最沮丧、最焦虑、最不能忍受自我的时刻；最惊奇、最意想不到、最引发心灵震惊的否定自我的时刻；最自豪、最自信、最渴望重新尝试自我的时刻；发现某种模式、扬弃某些假设、整合专业情境、减少精力消耗、超越职业怠倦，都可以是教育日志的主题。

在勤耕笔作中，在每天的自我反思与成长中，逐步感悟教育的神奇，激发教育的灵感，发现教育的真谛，享受教育的幸福。

责任源于一种担当与使命、源于对承诺的坚守、源于对教育的热爱，用责任做教育，教育的道路才会越走越宽广、越走越明亮。

用心做教育

做教育不仅需要有高度的责任感与使命感,更需要投入情感,用心做教育,深深爱上每一个孩子。爱需要情怀,更需要能力;爱需要研究孩子的需求,读懂孩子的内在世界,更需要爱的呈现方式与表达技巧。爱是教育的基点,更是教育的一种情怀;爱是一种能力,更是教育的一种境界。

丰厚自身内涵

学习速度＜变化速度＝落后,思维速度＜变化速度＝死亡。不仅要活在"当下",而且要活在"未来",实现"当下"与"未来"皆活。人生活着的意义,不在于用脚步丈量万水千山,而是用内心真正体会世间百态。面对一个日新月异、高速发展的全球化、网络化、信息化的时代,面对一个充满活力、反应灵敏、性格各异、各有特点的生命个体,教师需要有足够的知识、能力、素养,足够的奉献精神,才能适应今天教育发展的需要。教师要不断地学习新知识、拓展新眼界、丰富新内涵、提升新素养,才能居近思远、居高临下,才能为未来教育做好准备。

教师是传授知识的人,要丰厚自身的知识,就要走进阅读的世界,每天沉下心来读半个小时以上的书,让自身知识增容,让文化积淀。读书是一种消遣,读书是一种旅行;读书是一种生活方式,读书是一种生命状态。读书不仅使自己有知识,还使自己有文化。读书是男人最好的营养,是女人最好的美容。读书是一种生活历练,一种品德修行,读书可以使自己阅历宽广,学识丰厚,精神充实,内心宁静,气质高雅,思想高贵。

教师读书可以有多种选择,但我始终认为,教师首先还是要多读点学科专业的书、中外教育名家的书,让教师成为一门专业;其次是读教育学、心理学、脑科学、思维科学、记忆科学、学习方法、关系学、企业管理等书,让教育成为一门科学;最后要读哲学、政治、历史、地理、文学、人类文明史、伟人传记等书,让教育成为一门艺术。教师肚里有货,才有教育创新的本钱,才能创造新的教育。

开展教育研究

教育是培养人的工作，是面向未来的事业。每一个人都是如此不同，每一个人又都处在成长变化之中，每一个人都充满着无限希望。时代也在瞬息万变，未来社会对人才提出了很高的要求，需要独特的眼光。教育充满了许多不确定性，每一位教师面对如此复杂的教育对象需要开展研究，需要有远见卓识。开展教育科学研究，需要有理论作支撑，要认真学习《教育科学研究方法》《教育统计学课程》，提升课题研究的能力，能较好地发现与认识教育规律，更好地为教书育人服务。

在研究中提升理性思考的能力，增强实证意识。研究必须讲科学，必须有实事求是的精神，必须开展实证研究。依据培养人的崇高使命，在教书育人的过程中遇到的痛点、难点、盲点就是我们需要研究的点，需要探索的点。通过组建既理性又实战的研究团队，通过科学的研究更好地探索规律、发现规律，提升育人的能力与智慧。写作是更深层次的研究。教师要在教育实践的观察、研究、发现中，将新的体会、见解、思想，用文字记录下来，并逐步撰写成有一定深度、一定思想的论文，进而促进自身的快速成长，又能让同行、同伴分享。这样的教育科研工作会成为一种积极探索、认识未知、益智延年、修身养性、利人利己的"人生幸事"。

探索教学方式

教学方式是指为达到教学目的，实现教学内容，运用教学手段而进行的，由教学原则指导的一整套方式组成的、师生相互作用的活动。它包括教师教的方法和学生学的方法，是教师引导学生掌握知识技能、获得身心发展而共同活动的方法。教师要尽可能地把自己和学生的关系处理好，有好的师生关系才有好的教育。师生关系的主导方在教师，教师有改善师生关系的责任，让师生关系友好、亲切、和谐。好的师生关系有利于师生身心健康，有利于师生的快乐成长。

教师要注重精心策划教学方法中的流程，它涵盖教学过程中具体的活动状态，表明教学活动实际呈现的形式，如讲授法中的讲述、讲解、讲演练习法中的示范、模仿，学习法中的独立自主学、小组合作学、辩论中学、探究中学、问题驱动学等。要注重探索多样化的教学方式，要在教与学的方式上大做文章，积极尝试符合教学规律的各种方法，尤其是要在学的环节与方式上巧做思考，特别凸显学法的研究与指导，学会学习、快乐学习。同一教学方式可以用不同的教学方法，不同的教学方式也可包含于同一教学方法之中。教学方式需要不断探索、不断创新、常干常新，实践能使教师的工作方法形成独特风格，赋予教学方法以个人特征，也影响学生掌握知识的个人特点。

教学方式的探索没有止境，面对日新月异的时代，面对变化的、独特的、不同的生命个体，它没有完成时，只有进行时，它不仅是现在进行时，还是将来进行时。改革探索永远在路上，改革需要永远的激情。

充满教育激情

教师要用自己整个生命去拥抱教育，使自己的全部身心与教育水乳交融。激情就是教师对教育达到痴迷忘我的境界；激情就是教师用自己诚挚而火热的心去呵护学生的灵气，去催发学生的创造；激情就是教师用自己的智慧对学生整个一生负责；激情就是教师用自己的创造谱写教育的辉煌。

学校应该通过创设与落实全员激情、全方位激情、全过程激情的教育管理机制，以激发师生积极健康的情感为切入点，推动各项常规工作开展和进行，达到提高教育教学效率，实现学生全面发展的目的。

教育呼唤激情，因为教育对象是如此不同的鲜活的生命个体。唯有创造，才能使这鲜活的生命更具灵气。而创造需要激情，激情使创造无时不有，激情使创造无处不在。唯有激情，才会有勃动的韵律，才会拨动学生的智慧之弦，奏出生命的灿烂乐章；唯有激情，才会激活学生的创造欲，使学生的创造火花形成燎原之势；唯有激情，才会使师生收获创造的成果，享受创造的快乐，引领师生融入同乐的激动境界，升华生命的价值。没有激情的教育是冰冷的，它只会僵化学生的思维，冻结学生的灵气，窒息学生的创造。

用心做教育，投入教育的真情，收获孩子的成长，获得专业的发展，享受教育的过程，感受教育的美好。美好的教育又会喷发出新的理想、新的激情、新的智慧。

用智慧做教育

在中文语境中，智慧是"能迅速、灵活、正确地理解事物和解决问题的能力"。智慧教育是一种最直接的、帮助人们建立完整智慧体系的教育方式，其教育宗旨在于，引导人们发现自己的智慧，协助发展自己的智慧，指导应用自己的智慧，培养创造自己的智慧，走向幸福人生。

科学思考

思考指针对某一个或多个对象进行分析、综合、推理、判断等思维的活动。思维是人脑对客观现实概括的和间接的反映，它反映的是事物的本质和事物间规律性的联系。它是对新输入信息与脑内储存知识经验进行一系列复杂的心智操作过程。人与人之间最大的差别是思考方式的差别，作为培育人的教师一定要科学思考、系统思考、创新思考，会思考才会有好教育。学会思考，是教师教育经验上升为教育智慧的体现。

思考常见的方式有：

形象法——通过图像的静态或动态对意向进行的加工。它具有视感效应。

归纳法——是根据某一法则（概念、定理或公式）的推理与演算而进行的总结与综合。

逆向法——是对意向进行的反归纳，也是一种有效的逻辑推理。

移植法——在推理的过程中，加入新鲜的内容。

聚合法——对新旧的信息内容进行捏造、扭曲与同化。

水平法——多方面、多角度进行的聚合。

垂直法——单方面或某一角度进行的归纳。

发散法——根据已有的信息资料并沿着不同的方向对意向进行的推理与演算。

演绎法——顺应某一架构进行的归纳。如：按照一定的时间、路程、思想或观念来归纳等。

遇到具体教育问题究竟怎样思考，需要将好的教育理念、教育新时代的特征、学生成长特点、科学多样的思考方式有机整合，才能找到好的教育思考方式，才能提供好的教育，有效促进学生成长。

思考教育问题，一定要读懂这个时代，了解这个时代教育发展的新特点。过去关注点是教育提供，现在关注点是教育结果；过去是传递现有知识，现在面临的挑战是应对学生拥有的知识；过去教师只需停留在课堂，明确要教什么，现在需要培养教师并提供给他们工具以构建教学内容和教学方式；过去不同学生用相同的方式教，现在教师需要用差异化教学包容学生的多样化；过去的目标是标准化和一致，现在则强调独创性和个性化教育体验；过去是课程中心，而现在是学习者中心。

现代教师要不断学习教育科学、思维科学、心理科学，要把所学的知识有机应用到实践中去，在大量的实践探索中发现思维的秘诀、教育的秘诀，才能走进新的教育，创造新的教育。

创新教育

创新教育就是以培养人们创新精神和创新能力为基本价值取向的教育。其核心是在普及九年义务教育的基础上，在全面实施素质教育的过程中，为迎接知识经济时代的挑战，着重研究与解决在基础教育领域如何培养中小学生的创新意识、创新精神和创新能力的问题。促进创造精神与创造能力培养的有效策略是构建师生学习共同体，改变教学组织形式，改良教学方法，改进教学技术，改善教学评价，宽松教学环境。

创新教育的内容大致分为：思维教育、发现教育、发明教育、信息教育、学习教育、渗透教育、艺术教育、参与教育、未来教育、个性教育、和谐教育等。着重培养创新精神、创新能力、创新人格。

创新精神，主要包括有好奇心、探究兴趣、求知欲，对新异事物的敏感，对真知的执着追求，对发现、发明、革新、开拓、进取的百折不挠的精神，这是一个人创新的灵魂与动力。

创新能力，主要包括创造思维能力，创造想象能力，创造性的计划、组织与实施某种活动的能力，这是创新的本质力量之所在。

创新人格，主要包括创新责任感、使命感、事业心、执着的爱、顽强的意志、毅力，能经受挫折、失败的良好心态，以及坚韧顽强的性格，这是坚持创新、做出成果的根本保障。

只有创新型教师，才能带来创新教育。教师要学会思考，如何思考充满许多挑战，因人而异，因地而异，因时而异，因事而异，学会创造性思考，用改革与创新的精神，激活孩子的学习内动力，才能助推孩子创新成长、主动成长。

点燃火焰

教育不是灌输，而是点燃火焰。教育不是教条式的给学生们硬灌输知识，死记硬背，而是要技巧性地点燃学生们学习的热情，只有这样，才会有学习的兴趣，激发学习的激情，才会主动积极发展，才会学到更多的知识，培育创造的能力。

点燃社会责任感的火焰。责任源于使命与追求，源于道德与精神。北京实验学校通过创新开展"国家兴亡、我的责任""校兴班荣、我的责任""小组发展、我的责任""个人成长、我的责任"等系列德育创新活动，创建舆论导向，构建文化氛围，浸润师生心灵。我们每周选择一个主题，通过升旗教育、班会教育、导师教育、网络教育、板报教育、演讲教育、家庭教育等系列活动，营造责任文化，强化责任意识，促进师生主动发展。

点燃实践能力的火焰。点燃培养学生"实践能力"的火焰，首先，让实践满足学生对真理的渴望。认识和掌握真理，既离不开知识，更离不开实践，"纸上得来终觉浅，绝知此事要躬行"。全面推进各年级的入境教育、研学履行、研究性学习、职业探究、国内参访、国际游学、家庭旅行等活动的创新开展，提升实践能力，为适应未来职业，成为未来优秀人才做好准备。

点燃理想的火焰。理想是照亮前进道路的明灯。创新开展理想教育，通过升旗仪式、主题班会、魅力论坛、义务志愿者活动、导师工作、三结合教育、学科育人等，为孩子人生价值的正确选择导航，激活孩子的成长动力，树立为人生理想终生奋斗的坚毅精神。

点燃火焰，需要靠理念的转变，需要探寻最好的教学方式。教学方式会呈现如下的方式：教师搭台教师唱，教师搭台师生唱，教师搭台学生唱，师生搭台师生唱，师生搭台学生唱，学生搭台学生唱。从"教师搭台教师唱"的陈旧方法，向"学生搭台学生唱"的理想方式转变，是教育的最高境界：教是为了不教。教师要憧憬教育理想，点燃教育智慧，在探索理想教育的道路上奋勇前行。

追寻理想

习近平总书记站在人类社会发展的高度，在《致清华大学苏世民学者项目启动的贺信》中提出"教育决定着人类的今天，也决定着人类未来"的论断，深刻论述了教育对人类社会发展的重要性，具有重要的意义。能成为一名现代教师，倍感荣光与自豪，教育者应珍惜这个伟大的时代，要把个人教育的梦想与伟大复兴的中国梦有机结合，要有崇高的教育理想，赤胆忠心敬重事业，全力以赴奉献教育，努力给孩子提供最好的教育，为孩子最好的未来奠基。

教师有理想、民族有希望，教师要把创造好的教育、成为好的教师，作为自己的教育理想，要用一生去追寻。怎样才能成为一位好教师呢？有四条标准：要有理想信念、要有道德情操、要有扎实学识、要有仁爱之心。德高为师，身正为范，自觉用好教师的四条标准锤炼自己，在教育实践探索中，努力做学生锤炼品格的引路人、学习知识的引路人、创新思维的引路人、奉献祖国的引路人。

教育需要科学精神，更需教育信仰。教育应立意高远，立足当下，放眼未来，发展学生的个性与社会适应性，造就拥有旺盛生命力、高素质发展的下一代。

智慧型教师是教师专业化发展的高远目标，用智慧做教育，教师要做知者、仁者、能者、智者。用智慧做教育，不断探索现代理想的教育，让教育带给孩子幸福的成长与美好的希望，带给孩子文化的熏陶与艺术的享受。

用艺术做教育

教育艺术就是教师在教育过程中，遵照教学规律和美学尺度的要求，灵活运用语言、表情、动作、心理活动、图像组织、调控等手段，充分发挥教育情感的功能，为取得最佳教学效果而施行的一套独具风格的创造性教育教学活动。

教育没有爱不行，但仅有爱远不够。只有把爱融进在智慧与艺术中，只有把爱具体化，学生才能切切实实地感受到爱，爱才能成为成长的力量。要关爱每一个学生，因为每一个生命都是不可替代，每个生命都有他的精彩。要努力推动不同生命个体的整体发展、个性发展、和谐发展、差异发展、永续发展。

教育科学讲究求真，具有共性和普遍性，具有可复制性。而教育艺术讲究创新，具有个性和特殊性，具有不可复制性。从教育科学与教育艺术的关系上看，教学应该分成三个层次和境界，即经验性教学、科学性教学、艺术性教学。

没有科学，教育就会离开本真，没有艺术，教育就没有生命，我们要克服光强调一个方面而忽略另一个方面的错误倾向。要克服强调艺术而忽视科学的做法，这样会把个性当作艺术来看待，影响教育科学化水平的提高；也要克服强调科学而忽视艺术的做法，这样会影响教育的感染力、亲和力、创造力，让教育失去活力与激情，也难以促进孩子可持续发展。现在有许多教育教学活动，没有把研究的重点放在教育科学与教育艺术的结合上，要么就是讲如何奉献，要么就讲如何提高教学艺术，要么只强调科学精神，没有把教育的科学性与艺术性整合研究，是教育的缺失。

因此，教育工作的重点应该放在对教育教学的规律的探索与运用上，应该把教育科学与教育艺术和谐统一，让教育的艺术成为提升教育质量的催化剂、助推器。

学生管理艺术

教师要在课堂的管理上做探索，没有课堂的有效管理，就难以有真正的课堂教学。面对一个班级几十位同学，教师需要有足够的课堂管理能力与管理艺术。

课堂教学管理是师生共同参与，彼此交往，有目的、有计划和多维度地协调课堂内外各种因素，生成性地实现教学目标的活动。它是建立魅力课堂的课堂环境、保持课堂互动、促进课堂生成的动态历程。当代课堂管理理论认为，健康的交流方式和有效的沟通技能不但有助于增进师生间的关系和有效地实现教学目标，也是魅力课堂管理的重要策略。良好的课堂组织管理有利于学生的学习，教师要努力提升自己的课堂管理艺术，不断形成新的教学本领，让教学焕发出生命的活力，再现"柳暗花明又一村"的境界。

注重感情投资。利用课前课后的时间，多和学生亲切激励交流，对他们的生活真正感兴趣、真正关爱，学生更容易接近教师、相信教师。当然，这可能会花时间，但是很多成功的教师非常清楚与学生维持良好的师生关系的重要性。

保证教学过程的连续性。这意味着师生全力以赴，每一个学生全神贯注，整个教学过程紧张有序地进行。教师尤其需要注意的是，由一项教学活动过渡到另一项教学活动，要尽力保持平稳，保证整个过程的连续性与科学性。

保证课堂趣味性。让学生能动地参与在整个教学过程中，保证教学内容的趣味性、条理性和教学的节奏感，让课堂成为一种引力场。维护学生的自尊心。

避免和学生公开对峙，从长远来看，这种对峙不会有胜利者。如果和学生有不同的意见尽可能私下里交流，不要在其他学生面前批评犯错误的学生。

让眼睛运动起来。教师要练就一双智慧的眼睛，让眼神里凸显出爱与力量。视线接触是传递精神、维持秩序的最有力的武器。通过及时的目光接触，可以从眼神中获得鼓舞与关爱，也可以制止潜在的违反纪律的行为。每次你只需要把视线集中在四五个学生身上，保持四五秒钟之后，再把视线转移到另一组学生身上，往往会达到意想不到的效果。

在课堂管理与活动管理中，要善于用公平的思想促进人人平等。互动机会平等，不要让互动的机会只投向成绩好的学生、学生干部和人际关系好的学生；互动时间的平等，教师在与学习困难者的言语互动中，要体现足够的耐心，要给他们思考和充分表达的机会；互动内容的平等，要让学生在互动内容的机会上平等、因材施教、差异发展；互动关系的平等，教师在与学生互动时，要实行民主，要更多地使用肯定性的、鼓励性的充分考虑他们个性的语言，也能接受学生的个性自我表露，对全体同学都寄予信心、期望、爱的力量。

师生沟通艺术

教师要树立积极沟通理念，尊重学生的人格，理解学生的特点，倾听学生的心声，表达对学生的期待！

倾听不是被动，而是主动的行为。听出"字里行间"的内容，通过非语言行为传达"我正在认真听"，通过表情表明人的积极情绪和友好态度。比如，通过面部眼、眉、嘴的位置，身体姿势、手势，语言的音量、语调、节奏等让孩子感受到你的关爱、友善、信任、激励、欣赏、期待、温暖。这种主动的倾听就成为师生友好关系黏合剂。

良好的师生沟通，反映一种先进理念，教师要体现八个"x"比"y"重要的理念：成人比成功重要、成长比成绩重要、体验比名次重要、付出比索取重要、巧干比苦干重要、勇敢比畏缩重要、激励比指责重要、对话比对抗重要。师生对话也彰显一种艺术。教师应该有激情、有温度、有节奏、有文采、有智慧，会激励、会概括、会比喻、会推理、会评价。让师生的沟通带给孩子前进的力量，促进孩子更好成长。

教学设计艺术

教学设计是为了实现一定的教学目标，依据课程内容主题、学生特征和环境条件，运用教与学的原理，为学生策划学习资源和学习活动的过程。没有预设的课堂是不负责任的！没有生成的课堂是不会精彩的！

教学设计的指导思想是：学生在教学过程中处于主体地位，应根据学生的学习需要设计多种不同进程和不同途径的学习，做到因材施教，以利于学生的个性学习和自主学习；充分体现教师的主导地位，尽力反映教师的教学意图，给学生更多的思考空间，促进学生主动思考、创新思维，强化核心素养与关键能力的培养。

现代教学系统由教师、学生、教学内容和教学媒体四个要素组成。教学系统的运动变化主要表现为课堂的教学过程。教学设计是将学和教的原理转化成教学材料和教学活动的方案的系统化过程。魅力教学设计是课堂教学成功的必要条件。教学设计的内涵包括：教师在上课前认真备课、精心安排学习内容、斟酌学习流程、表达方式、例题案例，直到语言用词、板书布置、屏幕显示、实物演示，等等。任何一种教学设计模式，都包含五个基本要素：对象、目标、策略、过程和评价。这五个基本要素相互联系、相互制约，构成了教学设计的总体框架。

教学设计是在课堂分析的基础上，进行教学目标设计、教学结构设计、教学策略设计和教学活动设计。从关注学生需要学什么、怎样学出发，教学设计需要考虑三大部分：学生学什么，怎样学，学习的效果怎样。"怎样学"是教学设计的核心部分。围绕"怎样学"可以开展以下四项设计。

一是教学目标设计。这是根据任务体系进行量化，建立子目标体系，并找出目标间的结构关系，理清目标的层次与顺序。再根据综合分析提出恰当的教学内容的广度、难度、数量、密度的要求，以及行为表现指标，如某训练达到多少时间科学，完成多少数量题目恰当，正确率达到多少百分比合适。

二是教学结构设计。首先，根据教学任务和内容划分教学阶段；然后，将其组合为教学单元。不同的学习类型可划分为不同的教学阶段。我国古代教育一般把教学过程分为六个阶段，对于道德培养、知识学习、技能训练等过程均分为四个阶段，而对于能力培养过程则分为五个阶段（表1）。

表1　不同学习类型的教学阶段划分

教学阶段划分方法	1	2	3	4	5	6
按我国古代教育观点分	志（激发学习动机）	学（感知）	思（理解）	习（巩固）	行（运用）	省（反馈）
按道德培养过程分	信念认知	情感体验	道德意志	行为习惯		
按知识学习过程分	感知	领会	保持	运用		
按技能训练过程分	观摩	分解	整合	熟练		
按能力培养过程分	尝试	体验	操练	实践	迁移扩展	

三是教学策略设计。教学策略是指为实现教学目标而采取教学活动的步骤、方法、媒体和组织形式等因素的总体策划和谋略。教学策略是教学过程的灵魂。教学策略（表2）包括：组织策略、控制策略、传授策略和动机策略等。

表2　教学策略的主要类型

教学策略	1	2	3	4	5	6	7	8	9
组织策略	先行组织	要素构成	顺序安排	主体发挥	指导方法	精讲精练	分层递进	自主发挥	合作学习
控制策略	目标	反馈	矫正	知识管理	学习管理	时间控制	数量控制	互动互助	个别督促

续表

教学策略	1	2	3	4	5	6	7	8	9
传授策略	因材施教	分层教学	示范接受	启发引导	全面指导	个别辅导	网络交流	课堂交互	探究发现
动机策略	导入	期望	自激	鼓励	惩罚	反省	尝试成功	竞争	交往

四是教学过程设计。教学过程是教师借助于媒体传授知识、培养能力的过程。教学过程是课堂教学设计的核心。教学过程设计（表3）包括：教学活动类型选择、教学方法选择和问题应答设计。教学活动分为五类，教学方法分为三类，问题应答设计分为两个方面。

表3 教学过程设计

教学过程设计		类型	内容说明
教学活动类型选择	1	教师的活动	呈现内容、演示、讲解、板书表示、暗示与提示、指导与辅导、检查
	2	师生相互活动	谈话、启发、提问与应答、师生共做、师生共同探讨
	3	学生的活动	听、谈、说、写、观、想、练、做、查
	4	学生间互相活动	讨论、互查
	5	评价统计活动	自评、互评、教师点评与统计
教学方法选择	1	一般课堂认知	如讲授法、谈话法、讨论法、指导阅读法
	2	直观认知	如演示法、实地参观法、实验法
	3	巩固实用	如实习作业法、练习法、测验法
问题应答设计	1	问答方式设计	提问方式有：问而须答、自问自答、直问与绕弯问、反问等。应答方式有：口答、板演、集体回答、角色扮演回答等
	2	应答结果及其处理	预设应答情况有：正确回答、预期错误回答、非预期错误回答、不回答。对非预期错误回答和不回答的处理办法有：就错引思反问、鼓动导助回答、另换人回答，或引起争论、转入讨论等

教学是教师的生命，教师始终是教学的灵魂，使用多媒体教学已成为教师的一种基本技能。多媒体教学仅仅是辅助教学手段，不能代替教师"传道、授业、解惑"的基本职责，教学过程的各个环节仍要教师来组织实施。课堂是教师耕耘的场所，教师应选择合适的教学媒体和教材，以提高能力为重点，通过精心的教学设计，追求获得最佳的教学效果。一个优秀课堂，辛勤的教师，传道有方，授业有谋，解惑有策。教师即是施教者，也是受教者。精彩的讲解都是令人向往的，严谨而机趣，庄重而诙谐，让人感觉如沐春风，如饮甘露，充满共享睿智大餐的激情氛围。教师的导控机智，学生的学思动态，会使课堂教学体现一个"活"字。在三尺讲台上，既要体现多媒体教学手段应有的魅力，又要放射教师的特色光芒。

创建教学风格

教学风格是指教学活动的特色，是教师的教育思想、个性特点、教育技巧在教育过程中独特的、和谐的结合和经常性的表现。教学风格的形成是一个教师在教学艺术上趋于成熟的标志。教学风格具有以下四个方面的特征。

一是教学的艺术性，指教学过程中技能技巧的运用恰到好处，体现着一种艺术效果，给人一种和谐、流畅的感觉，充满着一种艺术感染力。

二是教学的创造性，指教师对教学内容的处理、教学方法的选择和教学过程的组织上具有独特性，教师个人的创造性思维在课堂教学中得到充分发挥和运用。

三是教学的实效性，指对学生知识的掌握，智能、技能的训练和思想品德的发展是行之有效的。

四是心理品质的稳定性，指教师在长期的教学实践中所一贯坚持和追求的，体现着教师个人良好的心理素质、鲜明的个性以及建立此种教学风格的高度自信心。

一位有责任、有情怀、有智慧、有思想的教师，最终将锤炼成为有独特风格的教师，一个能为教育事业做出更大贡献的教师，这样的教师不仅是教育界的自豪，也是民族、国家的骄傲！

教育是沉潜的事业、容不得轻浮暴躁、急功近利。教师要静以养心，做到身心表里纤尘不染，不要为那些无所谓的附加物平添烦恼。"淡泊以明志，宁静以致远"。

办为学生健康发展负责任的学校，做培养学生创造力的卓越教师，把世界作为学生的教科书，学会表达是拥有真正的知识，学会交流是分享经验和检验知识，

学会创造是培养创新人才的核心。这就需要教师在教育教学工作中不断认识自我，在了解教育发展动态的过程中，丰富完善自我，提高自我，高贵自我、超越自我，我们的教育要成为学生获得全面健康自由发展的动力和源泉，让学生在自由的蓝天里勇敢飞翔！

> 教育质量取决于高水平的教师，学生的快乐成长取决于有艺术的教育。教师生命最大的乐趣，在于发现教育智慧、掌握教育艺术，不断地创造美、发现美、诠释美、品赏美、享受美！

用爱做教育

教育是一个塑造灵魂、滋养生命的美好事业，美好的事业需要人心向上、人人向善、人人奉献，从星空到心灵都感受到满满的爱、细腻的爱、和煦的爱、伟大的爱！

教师之爱

爱学生——倾尽全力，奉献大爱。我们要尊重每一个孩子，欣赏每一个孩子，努力促进每一个孩子"自然、自己、自由、自觉"成长。我们要认真倾听孩子的心声，走进孩子的心灵，做孩子的良师益友。我们要做教育的有心人，用智慧与艺术的教育，滋养孩子精神，温润孩子生命。我们要为孩子的 40 岁做准备，努力为党和国家培育人才。

爱事业——担当使命，追求崇高。我们要把教育作为崇高的事业去追求，扎根教育、担当使命、激情工作、拼搏奉献、创新前进。我们要把学习、思考、研究当成习惯，永远做最好的自己。我们要努力创造与众不同的品牌，创建自己的风格体系，努力成为一名优秀教师、卓越教师。今天的我们可以比昨天做得更好，而明天的我们一定会更棒。

爱自己——愉快身心，享受快乐。我们要养成终身锻炼与阅读的习惯，强健其身体，觉醒其灵魂，品味生命成长之乐。我们的一生都与孩子在一起，永远享受着童真童趣之乐。我们与团队的伙伴共创共享共赢，永远享受着互助合作之乐。我们能为亲人尽义务，感受着亲情的温暖，永远享受着生命幸福之乐。

学生之爱

爱自己——学会负责，自主发展。我们要永远对自己充满信心，阳光自强，微笑生活，珍爱生命，快乐成长。我们要主动与老师和同学交流，敢于发表自己的观点。我们要主动参与学校的各种活动，让自己永远充满活力。我们要做个诚实的孩子，不说假话，有错就改。

爱他人——学会尊重，常怀感恩。我们要文明礼貌待人，谦虚做人，感恩所有关注我们成长的人。我们要静静倾听别人的谈话，尊重别人的观点和想法。答应别人的事我们一定要尽力做到。我们要用行动感谢身边的每一个人，让他们因我们的存在而感到快乐。

爱环境——学会欣赏，珍惜环境。我们爱自己的家，要积极参与家务劳动，共同创建和谐幸福的家。学校是我们共同的家，美丽的家园需要我们去用心守护。我们要爱护公共财物，讲究公共卫生，珍惜美好的生活环境。我们要善待地球上的每一个生命，因为他们都是我们人类的朋友。

> 让爱伴随师生的一生，每个人都奉献爱、学会爱、理性爱、坚持爱、享受爱，"爱的行动"一定会让教育风景更绚烂！

内心崛起，自信强国

改革开放四十年，中国实现了经济上的巨大飞跃。在物质需求得到极大满足的同时，国家、社会、民众的关注点也开始转向精神层面，探索如何为进一步推进改革开放和社会主义现代化建设注入强大的精神动力，真正从"富"走向"强"。只有让国民从内心深处崛起，才能真正从"富"走向"强"。教育是实现新时代社会主义强国的奠基工程，教育要努力让师生从内心深处崛起，才能为这个伟大的时代培育强大的人才，这是学校的使命，更应该成为每一位教育工作者的追求。

让师生从内心深处崛起，就必须提升师生心灵质量与精神追求，它是一个人的人格、智慧、胸怀、勇气与创造精神，其实就是一种德行结合。从德讲，它既是个人的德，也是国家的德、社会的德。国无德不兴，人无德不立。从行来讲，既能展现出一个人的精神风貌，也是民族精神、国家精神的全面体现。精神是纽带，是兴奋剂，是发动机。一个民族、国家的崛起，需要精神作支撑，依靠精神去创造，凭借精神去超越。

树立共同"教育理念"与"理想追求"，实现师生精神共振与心灵契合

没有先进的教育理念，就难以有优秀的教育行为，也就不可能有优秀的教育质量。创造适合每一个孩子发展的教育，办人民满意的学校，已经成为我校教育工作者的追求。魅力教育新理念是我校教师的集体智慧与创造，已经成为我校教师、家长、学生高度认可并积极践行的办学理念。

魅力教育的核心理念

构造"一方池塘",服务孩子"自然成长";

点燃"一束火焰",启迪孩子"自己成长";

敲打"一块燧石",引领孩子"自由成长";

推开"一扇大门",促进孩子"自觉成长"。

我校在魅力教育理念引导下,开展诸如魅力管理、魅力课程、魅力课堂、魅力环境、魅力教师、魅力学生、魅力家长等全面改革,努力激发师生的精气神,潜心塑造师生的真善美,师生成长的内在动能被激活,学校的发展有了质的飞跃,学校的社会满意度大为提高。魅力教育的改革永远在路上,如今魅力教育的 20 条箴言,已成为"北实"教师的教育价值选择与行动指南。

魅力教育 20 条箴言

1. 没有爱就没有教育。

2. 没有兴趣就没有学习。

3. 教书育人在细微处。

4. 学生成长在活动中。

5. 学习和教育必须贯穿人的一生。

6. 没有阅读就没有人的精神丰盈。

7. 没有深度思考就没有思维的创新。

8. 教育的宗旨是使人成为完全的人。

9. 教育孩子先教做人。

10. 教育就是培养习惯。

11. 决定孩子一生的不是学习成绩,而是健全的人格修养。

12. 不要堵住儿童的自由想象。

13. 学校教育的目的就在于使学生养成正确的人生观。

14. 读懂学生才能读懂教育。

15. 丰富的精神生活才是教育的真谛。

16. 再好的教育也比不上孩子的内力觉醒。

17. 有好的师生关系才有好的教育。

18. 非凡的激情才能创造卓越的未来。

19. 教育是崇高而伟大的事业,不要干成小买卖。

20. 生命就是一个在"激励"中奔向光明的突破历程。

魅力教育激发了师生对理想教育的不懈探索与追求,今天怎样做教师?做什么样的教师?今天究竟培养怎样的学生?如何培养学生?通过师生多次交流、碰撞,最后达成共识,构建了理想教师的六条标准和理想学生的六条标准。

理想教师的六条标准

- 理想的教师,应该是一个胸怀理想,充满激情和诗意的教师。
- 理想的教师,应该是一个自信、自强,不断挑战自我的教师。
- 理想的教师,应该是一个能善于合作,具有人格魅力的教师。
- 理想的教师,应该是一个特别充满爱心,受学生尊重的教师。
- 理想的教师,应该是一个追求卓越,富有创新精神的教师。
- 理想的教师,应该是一个勤于学习,不断充实自我的教师。

理想学生的六条标准

- 理想的学生,应该是品行端正,善解人意,热爱生活,富有理想的学生。
- 理想的学生,应该是积极进取,善于思考敢于创新,富有自己独特见解和思想的学生。
- 理想的学生,应该是自信自强,永不放弃,在困难和挫折面前永不低头,充满旺盛斗志和乐观精神的学生。
- 理想的学生,应该是有丰富的精神生活、广泛的兴趣爱好和一定特长的学生。
- 理想的学生,应该是一个善于与人合作,善于与人相处,有着和谐的人际关系,受人欢迎的"人缘儿"。
- 理想的学生,应该是有着扎实的基础,善于学习,勤于思考,有丰富的想象力，掌握科学的学习方法，用较少的时间赢得较高学习效果的学生。

这些标准描绘了理想教师、理想学生的模型，成为广大教师、学生的心灵目标、理想追求、精神向往。如今北京实验学校的教师、学生，正豪迈地走在追求魅力教育理想的大路上，大家心灵契合、精神共振、矢志不渝、奋勇前行！

开展"全员"与"全程"激励教育，提振师生信心与士气

生命就是一个在"激励"中奔向光明的突破历程。生命的成长都不会一帆风顺，都要历经坎坷、经历风雨、不断攀登、自我跨越的过程。生命需要激励，因为激励是一种心灵的安慰、力量的传递、精神的提振、梦想的唤醒、潜能的喷发。激励对于一个人的成长具有不可替代的重要作用。

导师激励促孩子持续成长

北京实验学校的每一个孩子都配备有导师，导师每周都要给孩子一次激励性谈话，每两周发送一条激励短信，每一个月召开一次导生群体激励会议。谈话、短信、会议，常干常新，激励多角度、全程式，给每一个导生带来精神的力量，有效促进了学生的持续成长。

班会激励凝聚团队力量

主题班会课程成为我校一大教育亮点。每周一次的主题班会，都会因学部、年级、阶段不一样而呈现不同特点。但主题班会都会有整体全面的科学设计，其有一项重要功能就是开展激励教育，助推学生快乐成长，成为学生精神动力的加油站。教师、学生都要用心发现学生的进步点、能量点、闪光点，对于问题学生，我们不要过多纠缠他的问题，而是搭建舞台，促其表现优秀，通过激励促其进步。我们要求在每个月的主题班会中，每个小组或者每个同学都应得到一次以上的激励。

宣传橱窗激励给同学精神动力

我校新建了一大批宣传橱窗，给全校幼小初高每个班级一个固定的宣

传橱窗，并使之成为一个班级对外展示班级课程育人、多元激励、精神风貌的窗口。学校有统一要求，让班级每一个孩子、每一个成长合作小组都得到激励，促进人人成长与进步，要确保每一个孩子在每一个学期内上一次以上学校宣传橱窗。同时宣传窗又具有各年级、各班级的个性特色，有良好的育人导向。每个月一期的学校宣传橱窗非常具有冲击力，他不仅记录着班级同学的成长历程，更重要的是激励着孩子前进的信心、决心与勇气。

在校园中工作的每一位同志，都承担着管理育人、教书育人、服务育人的责任与使命，他们都是教师。他们在学生身边发生的一切行为都具有示范性、教育性，每一个人都具有不可替代的重要影响。因为每一位教师都重要，所以，每一位教师都应该被重视，每一位教师都应该得到激励、不断成长。在学校里二八定律不成立，只有每一位教师都担当起重任，发挥起作用，展示出力量，才会给孩子提供最好的教育，才能履行为国育才的使命。敬重每一位教师、欣赏每一位教师，已成为我校的一种激励文化，这种文化已成为我校教师发展的强大动力。

评选魅力人物促教师健康成长

魅力教育引领教师专业成长，为了激励优秀，树立榜样，我校每个月评选一位魅力党员、魅力教师、魅力班主任、魅力员工，在学校宣传橱窗展示其个人风采、优秀事迹，每个月张榜表扬四位魅力人物，每年就有四十位优秀者得到激励。这一项工作已经持续开展了六年，原则上都不要重复上榜，要激励推进每一位教师的发展。目前已经有240位教师榜上有名，超过80%的教师得到了肯定与激励。我们的目标是人人重要，人人上榜，不是激励少数，而是要激励全部。优秀者先上榜，不够优秀者创造条件上榜，一般者看到了希望，逐步改变自我，经历一个成长过程后也上了榜。魅力人物的评选是树立榜样的一项创新举措，它带来整体文化的变化，激励与榜样不是针对少数优秀者而言，而是通过创新行动，激发每一位教师的工作热情，促进每一位教师快乐工作、幸福生活。

教师风采展绽放独特魅力

学校为全体教师开辟了一期"绽放魅力、梦圆立新"的风采展,三百余位教师全部上榜,靓丽、英俊的艺术照,美若天仙、艳如桃李、有棱有角、俊美绝伦,凸显了每位教师高雅的气质、艺术的品质、文化的品位,不逊色于明星,给全校师生一场视觉盛宴,带来了美的享受。独具特色的个人简介,展现老师教育追求、成长历程、个人成果,让全校师生了解每一位教师成长经历、教育信仰,发现每一教师的长处、教育业绩,提高了每一位教师的威信,增强了每一位教师的自信心。教师风采展,是每一位教师与全校师生的一次有效激励对话,既增进了彼此的相互了解,又给了每一位教师展现自我成长的舞台,有效改善了师生关系、师师关系,让学校的生活充满着情趣、温馨,让教育生活充满着诗情画意,也激励着教师的健康成长。

节日短信让教师感受美好与幸福

每年的9月10日是教师节,是教师自己的光荣节日。节日一定要有仪式感,一定要让每位教师有难忘的故事,有冲击心灵深处的感动,让每位教师感受到教师职业的崇高与伟大,教书育人是值得自己一生去追寻、去奉献的美好事业。每年教师节我们有一项固定的内容,那就是鼓励每位同学给自己的任课教师、导师发一条激励短信。学校要对同学们的短信评奖,评奖分为一等奖、二等奖、三等奖、纪念奖。凡属评上一等奖的短信都将在学校宣传窗、广播站、流动屏、微信公众号中展播。每位同学必须用心、用情、用智慧,独立创建,用自己特有的语言方式,把自己的真情实感、钦佩尊重、欣赏崇拜、感恩感谢,编制成一条激情拥抱、深厚情怀、感人至深的短信,在神圣的节日,把这条短信发给老师,给老师巨大精神震撼,让老师内心冲击、激情激动、潸然泪下。每年的教师节,每位教师都会收到大量的来自同学们的激励微信,深深温暖着教师的心窝。这是孩子们对教师节日的重要礼物,言语之间充满着赞美、信任、激励、崇敬,流淌着炙热的深厚情怀;这是孩子们对自己付出的高度认可,也是自己对教育奉献的心灵安慰；更激发起教师对孩子们的无私之爱，对教书育人这份事业的崇敬与热爱。每年系列化的教师节创新活动，让每位教师有浓厚的节日仪式感，更加激发了教师的责任感、使命感，选择当教师，无怨无悔，奉献教育，无上光荣。

"全员""全程"激励教育，不仅需要创新设计与思考，还需要有教育的艺术与智慧；不仅要会欣赏激励优秀，还要有一颗静待花开的心；不仅要对师生今日充满信心，还要对师生未来充满期待；不仅要锦上添花，还需要雪中送炭。但无论怎样，激励教育一定是有力量的教育，它不仅增强了师生的信心，更重要的是鼓舞了师生的士气，在前进的道路上，师生情感交融、相互陪伴、欣赏激励、创新奋斗、愉悦前行！

组建学校一级机构"教代会"与"学代会"，尊重师生的主体地位与创造精神

有好的教师，才有好的教育；有挚爱教育的教师，才会有激情的教育；有会思考、懂心理的教师，才会有与时俱进、创新改革的教育。教师不是被管理、被评价的人，而是教育发展的主体、学校发展的主人。尊重教师的劳动与智慧，激发教师的理想与追求，汇聚教师的力量与创造，把学校办成教师激情追梦、担当使命、创新成长、实现价值的幸福殿堂。教师乐于教育、享受教育、创新教育，才能办好今天的学校，才会创造适合每个孩子发展的教育。

"教代会"成为学校"人大"

"教代会"即教师代表大会，已成为我校一级机构，有效推进我校依法治校、民主监督、汇聚智慧，走向高质量的教育发展。从"教代会"代表的产生，到每次"教代会"的召开，从"教代会"的议案质量，到"教代会"代表的主人翁精神，无不体现教师是学校发展的主人，是推进学校工作的主体，是提升教育质量的动力源。利用"教代会"这个平台，教师每年提出的推进学校改革发展的创新议案与建议在五十件以上，推进了学

校工作的快速发展。"教代会"不仅凝聚了教师的心，更重要的是激发了广大教师的潜能。学校是大家共同的家，大家一起建设它。通过"教代会"代表与教师近百余人的创新研制，制定了学校（2011年12月—2016年12月）第一个五年十一大战略、（2017年1月—2022年1月）第二个五年十五大战略。战略助推了学校全面高质量的发展，这也是教师主体地位与创造精神的完美体现。

学校的每次重大改革、重要制度、重大项目、重要人事任命，大额资金支出，都必须经过"教代会"批准。"教代会"凝聚了教师共同智慧，发扬了教师的创造精神。"教代会"的代表是教师的代表，为教师代言。学校的教育改革必须以教师为中心，以教书育人为己任，以服务学生成长为目标。学校必须全面调动教师的积极性与创造性，人人有责、各负其责、人尽其责，让每位教师的潜能喷发、力量展示，让教师的主体地位与创造精神得以完美展现。

教育是实现社会主义现代化强国的奠基工程，今天的学生是未来的人才，是建设社会主义强国的中坚力量。相信每一个孩子都能成为好人，都能成为建设社会主义强国的人才。学生不是容器，教师也不能成为机械工程师。今天的孩子大多都聪明，但仅仅具备出色的智力是不够的，主要的问题是如何出色地培育他、开发他。培育孩子的责任感、激发孩子的主人翁精神，提升孩子的实践能力，发展孩子的创造能力，是教育的重要使命。

"学代会"成为学校"政协"

学生是学校教育最重要的资源，学校不仅要教育引导学生树立正确的价值观、提升其核心素养，更要依靠学生，激发学生的自主精神，汇聚学生的智慧，推进学校教育的改革发展。从"学代会"（学生代表大会）代表的产生，到"学代会"的胜利召开，从"学代会"的提案到合理化的建议要求，从"学代会"参与学校的管理，到推进各学部、各年级的自主管理，既体现了学校对学生的尊重与信任，又激发了学生的成长热情与内在动力，促进了学生的成长。我校"学代会"为促进学校发展做出了重要贡献。

我校"学代会"的代表产生，体现了在党的领导下，由各班级民主选举产生。名额是从小学三年级到高中三年级每班一人，只有中学部的实验班是每班2人，学生代表大会每学期召开一次。每次学生代表大会得到学校的高度重视与积极响应，学校党委委员、校务委员、各学部领导、德育干部、年级组长列席会议。百余人的学生代表大会完全由学生策划、组织，每次学生代表大会提出的提案近百余件，会后两周内，"学代会"主席、副主席与学校校务委员平等协商，落实如何让提案得以解决，对于确实条件与政策不允许的提案要予以解释，争取得到"学代会"的思想认可。每年都有六十项以上的学生提案被采纳，加速了学校的发展、教育的提升。成立"学代会"已有三年的时间，三年的改革实践，我们对学生有了新的认识，我们曾低估了学生的潜能与智慧。小学部三年级以上的孩子就有自己的独立想法，有了参与学校管理的意识，有了学校主人翁的精神，三年来几十条有效的提案，为小学部教育教学的改革、少先队的发展做出了重要贡献。中学孩子更是有思想、有主见、有创造力，学校的一批改革创新得力于学生提案的贡献。

我们一直在探索如何为孩子成长提供更好地教育，我们主要在探讨如何更好地引导教育孩子、促进孩子的成长，孩子被教育、被成长的成分太多，让孩子主动生长发展不够。我们给孩子多一分信任、多一分尊重，多搭建一些成长的舞台，更多地让孩子自然成长、自己成长、自由成长、自觉成长，我们的孩子会发展得更好，也能更好地适应未来社会的需要。将"学代会"列入学校一级管理机构，实现了人才培养模式的转型，孩子既是被教育者，也是教育者，他们既是学校服务的对象，又是学校发展的主人。

尊重师生就必须相信师生、依靠师生，努力唤醒师生创新成长的激情，激发其内在的梦想与追求，激活其内在潜能与动力，激励其创造思考与主动生长。"教代会"与"学代会"作用的充分发挥，既是促进学校民主管理的新举措，更是促进师生成长的大舞台。

开展全员"阅读分享"与"成长展示"系列活动，提升师生心灵修炼与精神品质

一个人能不能把握自己，很大程度上取决于其个人修炼。要通过教育引导、舆论宣传、文化熏陶、实践养成等，让"圣贤化育天下之道"像空气一样无处不在、无时不有，引导每个国民时刻不停地在心上下功夫，去私欲存天理，明辨大是大非。要把社会主义核心价值观作为提升国民心灵质量的重要内容，以优秀传统文化丰富其内涵，使流淌在中华民族血脉中的精神财富在当下中国鲜活起来。除了倡导"爱国、敬业、诚信、友善"的普遍价值观之外，针对不同群体，提倡符合其岗位性质的个人质量修炼，比如，对公务员，更强调民本意识、责任担当；对企业家，更强调契约精神、开拓创新；对教育工作者，更强调为人师表、教书育人；对中小学生，更强调精气神的激发、真善美的塑造。从而激发每一个国民善良的人性本能，培育正确的道德判断和道德责任，引导人们向往和追求人格高尚的生活，形成全社会向上、向善的力量。

新时代是奋斗者的时代，奋斗的人生才称得上幸福的人生，奋斗者是精神最为富足的人，也是最懂得幸福、最享受幸福的人。

不要拒绝读书，那是进步的阶梯

决定我们未来的，不是学历，而是不管在什么环境，我们都知道自己要成为哪种人。好好读书，它会让我们成为一个有温度、懂情趣、会思考的人。古人云：一日不读书，言语无味；三日不读书，面目可憎。读书是一种豁达，在历史与现实的冲击下，读书人漠然于时间也漠然于空间，即使是惊鸿一瞥，也执掌起漫天光芒。在这个加速发展的信息化社会里，也许唯有静下心来读书才能让浮躁的心灵得到一次彻底放松，唯有静下心来思考才能让烦琐的工作转化为事业的升华。

全员"阅读分享"丰厚了教师生命内涵与教育智慧

阅读是一场有起点无终点的人生修行；阅读是一笔无形的财富积累，

零存整取；阅读不仅丰厚自己的人生底蕴，更促进自己精神的良性发育。每年开展的教师全员"阅读分享"，首先总会让全体干部带头示范。利用周三干部专题学习时期，每次进行两个小时的"阅读分享"，每位干部及后备干部严格限时十分钟的分享时间，抽签决定"阅读分享"的发言顺序，每位干部都会选择假期中最有收获的一本书分享给大家，每次"阅读分享"都令人震撼。从独具个人魅力的 PPT 制作，到精彩纷呈的特色演讲；从各类书籍的思想精华凝练，到对教育人生的启迪思考；从与众不同的文化视角与精神视野，到催人奋进的豪言壮语。"阅读分享"使大家心潮澎湃、激动不已，它是一次精神盛宴、催人奋进、助力前行。在干部"阅读分享"后，各学部领导、各年级领导、各处室领导精心策划、层层发动、科学组织各自的"阅读分享"。"阅读分享"成为北京实验学校一道亮丽的风景，成为北京实验学校每位教师提升心灵修炼与精神品质的加速器，它培养了阅读的习惯，唤醒了人的精神力量，也促进了学习团队的建设与发展，激发了教育工作的热情，更为教育的创新找到了源头活水。

今日之学生，明日祖国之人才。教育是塑造灵魂、培育人才的伟大事业，是建设新时代社会主义现代化强国的奠基工程。教室里的每个孩子，都将成为社会未来的人，都是某些人的整个世界。平等对待每一个孩子，高度关注每一个孩子，面向每一个孩子开展激励教育，给每一个孩子提供最好的教育服务，让每一个孩子在自然、自由、自己、自主中培育理想、激发斗志、挖掘潜能、全面生长！

寒暑假作业大变脸，培养孩子终身学习的习惯与能力

我校对寒暑假学科作业进行了全面创新，变原来巩固性已有知识的作业为自主学习未来知识的新任务。寒假自主学习下一个学期主科一个月教学进度的内容，暑假学习下一个学期主科一个半月教学进度的内容。科任教师具体策划自学的内容、自学时间的建议安排、自学辅导材料、自学检测练习题，并引导学生可以在自学中查阅哪些较好的资料等。班主任策划好班级答疑、交流平台，科任教师为班级同学网上答疑提供支持。每位同学都按照老师布置的寒暑假自主学习的要求，进行全面的自我学习、研究、思考、练习、检测，并整理自主学习笔记，收集自主学习中的问题。

每位同学都积极利用各种资源进行自主有效学习，如合作学习、资料学习、网上学习、图书馆学习、寻求老师的帮助等。开学前两天，学校统一组织进行自学能力展示比赛，对自学的成果进行表彰激励。各班、各年级均要召开寒暑假自主学习表彰大会，各班都要评出班级自主学习成果一等奖（占班级人数的20%）、二等奖（占班级人数的30%）、三等奖（占班级人数的30%）；各年级再评出年级自主学习成果一等奖（占年级人数的5%）、二等奖（占年级人数的6%）、三等奖（占年级人数的8%）。寒暑假自主学习成果丰硕：70%以上的学科成绩超过了老师预估的正常教学情况下所能达到的成绩，其他少数学科的成绩也非常接近于老师预估的正常教学情况下所能达到的成绩；自主学习改变了学生习以为常的被动学习习惯，推动了学生积极自学、主动探究、学会学习；激发了学生内在学习兴趣。在自主学习中虽历经坎坷波折，但勤奋坚持后、学会弄懂后的成功体验带来内心的愉悦，提升了自信心，也为学生的终身学习与发展打下坚实基础。

全员"成长展示"激发了学生内在动力与精神追求

为了巩固自主学习成果，激励孩子的全面成长，我们鼓励每个同学都要在班级"成长展示"主题班会上，做5分钟的PPT成长交流活动，对上个学期自己的发展与假期的自主学习中的成长进行总结汇报。活动安排在开学第二周每天的最后一节课进行，每次主题班会展示8人，要求科任教师、部分家长代表参加，最后科任教师、家长代表对同学的展示发言进行激励点评，最优秀的代表将在年级大会上做交流。每个孩子的"成长展示"照片与核心内容将在学校的班级宣传窗中展出。

"成长展示"活动，营造了一种积极向上的生长文化、激励文化、关爱文化，充满了正能量，增强了班集体凝聚力。它关注了同学们的自主发展，推动了同学们的自我反思，激发了同学们的学习斗志，点燃了同学们的理想火焰，提升了同学们的心灵修炼与精神品质，促进了同学们的可持续发展，为成为新时代社会主义建设的可靠人才打下了扎实基础。

创新"党""团""队"活动，发挥每一位成员的行为示范与榜样引领作用

在建设新时代社会主义现代化强国的今天，学校如何创新少先队、共青团、党建的工作，如何为中国共产党长期执政、为社会主义现代化建设培育优秀人才，这是学校教育极为重要的使命，高质量抓好这项工作有着极其重要的现实意义与深远的历史意义。

创新少先队活动，争做党的优秀预备队

少先队是中国少年儿童的群众组织，是少年儿童学习共产主义的地方，是建设社会主义和共产主义的预备队。"健康、明礼、乐学、创新"是我校少先队的优秀传统，"勇于担当、善于超越"是这支队伍的精神追求。

创新升旗仪式，培育爱国主义精神

每天清晨，迎着朝阳，随着国歌声响起，全体同学无论在校园的哪个角落，都会面向国旗立正站好，脱帽，敬队礼或行注目礼。升旗仪式的主题讲话，从领导到教师，从辅导员到队员，激情洋溢的讲话，极具感染力的动员，震撼人心的励志故事，队员成长的有效激励，激发了少先队员的理想追求，促进其快乐健康地成长。

创新阵地建设，树立正确的价值观

成立"北实"红领巾广播站，每天中午进行广播，积极正确的价值引领，丰富多彩的广播栏目，生动有趣的语言表达，通俗易懂的魅力故事，深受少先队员们的喜爱，激励孩子自信，引导孩子树立正确的世界观。"新京报小记者通讯站"在"北实"小学挂牌成立，经过系统培训，一批通讯员积极报道少先队员中的优秀事迹、学校中的优秀活动，传递正能量，激发自信心，提高价值判断力，丰富了孩子们的精神生活，提升了孩子们的思想境界。

创新教育理念，促其快乐持续成长

如何促进少先队的成长，如何为党的事业、为建设新时代社会主义现代化强国培养可靠的预备人才，必须创新教育理念，跟上时代发展的步伐。给每一孩子配备成长的导师；实现班级管理、少先队管理全员负责制；每个孩子培育一门艺术特长、一门体育特长；每个孩子都参加一个以上的社团活动；每个孩子都需走进阅读的世界；开设幸福课程；开展每学年一周的游学活动；每一个孩子都要融进合作学习小组；每个孩子都需参加志愿者活动；每个孩子都必须力所能及地帮父母做家务事……教育理念的转变促进了少先队员自然成长、自己成长、自由成长、自觉成长。

创新共青团工作，当好党的得力助手

共青团是中国共产党领导的一个由信仰共产主义的中国青年组成的群众性组织，是共产党的得力助手。引领广大团员青年树立正确的价值观，担当起新时代赋予的历史责任，是共青团工作的重要使命。

创新思想工作，培育团员爱党情怀

在初中开设中学生业余团校，高中开设中学生业余党校，学校党委委员轮流讲党课、团课，通过精彩纷呈、富有魅力的团课、党课，培养学生树立共产主义信仰。利用各种仪式教育引导团员、青年学生树立正确的人生观，如每周的升旗仪式、每学期的开学典礼、初三的青春礼、高三的成人礼、"五四表彰"等。积极宣传教师、学生优秀事迹，大力弘扬中华传统文化，创新进行爱党、爱国教育，让广大团员青年心中有理想、行动有方向。利用各种渠道进行价值观教育。首先利用全校橱窗展示全校每一位教师和学生的人生格言，并将师生格言汇聚成价值观教育读本。此外还利用各种渠道对全体同学进行社会主义核心价值观教育，如志愿服务：到地铁站服务、走进聋哑学校帮扶、为敬老院老人热心服务、进新文化运动纪念馆学习、给西部困难学生捐款捐物等，努力培育团员青年从小树立为人民服务的思想。

创新主题活动，提升团员思想品质

用创新的主题教育活动给团员学生提供成长、成才的平台。每年团委会组织各种丰富多彩的主题教育活动。各种教育活动是团委吸引和团结广大团员青年的最好形式，如校园四节：探春节、嬉夏节、品秋节、暖冬节，还有体育节，艺术节等。活动内容和形式常干常新，以学生喜闻乐见的活动方式，独具魅力的游戏环节，冲击内心的情感体验、人人参与的实践体会，深受学生欢迎。每一次的活动团委都认真策划，注重流程的科学设计，汇聚师生的智慧，提供高质量的服务。把具体活动的设计、组织和表演的权利都交给团员青年，激发其主动参与的热情，锻炼了其多面能力，提升了综合素质，也为他们将来扛起社会重任打下基础。

创新组织建设，培养团员领袖气质

完善团委、学生会组织。建立团委、学生会干部演讲竞选和聘任制度。学校团委和学生会每年换届选举一次，进入团委与学生会要通过自主报名、年级推荐、全校演讲、学生代表投票、最后公示等环节，每一次换届后的团委和学生会更有活力、更有激情、更有创新能力与服务能力，更好地促进了团员青年的发展。大力开展学生社团活动，让每一位同学都至少参与一个学生社团。学校通过鼓励有特长或爱好的学生自主组建社团、招募学生团员、自主进行活动，让有共同爱好和志向的同学走到一起，发挥自主和同伴教育的优势，让每一位学生有展示自己优势的平台。在自主活动中，激发了创造精神，培养了团员领袖气质，推进了学生高质量成长。

创新党建工作，发挥党员榜样引领作用

教育事业是党的事业，是造就未来的事业。学校积极创新党建工作，强化党员的理想信念教育，增强党组织的创造力、凝聚力和战斗力，努力发挥党组织的战斗堡垒作用，全面推进争做"四有教师"和"四个引路人"的活动，从而激发每一位党员教师的精神动力，每一位党员教师要立足岗位，带头学习与实践，发挥党员教师在教书育人、管理育人、服务育人中的模范带头作用，从内心深处崛起，做到"一位党员就是一面旗帜""一位教师党员就是一台教育发动机"。

党委率先垂范，树旗帜做标杆

充分发挥党的民主集中制，坚持党的集体领导、书记负责。发挥学校党委的核心领导作用和模范引领作用，使学校党委成为全体党员教师的"一面旗帜"。党委书记应大胆创新，锐意进取，将教育作为毕生从事的事业，致力于办好人民满意的教育。书记凝聚全校教师的智慧，创建并实践魅力教育理念，使其成为当下基础教育中的一个重要的教育品牌。如今魅力教育的理念不仅得到了全国各地教育同仁的普遍关注和高度赞誉，也得到了台湾教育同仁的高度关注。作为学校党委书记，我受台东县教育处邀请，随海淀区国台办主任前往台湾多地做了数场报告，将魅力教育新理念、新实践传递到台湾，进一步增强了两岸教育的交流与合作。

支部务实创新，树品牌做先锋

学校党委注重发挥各总支、各支部党员干部的行为示范和行动引领作用，进一步密切党群关系，使每一位党员干部成为普通党员教师的"一面旗帜"。党员干部要积极担任一线教育教学任务，用师爱建立与学生间崇高、无私、美丽的情感。在工作中，党员干部要执着追求，用自己的真诚去换取学生的真诚，用自己的正直去构筑学生的正直，用自己的纯洁去塑造学生的纯洁，用自己人性的美好去描绘学生人性的美好，用自己高尚的品德去培养学生高尚的品德。我校中层党员干部多数是省市级的骨干教师，在教育教学活动中发挥着中流砥柱的作用。学校成立了特级教师工作室、班主任工作室、王冬梅工作室，成立学法研究中心和课程科研中心，结成"师徒对子"，做学生导师，通过各种形式，密切党群关系，成为身边教师的榜样，同时极大地提高了所在部门的创造力和凝聚力，切实发挥了党组织的战斗堡垒作用。

党员努力进取，树榜样做示范

加强每一位党员教师的理想信念教育，强化责任与担当，使其亮身份、亮承诺、亮业绩，成为普通教师的"一面旗帜"。学校鼓励每一位党员教师在高质量完成本职工作的基础之上，积极关注党和国家教育事业的发展，发扬党员的责任担当与奉献精神。北京实验学校积极承担市区级各类教育扶贫和培训工作，在促进教育的公平和城乡一体化教育发展上做出了重要贡献。北京实验学校 40 多位党员教师为新疆、西藏内地高中班编写教材 25 本，这套教材获得 2014 年中国教育学会年度科研成果一等奖，目前已在 100 多所新疆、西藏内地高中学校预科班使用，效果良好。为少数民族学生适应内地的教育打下了良好的基础。

在市教工委（北京市委教育工作委员会）、市教委（北京市教育委员会）的安排部署下，在海淀区领导、平谷区领导直接关怀下，我校承担平谷区幼、小、初、高四所基础比较薄弱学校的法人已经三年，开展一体化教育改革实验，绝大多数党员同志热情参加了这一帮扶行动、支教活动，努力让每个孩子都能享有公平而有质量的教育，让魅力教育改革发展成果更多更公平惠及人民，使更多人民有获得感和幸福感。经历艰难跋涉、凝心聚力、创新拼搏、担当超越，取得重要成果，教育质量显著提升，赢得平谷区委（中共北京平谷区委员会）、区政府（北京区平谷区人民政府）、区教工委（北京市平谷区委教育工作委员会）、区教委（北京平谷区教育委员会）的高度肯定与多项嘉奖，用实际行动为城乡一体化教育发展做出了重要贡献。

承接清华大学的教育扶贫项目，10 多位党员教师利用节假日，赴贵州进行支教活动，使贫困地区的孩子掌握知识、改变命运，帮助这些孩子们树立正确的世界观、人生观、价值观，具备谋生基础能力和终身学习本领，自觉增强社会责任感、法治意识、创新精神和实践能力，以便更好投身国家现代化建设大潮之中，享有同祖国和时代一起成长与进步的机会，共同谱写社会主义现代化建设的美好篇章。这是最有效、最直接的精准扶贫。

同年，我校 25 位党员教师参与了海淀区教育委员会人事科组织的丹江口地区教育帮扶工作，30 位教师在我校挂职学习一个月，25 位党员导师精心策划、精准服务、热心关爱、定期研讨、全程陪伴，一个月的时间，挂职教师收获满满，据海淀区教育委员会人事科反映，他们给予学校特别高的评价，也为海淀教育树立了良好形象。在历次的教育支教活动中，全体党员教师认真履行责任，积极担当义务，于点滴处彰显党性，在平凡中超越自我，不仅极大地提高了他们自身的使命感和荣誉感，同时也进一步提高了党组织的行为示范和模范引领作用。

在习近平新时代中国特色社会主义思想指引下，全国上下万众一心、激情创造，正迈向建设社会主义现代化强国的新征程，实现伟大复兴的中国梦是全体中华儿女的共同理想。伟大的时代，需要有伟大的精神，伟大的精神源自伟大的心灵。只有让国民从内心深处崛起，我们才能够真正从"富"起来走向"强"起来。教育是实现中华民族伟大复兴的奠基工程，未来优秀的人才需要今天的教育来培养，必须让师生从内心深处崛起，必须要有独立的中华自信与中国精神，树立和坚持正确的历史观、民族观、国家观、文化观，增强中国人的骨气和底气，重塑民族自信，才能共同凝聚中国梦、实现强国梦！

> 五千年绵延不绝、独树一帜的中华文明，是中华民族最坚实的内心自信。古圣先贤崇尚"天行健，君子以自强不息""大道之行，天下为公"，崇尚"民惟邦本""天人合一"，崇尚"天下兴亡，匹夫有责""君子喻于义""君子坦荡荡"，崇尚"言必信，行必果""知行合一""至诚如神"；崇尚"德不孤，必有邻""仁者爱人""己所不欲，勿施于人""老吾老以及人之老，幼吾幼以及人之幼"……无不包含着中华民族最深沉的精神追求和最强大的精神力量。

让五四精神焕发新时代光彩

青年是春天花丛中最芬芳的一束，是夏天河流中最激情的一滴，是秋天果园中最透红的一个，是冬天雪花中最圣洁的一朵。五月是繁花茂盛的月份，是激情昂扬的日子。1949 年 12 月，中央人民政府政务院正式宣布 5 月 4 日为中国青年节，这是专属于青年的节日。

五四青年节源于 1919 年爆发于民族危难之际的五四运动，这是一次彻底的反对帝国主义和封建主义的爱国运动，是中国近现代史上的一个伟大事件，形成了"爱国、进步、民主、科学"的五四精神，拉开了中国新民主主义革命的序幕，开启了中国青年运动的新纪元，促进了马克思主义在中国的传播，推动了中国共产党的建立。102 年来，在中国共产党领导下，一代又一代有志青年在五四精神的感召下，"以青春之我，创建青春之家庭，青春之国家，青春之民族，青春之人类，青春之地球，青春之宇宙"，在战火纷飞的革命岁月，抛头颅、洒热血；在如火如荼的建设年代，忘我劳动、艰苦创业；在波澜壮阔的改革开放时期，勇立潮头、勇挑重担。在救亡图存、振兴中华的历史洪流中，谱写了一曲曲激昂澎湃、感天动地的青春华章。

五四运动以来，一代代中国青年满怀壮志拼搏奋斗，历史充分证明，青年始终是全社会最积极、最活跃、最有生气的力量，青年是标志时代的最灵敏的晴雨表，时代的责任赋予青年，时代的光荣属于青年。爱国主义是五四精神的源泉，民主与科学是五四精神的核心，反帝反封建是民主与科学的内容，解放思想、实行变革是实现民主与科学的途径，五四精神就是升华了的爱国精神。因此，我们纪念五四运动，希望广大青年弘扬五四精神，为振兴中华而努力奋斗。

青年要坚定信念，志存高远

青年时期是人生最好的时期，一定要树立远大理想。习近平总书记指出："青年理想远大、信念坚定，是一个国家、一个民族无坚不摧的前进动力。"五四运动先驱们坚定选择并积极传播马克思主义，促成了中国共产党的诞生，中国革命、建设、改革才有了主心骨。青年人要把个人理想奋斗融入国家和民族事业，奋斗才更有意义、青春才更加芳华。敬爱的周恩来总理在少年时期就立下"为中华之崛起而读书"的宏图大志，并一直为"愿相会于中华腾飞世界时"的理想而奋斗。广大青年要坚定不移跟党走，自觉把个人理想与民族复兴、把个人追求与社会责任结合起来，紧扣发展大局，找准人生坐标，施展青春才华，在伟大中国梦的精彩篇章中写下属于自己的精彩一页。

青年要珍惜时代，勇立潮头

青年一定要珍惜这个时代，紧跟时代潮流，担负时代使命，勇立时代潮头，争做时代先锋。五四运动中，广大进步青年积极投身革命洪流，翻开了中国革命新的篇章，自此，中国青年作为一支新生的社会力量登上历史舞台。当今世界正处于百年未有之大变局，尽管受到中美贸易摩擦的影响、新冠肺炎疫情的冲击，我国依然处于近代以来最好的发展时期，新时代中国青年也迎来最好的发展时期。广大青年风华正茂，最少保守思想、最富进取精神、最具创造潜力，所以要继续发扬传统，扛起时代责任，激发拼搏精神，在火热的青春中放飞人生梦想。

青年要勤奋学习，敏于求知

古希腊哲学家苏格拉底说，知识即美德。诸葛亮言："非学无以广才，非志无以成学。"鲁迅先生说过："哪里有天才，我是把别人喝咖啡的工夫都用在工作上的。""恰同学少年，风华正茂"，此时不努力，更待何时？要注重把所学知识内化于心，既要专攻博览，又要关心国家、关心人民、关心世界，学会担当社会责任。青年时期是成长成才最好的时期，一定要锤炼过硬本领。青年是苦学本领、增长才干的黄金时期。习近平总书记在青年时期就养成了爱读书、爱学习、爱思考的习惯，到梁家河插队后上山放羊时看书，锄地休息时看书，晚上点着自制的煤油灯，一看就是大半夜，也正是年轻时打下的坚实基础，使总书记在治国理政中展现出从容自信。青年正处于人生成长的"拔节孕穗期"，特别是当今时代，新技术、新模式、新业态层出不穷，要适应新形势、应对新挑战，必须勤奋学习、苦练本领。广大青年要把学习作为一种生活方式，珍惜青春时光，敏于求知探索，既读有字之书、学精业务本领，也读无字之书、勤于社会实践，在知行合一中厚植成长进步根基。

青年要修身养德，德才兼备

加强道德修养，注重道德实践。蔡元培先生说过："若无德，则虽体魄智力发达，适足助其为恶。"修德，既要立意高远，又要立足平实。要立志报效祖国、服务人民，这是大德，养大德者方可成大业。同时，还得做好小事、管好小节，"见善则迁，有过则改"，踏踏实实修好公德、私德，学会劳动、学会勤俭、学会感恩、学会助人、学会谦让、学会宽容，学会自省、学会自律。中国古代历来讲格物致知、诚意正心、修身齐家、治国平天下。我们提出的社会主义核心价值观，把涉及国家、社会、公民的价值要求融为一体，既体现了社会主义本质要求，继承了中华优秀传统文化，也吸收了世界文明有益成果，体现了新时代精神。"五四精神"体现了中国人民和中华民族近代以来追求的先进价值观，不仅广大青年要坚守和践行，全社会都要坚守和践行。

青年要笃实干事，知行合一

扎扎实实干事，踏踏实实做人。道不可坐论，德不能空谈。于实处用力，从上下功夫，《礼记》中说："博学之，审问之，慎思之，明辨之，笃行之。"有人说："圣人是肯做工夫的庸人，庸人是不肯做工夫的圣人。"青年有着大好机遇，关键是要迈稳步子、夯实根基、久久为功。"天下难事，必作于易；天下大事，必作于细。"成功的背后，永远是艰辛努力。青年要把艰苦环境作为磨炼自己的机遇，把小事当作大事干，一步一个脚印往前走。只要坚韧不拔、百折不挠，成功就一定在前方等你。

"努力尽今夕，少年犹可夸。"青年人是早上七八点钟的太阳，是国家和民族的希望。广大青年对五四运动的最好纪念，就是要在党的领导下，勇做走在新时代前列的奋进者、开拓者、奉献者，以执着的信念、优良的品德、丰富的知识、过硬的本领，同全国各族人民一道，担负起历史重任，用激情的奋斗，沉甸的收获，书写无悔的青春之歌，让五四精神放射出更加夺目的新时代光芒。

"及时当勉励，岁月不待人"，习近平总书记指出："青年一代有理想、有本领、有担当，国家就有前途，民族就有希望。"当前，我们正处在迈向"两个一百年"奋斗目标的关键时期，需要广大青年更好地弘扬五四精神，不畏挫折，接续奋斗，在平凡岗位上，充分燃烧青春"卡路里"，奋力跑出青春"加速度"，当代青年一定能够担当起党和人民赋予的历史重任，在激扬青春、开拓人生、奉献社会的进程中，在实现中国梦的伟大实践中，再立卓越新功，成就属于自己的精彩人生，书写无愧于新时代的壮丽篇章！

创办魅力学校

加强思政教育，追求立德树人

2019年3月18日，习近平总书记在学校思想政治理论课教师座谈会上指出："思政课是落实立德树人根本任务的关键课程，思政课作用不可替代……各级党委要把思政课建设摆上重要议程，抓住制约思政课建设的突出问题，在工作格局、队伍建设、支持保障等方面采取有效措施。要建立党委统一领导、党政齐抓共管、有关部门各负其责、全社会协同配合的工作格局，推动形成全党全社会努力办好思政课、教师认真讲好思政课、学生积极学好思政课的良好氛围。学校党委要坚持把从严管理和科学治理结合起来。学校党委书记、校长要带头走进课堂，带头推动思政课建设，带头联系思政课教师。"如何加强党组织对思政课的思想引领作用，全面落实立德树人根本任务，培养德智体美劳全面发展的社会主义合格建设者和可靠接班人，就成为摆在学校党组织面前的重要任务，也是各级各类学校教育研究的重大课题。笔者作为学校的党委书记、校长，结合学校的实际情况，就这个问题做了一些理论思考和实践探究。

党组织对思政课思想引领的主要内容

要坚持马克思主义的世界观、方法论，开展马克思主义理论教育，引导广大思政课教师用新时代中国特色社会主义思想铸魂育人，不断增强学生对中国特色社会主义的道路自信、理论自信、制度自信、文化自信，厚植爱国主义情怀，把爱国情、强国志、报国行自觉融入坚持和发展中国特色社会主义、建设社会主义现代化强国、实现中华民族伟大复兴的奋斗之中。引导思政课教师全面贯彻党的教育方针，解决好培养什么人、怎样培养人、为谁培养人这个根本问题。坚持马克思主义指导地位，贯彻新时代中国特色社会主义思想，坚持社会主义办学方向，落实立德树人的根本任务，坚持教育为人民服务、为中国共产党治国理政服务、为巩固和发展中国特色社会主义制度服务、为改革开放和社会主义现代化建设服务，扎根中国大地办教育，同生产劳动和社会实践相结合，加快推进教育现代化、建设教育强国、办好人民满意的教育，努力培养担当民族复兴大任的时代新人，培养德智体美劳全面发展的社会主义合格建设者和可靠接班人。

党组织对思政课思想引领的策略

提高党员干部的政治站位，清醒认识到新时代思政课教育的时代价值，做思政课思想引领的行家里手

党员干部是教师队伍中的"关键少数"，但这关键少数在推动工作、落实党的路线、方针、政策、发挥模范引领作用等方面具有重要的助推功能，因此，要充分发挥"关键少数"的示范、表率和引领作用，让班子成员和中层以上党员干部在思政工作中做带头人，旗帜鲜明地站在思想政治和意识形态工作的第一线。

习近平总书记强调："讲好思政课不仅有'术'，也有'学'，更有'道'。"思政课的政治性、思想性、学术性、专业性是紧密联系在一起的，其学术深度广度和学术含金量不亚于任何一门哲学社会科学！这就要求党组织，特别是肩负着立德树人根本任务的学校党组织，要把加强对党员干部思政课重要意义的教育，列入党员培训的重要内容；要通过"三会一课"、主题教育、主题党日活动等形式，让广大党员干部提高政治站位，深刻认识办好思政课教育的重要意义；要从维护国家意识形态安全、培养社会主义合格建设者和可靠接班人的高度来抓好思政课教育；要注重加强培育和践行社会主义核心价值观，要在落细落小落实上下功夫，让社会主义核心价值观的种子在学生们心中生根发芽；要明确当前形势下，办好思政课，要放在世界百年未有之大变局、党和国家事业发展全局中来看待，要从坚持和发展中国特色社会主义、建设社会主义现代化强国、实现中华民族伟大复兴的高度来对待；我们培养的人要能够完成"两个一百年"的伟业，这就是教育的历史责任；我们党要立志于中华民族千秋伟业，必须培养一代又一代拥护中国共产党领导和我国社会主义制度、立志为中国特色社会主义事业奋斗终生的有用人才。通过"强学习、提站位、深思考、明意义"，进一步提升搞好思政课教育的政治意识、大局意识、核心意识和看齐意识。

要充分认识当前思政课教育存在的突出问题：课堂教学效果还需要提升，教学研究力度需要加大、思路需要拓展；教材内容还不够鲜活，针对性、可读性、实效性有待增强；教师选配和培养工作还存在短板，队伍结构还要优化，整体素质还要提升；体制机制还有待完善，评价和支持体系有待健全，大中小学思政课一体化建设需要深化；各类课程同思政课建设的协同效应还有待增强，教师的教书育人意识和能力还有待提高，学校、家庭、社会协同推动思政课建设的合力没有完全形成，关心支持思政课建设的氛围不够浓厚。

与此同时，要关注思政课党员干部引领的着力点，在学通、弄懂、把准上巧下功夫，为思政课建设思想引领提供根本保证。要深入研究共产党执政规律、社会主义建设规律、人类社会发展规律，深刻领悟中国特色社会主义理论和实践发展新境界，要探索中国特色社会主义取得举世瞩目的成就对开好思政课建设的支撑作用，准确把握中国特色社会主义理论体系。还要研究中华民族几千年来形成了博大精深的优秀传统文化，研究我们党带领人民在革命、建设、改革过程中锻造的革命文化和社会主义先进文化，以便为思政课建设提供深厚力量。要坚持底线思维，守正创新。不能偏离马克思主义、社会主义，要与时俱进，不能刻舟求剑。

"打铁得靠自身硬"，只有自己昭昭，才能有的放矢地开展工作，真正做好思政课思想引领的明白人、指导者、引领者。

构建领导、党员干部、教师、学生四位一体的组织保障体系，形成长效机制

习近平总书记指出："学校思想政治工作不是单纯一条线的工作，而应该是全方位的。"要求"解决好推动其他教职员工和思政课教师相辅相成的问题，推动思想政治工作贯通人才培养体系，发挥融入式、嵌入式、渗入式的立德树人协同效应。"

解决好思政课的改革和发展问题，必须牢牢把握党在学校中思想领域的领导权，构建主要领导、党员干部、教师、学生四位一体的学校思政课保障体系，厘清各自责任与角色，健全组织保障体系。

学校领导班子要把思政课建设纳入重要议事日程，调研学校思政课教学的基本情况，配齐配强思政课教师，建设专职为主、专兼结合、数量充足、素质优良的思政课教师队伍，要让信仰坚定、学识渊博、理论功底深厚的教师来讲，让学生真心喜爱、终身受益；科学制定学校的思政课建设的发展战略，形成良好的运行机制，为开好思政课创造良好物质条件和软件氛围。党员干部要经常深入思政课课堂听课，及时和思政课教师就课堂教学改革问题展开探讨和研究，并形成自己的研究课题，增强指导的针对性、创新性、实效性。

任课教师要以教研组为单位，深入研究基于《思政课课程标准》的课堂教学，全面落实习近平总书记关于思政课教学"3.18"谈话精神，积极开展"案例式教学、探究式教学、体验式教学、互动式教学、专题式教学、分众式教学"的研究，运用现代信息技术等手段建设有智慧、充满魅力的课堂，全面落实习近平总书记提出的"八个相统一"的教学要求。要不断创新思政课教学的方式，遵循不同学段学生的认知规律，高度重视思政课的实践性，引导学生把思政小课堂同社会大课堂结合起来，在理论和实践的结合中，把人生抱负落实到脚踏实地的实际行动中来，把学习奋斗的具体目标同民族复兴的伟大目标结合起来，立鸿鹄志，做奋斗者。真正实现

"人人参与、人人尽力、人人宣传、人人有为"的思政课教学新格局。

创新探索，战略推进，凸显思政教育效能

1. **制定提升思政教育效能的战略**。要从学校发展的战略高度认识思政教育的时代意义，成立以党委书记为组长、主管校长为副组长、部分优秀思政教师代表及外请专家为成员的提升思政教育效能的战略研制小组。从战略背景、战略意义、战略目标、战略途径、战略措施、战略保障、战略评价等方面进行精心研制，制定北京实验学校《提升思政教育效能的五年战略规划》（2021年1月—2025年12月）。让战略规划成为推进思政教育改革、提升思政教育质量的重要抓手。按照战略的路线图有效推进，每年开展战略推进汇报，总结成绩、查摆问题、创新改进、不断前行，确保五年战略规划的高质实现。

2. **构建符合党的要求和时代潮流的思政教育课程体系**。文化是一个民族永远保持本色的精神基因，文化影响人的思维及政治信仰。多元文化为新时代思想政治教育带来诸多挑战，重视多元文化对主流教育思想、主阵地、主渠道的冲击，深入研究新时期多元文化视域下学校思想政治视域下有效策略，构建更加合理的学校思想政治教育课程体系，保障思政教育质量和管理效能，培养我国社会主义现代化事业的合格建设者和可靠接班人。

建立小初高十二年一贯思政课课程体系。在学校党委领导下，在思政专家指导下，坚持更加开放的教育心态，正确区分西方先进文化和腐朽思想。成立跨小学、初中、高中的思政课教研组，打通小初高思政课的学科教研，依据小初高的思政课课程标准与孩子成长特点，开展小初高课程的连续性探究、整合性研究、科学性安排，构建横向融通、纵向融通、立体融通的十二年一贯制思政课课程体系，为提升思政课教育质量奠定重要基础。

3. **数字时代下，让思政教育创新落地**。改革开放已经进入第43个年头，从加工到自主，我们走出了一条属于党和人民的改革创新之路，创新不仅使我们的经济取得了世界瞩目的发展，也使得人民的生活水平日益提高，党的十九大报告指出：中国特色社会主义进入了新时代，我国社会主要矛盾已经转化为人民日益增长的美好生活需要和不平衡不充分的发展之间的矛盾。社会主要矛盾的变化是关系全局的历史性变化，要求我们在继续推动发展的基础上大力提升发展质量和效益，更好满足人民日益增长的美好生活需要。

怎样才能更好地满足人民日益增长的美好生活的需要，既包括物质层面的不断提高，也包括精神方面的提升，面对党领导下的国家经济建设上的创举，对于为党育人、为国育才的学校教育必须主动适应改革发展的洪流，思政教育必须承担其时代责任。

进入数字化时代，大数据为社会的建设提供了强有力的支撑。数字经济、数字生活都已经进入了人民的生活，数字教育也就应该成为支撑数字生活的重要内容，教育之重则是思政教育。培养什么样的人才，培养出来的人才应该具有什么样的家国情怀，怎样更好地为祖国为人民服务，则是摆在教育者面前的难题。数字时代为我们的思政教育提供了很好的教育契机和平台，利用好网络教育，利用好数字媒体形式，可以让更多的榜样人物深入人心，让更多的中国奇迹震撼心灵，为我们的学生讲好中国故事，传承好中国文化，树立好中国自信，最终使学生在数字时代下，通过数字化的手段，耳濡目染、潜移默化地树立正确的人生价值观念，树立好为祖国为人民服务和奉献的高尚精神。

4. 用多元评价提升课程效果。课程思政评价将学生的认知、情感、价值观等内容纳入其中，体现评价的人文性、多元性。为此，应逐步将客观量化评价与主观效度检验结合起来，综合采用结果评价、过程评价、动态评价等方式，制定出更为精细和系统的评价指标，充分及时反映学生成长成才情况，反映课程中知识传授与价值引领的结合程度，以科学评价提升思政教育的育人效能。

身先士卒，深入一线，发挥示范引领作用

党员干部发挥模范示范和榜样引领作用，必须立足岗位，落实、落小、落细、落精方能发挥作用，作为学校的党组织，必须立足于贯彻党的教育方针，培养德智体美劳全面发展的社会主义建设者和接班人，完成立德树人的根本任务这个着力点上。深入一线，帮助思政课教师上好思政课，是充分发挥党组织协同效应的有力举措。深入一线，要在以下几个方面下功夫。

1．带头上台做好思政课示范课。学校党委领导班子成员、中层以上党员干部，要发挥自身政治意识强、党性觉悟高、视野广、人格正、自律严的优势，带头上台讲好思政课，针对学生提出的一些尖锐问题、现实问题，引导学生发现问题、分析问题、思考问题，在不断启发中让学生水到渠成得出结论。要发挥故事感染和教育作用，讲好中华民族的故事、中国共产党的故事、中华人民共和国的故事、中国特色社会主义的故事、改革开放的故事，特别是要讲好新时代的故事，以实际行动做出示范和引领。

2．深入课堂、教研组、备课组和思政课教师共同探讨加强和改进思政课教学的措施。习近平总书记强调：思政课教学涉及马克思主义哲学、政治经济学、科学社会主义，涉及经济、政治、文化、社会、生态文明和党的建设，涉及改革发展稳定、内政外交国防、治党治国治军，涉及党史、国史、改革开放史、社会主义发展史，涉及世界史、国际共运史，涉及世情、国情、党情、民情，等等。这样的特殊性对教师综合素质要求很高。针对国内外形势，思政课上学生会提一些尖锐敏感的问题，往往涉及深层次理论和实践问题，把这些问题讲清楚讲透彻并不容易。

党和国家工作任务发展变化较快，思政课教学内容要跟上时代，常讲常新，取得较好教学效果，党员干部必须经常深入课堂听课、研课，多下教研组、备课组和一线教师进行备课研究，不断探索基于《思政课标准》的教学范式，变革教与学的方式，引导思政课教师坚定信仰、博闻广识、扎实理论功底，让学生真心喜爱思政课，终身受益。

3．深入班级，帮助班主任做好学生的思想政治工作。学生的社会主义核心价值观、理想信念的形成，不能靠单一的思政课来完成，必须以思政课为主阵地，以主题班会为切入点，以立德树人为中心环节，把思想政治教育工作贯穿教育教学全过程，形成全方位、立体化的思政课教育新格局。这就要求党员干部和班级建立"一对一联系"，帮助班主任策划好主题班会和德育的系列内容，以谈心谈话的方式深入课堂来解除学生思想上的困惑，加强对学生爱党爱国、理想信念、遵规守纪、文明礼仪、时政形势、勤奋诚信等方面的思想道德教育。构建"学校、班级、学生"一体化教育网络，时刻关注学生的思想动态，筑牢党在思政教育中的领导地位，推动习近平新时代中国特色社会主义思想入脑入心。根据不同阶段学生的特点将社会主义核心价值观为主体教育贯穿渗透各个环节，努力培养学生遵守法制、谨慎细致、诚实守信等优秀品质；培育实践创新精神、踏实严谨、耐心专注、吃苦耐劳、追求卓越等优秀品质；突出培育礼仪文化素养、乐观生活态度，厚植爱国主义、民族情怀，帮助学生树立起文化自觉和文化自信。努力增强思政教育的针对性和实效性，引导学生形成正确的世界观、人生观、价值观，全面落实立德树人根本任务。

"时代是思想之母，实践是理论之源"。思想政治理论课只有顺应时代发展的潮流、扎根新时代沃土，才能实现真正意义上的新发展。学校党组织必须回答好"为谁培养人、培养什么人、怎样培养人"的时代命题，深刻把握要求，领会精神实质，以开拓创新为手段，以落实立德树人根本任务为目标，坚决贯彻好"八个相统一"的基本原则，全面落实好思政课教学的各项任务，努力为中华民族的伟大复兴培英育才！

努力办一所人民满意的魅力学校

加快教育现代化，办人民满意的教育

十九大报告明确提出：要优先发展教育事业。建设教育强国是中华民族伟大复兴的基础工程，必须把教育事业放在优先位置，加快教育现代化，办好人民满意的教育。

作为一位30多年党龄的教育工作者，我深感温暖与自豪！党中央对教育工作的高度重视必将推动学校教育的创新发展。教育是人类社会的重要活动，它担负着传承人类精神文明、人文科学、实践经验，为当代社会和未来社会培养人才的任务。教育的本质就是通过传授知识、修炼品德、启迪智慧、激发精气神、塑造真善美，培养促进社会发展的各类人才，是提高每个人的生命质量、提升生命价值的重要途径。在经济全球化背景下，无论是坚持和平，还是战胜贫困、改善环境，都要依靠教育培养有远大志向、能为人类造福的多元人才。每一个孩子都承载着一个家庭的希望，每一个青少年都承载着党和国家的期望。我们肩负着历史的重任，要不辱使命，坚持社会主义核心价值观，不忘初心，继续前进，带领干部教师，坚守"忠诚教育，关爱学生，教书育人，为人师表，严谨治学"的教师价值观，办一所"孩子向往、教师幸福、社会满意"的学校，努力为孩子的终身发展奠基，努力为每一个孩子未来成为中国特色社会主义建设的合格建设者与可靠接班人打下坚实基础。

办好现代教育，需要现代教师；成为现代教师，需要现代理念。未来社会发展究竟需要怎样的人才？中国特色社会主义建设究竟需要怎样的建设者与接班人？教育如何促进社会的进步、发展与和谐？站在未来社会思考今天人才的培养，居远思近、居高临下，才能更好地把握今天的教育。

文化是人存在的根和魂。要高度重视文化的教育，认真学习人文、科学等各领域的知识和技能，掌握和运用人类优秀智慧成果，涵养内在精神，追求真善美的统一，发展成为有宽厚文化基础、有更高精神追求的人。自主性是人作为主体的根本属性。要努力促进学生的自主发展，有效提升管理自己的学习和生活的能力，认识和发现自我价值，发掘自身潜力，有效应对复杂多变的环境，成就出彩人生，发展成为有明确人生方向、有生活品质的人。社会性是人的本质属性。要带领学生走进社会、参与社会，能处理好自我与社会的关系，养成现代公民所必须遵守和履行的道德准则和行为规范，增强社会责任感，提升创新精神和实践能力，促进个人价值实现，推动社会发展进步，发展成为有理想信念、敢于担当的现代人。

要以对人民高度负责的精神，以极其饱满的工作状态，带领全体"北实"人更新教育观念、探索魅力教育，努力拼搏、激情挑战、创新发展，为把学校办成有品位、高质量的学校，办成人民满意的学校而奋斗！

全面贯彻党的教育方针，落实立德树人根本任务

十九大报告提出：要全面贯彻党的教育方针，落实立德树人根本任务，发展素质教育，推进教育公平，培养德智体美劳全面发展的社会主义建设者和接班人。

教育究竟要培养什么样的人？怎样培养人？这是教育的最大命题。教育要培养德智体美劳全面发展的人，要为社会主义现代化建设培养合格建设者与可靠接班人。立德树人是中华民族的优秀文化传统。中华民族在漫长的历史发展过程中，构建了一套成熟的道德价值体系，形成了丰富的个人伦理、家庭伦理、国家伦理以及宇宙伦理的道德规范体系和道德教育理论。我们党继承和发扬了中华民族崇德的传统，坚持把立德树人作为教育的根本任务。

当今时代，我们更需要加强学生的道德、文明、法纪教育。社会的现代化带来了价值观念的冲突，一方面科学技术迅猛发展，日新月异，社会物质越来越丰厚；另一方面社会转型，创新变革，风云莫测，特别是文化多元，各种思想交相融合和冲突，一些腐朽的享乐文化也随之而来。学生正面临着这种复杂环境和价值选择的挑战，如果不能树立正确的世界观、人生观、价值观，很难肩负起中华民族伟大复兴的重任。

坚持立德树人，就要把社会主义核心价值观融入学校教育全过程。社会主义核心价值观体现了古圣先贤的思想，体现了仁人志士的夙愿，体现了革命先烈的理想，也寄托着各族人民对美好生活的向往。社会主义核心价值观教育要从少年儿童抓起，在少年儿童中培育和践行社会主义核心价值观，要适应少年儿童的年龄和特点，要努力做到"记住要求、心有榜样、从小做起、接受帮助"。

教师有理想，教育才有希望；教师重师德，学生才能成长。国无德不兴，人无德不立，教师必须承担好立德树人、教书育人的神圣职责。用心做教育，努力攀高峰，教师要在自己平凡的岗位上诠释着现代教师的独特情怀与崇高追求，要在促进每一个孩子的发展上尽心尽力、全力以赴。面对千差万别的学生，教师要有足够的信心、细心、耐心、热心、贴心、舒心、诚心、进取心、决心去工作，教师要用教育的智慧与艺术，创造多样化、有兴趣的教育方式，助推每一个学生在起点上的自然成长、自己成长、自由成长、自觉成长，促进德智体美劳全面发展、可持续发展。不断探索魅力教育，努力给学生提供最好的教育，为每个学生最好的未来奠基。

推进城乡一体化教育，让每个孩子享有公平的教育

十九大报告提出：推动城乡义务教育一体化发展，高度重视农村义务教育，办好学前教育、特殊教育和网络教育，普及高中阶段教育，努力让

每个孩子都能享有公平而有质量的教育。

要努力为推进城乡教育一体化做出我们最大的贡献。2015年，遵照市区领导指示精神，我校在平谷承办四所学校，我担任原平谷六中、平谷二中、平谷四小、平谷七幼四所学校的法人。两年多来，我们带领全体干部师生不辞辛苦、团结拼搏、锐意改革、激情创新、努力挑战，以"勇于担当，善于超越"的"北实"精神，谱写了一曲动人的魅力教育之歌。四所薄弱学校实现华丽转身，成为平谷区老百姓身边优质校，成为党和政府表彰的办学成果突出的先进校。北京实验学校（海淀校区）是一所有着近百年历史的文化名校，于今拥有20位特级教师的强大队伍，为促进城乡一体化发展奠定了基础。推进城乡教育一体发展是我们应尽的责任与使命，继续响应党的号召，一如既往地办好平谷四所学校，以只争朝夕、奉献挑战的精神，为促进城乡一体发展做出我们最大的贡献。

反思今日之教育，着眼人才之培养，系统思考之探究，创新超越之追求，当下的最好的教育需要：构造"一方池塘"，服务孩子"自然成长"；点燃"一束火焰"，启迪孩子"自己成长"；敲打"一块燧石"，引领孩子"自由成长"；推开"一扇大门"，促进孩子"自觉成长"。我将继续积极开展幼小初高十五年一体化教育改革实验，努力探寻十五年基础教育的内在规律，揭示当代童年、青少年的成长规律，建立十五年一体化整合课程，打通各学段的壁垒，努力探寻适合孩子发展最好的教育，创建魅力教育，打造普适品牌，为推进教育现代化提供普适样板。

教育公平是社会公平的重要基础，是最基本最重要的公平，是实现社会公平的奠基工程。魅力教育须以"有教无类"促进"起点公平"，突出"为了一切学生"，提供面向全体的公平教育；以"因材施教，循序渐进，差异发展"促进"过程公平"，突出"一切为了学生"，提供适合多样化、可选择的优质教育；以"人尽其才，各尽其能"促进"结果公平"，突出"为了学生一切"，提供相互衔接的一体化教育。依法治校，依法推进义务教育，促进每一个孩子的成长应成为教育者的天职。无论孩子学业基础怎样，来自哪里，来自什么样的家庭，一律享受到平等的教育，让孩子在生命的起步阶段，充分感受到公平带来的愉悦，也为孩子们走向社会埋下公平、正义的种子。

教育的发展还很不平衡，但每个孩子的成长都需要好的教育。我们有责任、也有能力，在促进城乡教育一体化，推进京津冀教育协同发展上做出我们应有的贡献。

加强师德师风建设，培养高素质教师队伍

十九大报告提出：加强师德师风建设，培养高素质教师队伍，倡导全社会尊师重教。办好继续教育，加快建设学习型社会，大力提高国民素质。

有好的教师，才有好的教育，怎样才能成为好教师呢？习近平总书记提出四条标准：要有理想信念、要有道德情操、要有扎实学识、要有仁爱之心。教师要做学生的引路人，引领学生正确的人生方向，教师如何引路呢？习近平总书记提出四条引路方向：做学生锤炼品格的引路人、学习知识的引路人、创新思维的引路人、奉献祖国的引路人。我们将创新开展做"四有教师"系列活动，在活动中提升教师、发展教师、成就教师；我们将全面开展做"四种引路人"的践行活动，在践行中教育自我、唤醒自我、超越自我、强大自我。用现代教师的品行、精神、境界、能力、使命，把每一个孩子培养造就成中国特色社会主义的合格建设者与可靠接班人。

习近平总书记说：我国知识分子历来有浓厚的家国情怀，有强烈的社会责任感，重道义、勇担当。习近平总书记希望我国广大知识分子自觉做践行社会主义核心价值观的模范，坚持国家至上、民族至上、人民至上，身体力行带动全社会遵循社会主义核心价值观；积极投身创新发展实践，不断攀登创新高峰。他要求各级领导要为广大知识分子工作学习创造更好的条件。习近平总书记充满了对知识分子的尊重、信任和期望。他的讲话为教师的培养和专业成长指明了方向。

现代教师不能只是半桶水，也不能只是一桶水，而需要成为一眼泉。不积细流，无以成江河。教师要加强政治学习、专业学习、文化学习，努力践行终身学习的理念，在阅读中丰厚自己的思想，在学习中升华自己的灵魂，在实践中提升自己的能力，在教书育人中锤炼自己的品德，在教育事业中实现自己的价值。

> 十九大的胜利召开，吹响了中华民族快速前进的号角。习近平新时代中国特色社会主义思想是进行伟大斗争、建设伟大工程、推进伟大事业、实现伟大梦想的实践指南。在十九大精神指引下，全体"北实"人必须满怀信心、激情工作、凝心聚力、智慧创造，发扬"勇于担当，善于超越"的精神，为创办一所人民满意的魅力学校而努力奋斗！

疫情下的教育改革、创新

新冠肺炎疫情席卷全球,成为世界范围内的重大灾难。疫情的发生,促使我们每个人进一步思考人生的意义和价值、生命的内涵与责任;思考我们的社会应该怎样和谐有序、科学高效运转;思考人与人、人与社会、人与自然究竟如何协调发展。也由此思考把我们的孩子培养成为什么样的人,教育的宗旨与价值是什么,学校治理体系该如何完善,学校教育应该承担怎样的使命,重大疫情究竟给学校教育改革创新带来哪些新的启迪。

创新学习"抗疫英雄",传承伟大的中国精神

伟大的中国精神在波澜壮阔的历史中铸就,又在新时代的砥砺前行中赋予新的内涵。中国人民在疫情防控这场人民战争中,书写着气吞山河的不朽史诗、续写着中国精神的簇新画卷。与新冠肺炎疫情的斗争,既是物质力量的较量,更是精神力量的比拼。中国人民在疫情防控中展现的中国精神具有鲜明的时代特征。

不怕牺牲、大局为重。我国疫情防控斗争的重中之重在武汉。武汉人民识大体、顾大局,不畏艰险、顽强不屈,自觉服从疫情防控大局需要,主动投身疫情防控斗争,为全国抗疫斗争的胜利做出了重大贡献。武汉是英雄的城市,武汉人民是英雄的人民。中国既对本国人民生命安全和身体健康负责,也对全球公共卫生事业尽责,采取最全面、最严格、最彻底的防控举措,付出了最大的努力,内防扩散、外防输出。随着一些国家疫情

日益严重，中国及时向有关国家提供各种帮助，共享防疫经验。在这场疫情防控斗争中，凸显中国人民不怕牺牲、大局为重的中国精神。

冲锋在前、敢打头阵。疫情如火，号令如山，行动如风。党中央一声令下，各条战线动如闪电、迅如风雷。许多医务工作者闻令而动，终止休假，主动请战，全国各地医疗队源源不断驰援湖北，医疗战线数以万计的医务工作者火速集结，奔赴抗疫一线。党员、干部挺身而出，一支支"党员突击队"、一个个"党员先锋岗"挺立在疫情防控第一线，无数党员、干部冲锋在前，哪里最危急就冲向哪里，哪里最艰苦就坚守在哪里，哪里最需要就战斗在哪里，让党旗在防控疫情斗争第一线高高飘扬……正因为有这么多冲锋陷阵的先锋，才有力遏制住了疫情蔓延势头，有效扭转了战局。在这场疫情防控斗争中，涌现出一大批时代英雄，彰显出中国人民冲锋在前、敢打头阵的中国精神。

勇于担当、乐于奉献。危急时刻彰显初心本色，大难当前凸显使命担当。在疫情十万火急的关键时刻，担负抗疫任务的各条战线的人们敢于啃最硬的骨头、挑最重的担子，成为不负初心、不辱使命的"劲草""真金"，成为祖国和人民最放心的力量。他们的时代使命，是关键时刻冲得上去、危难关头豁得出来的硬核担当，是用生命挽救生命、用生命履行使命的大义担当。在最危险的地方，医疗队加大收治重症患者力度，医护人员奋战在一线，舍生忘死救治危重患者；科技工作者尽锐出战，产学研紧密配合，争分夺秒推进药物研发、抗体制备、疫苗研究、病毒溯源等工作；广大公安干警、疾控工作人员、社区工作人员等坚守岗位、日夜值守；广大新闻工作者不畏艰险、深入一线，广大志愿者等真诚奉献、不辞辛劳……各条战线各个岗位的人们，都以守土有责、守土担责、守土尽责的高度责任意识，履职尽责，拼搏奉献。在这场疫情防控斗争中，各条战线的人民，闪耀出勇于担当、乐于奉献的中国精神。

同舟共济、守望相助。同舟共济、守望相助是中华民族自古以来的优良传统和文化基因。在疫情防控斗争中，党中央、国务院统筹安排19个省份对口支援湖北省除武汉市外的 16 个市州及县级市。全国各省份从大局出发全力支援湖北、支援武汉，为国家分忧、为人民解难，形成同心协力、共克时艰的抗疫局面。医疗战线超强阵容的"国家队""地方队"驰援荆楚，火神山医院、雷神山医院克服重重困难高速建成并迅即投入使用，无数防控物资日夜兼程向武汉聚集，彰显了一方有难、八方支援的大爱精神和手足情谊。全国各族人民群策群力，社会各界慷慨解囊、捐钱捐物，公益组织和志愿团体积极行动、竭尽所能。基层社区家家户户严防严控，精诚合作，每一个社会网格都融入联防联控、群防群控的大系统中，展示着团结互助的社会风尚。在这场疫情防控斗争中，全国各族人民展现出同舟共济、守望相助的中国精神。

这场伟大的抗疫斗争，充分展现了"不怕牺牲、大局为重，冲锋在前、敢打头阵，勇于担当、乐于奉献，同舟共济、守望相助"的伟大精神，必将成为新时代中国人民的伟大精神财富，永载中华历史史册。学校教育要把握"抗疫资源"，把抗疫精神当德育教材，引领师生更好发展，与祖国共成长。在即将到来的"后疫情"时代，我们要创新开展学习"抗疫英雄"的系列活动，通过升旗仪式、团队活动、主题班会、英雄讲堂、导师工作、小组故事会、编创抗疫英雄舞台剧等活动的开展，强化爱国主义教育，厚植爱国主义情怀，在民族复兴的大业中更好履行教育的担当。希望广大学子在成长成才的过程中，将自己的兴趣爱好和国家发展的需求结合起来，让人生才华在党和人民最需要的地方绽放绚丽之花。

创新激发"科学志趣"，培育优秀的科技人才

科学是战胜病毒的决定性力量，也是抗疫战斗取得胜利的最有力武器。全面打赢疫情防控的人民战争、总体战、阻击战，必须发挥科学的力量，让科学防治贯穿疫情防控全过程。历史上，人类战胜大灾大疫，无论是非典，还是埃博拉，都离不开科学的发展和技术的进步，离不开科学的防控和技术的支撑。当年"小汤山"医护人员实现"零感染"，起决定性作用

的就是科学防控。

认清病毒，才能战胜病毒；科学防控，才能有效遏制病毒蔓延势头。 新冠肺炎疫情发生以来，从成功研发检测试剂盒、快速分离出病毒毒株到不断优化临床救治方案，从延长假期、错峰上班到精准复工复产，从如何戴口罩、如何乘车到如何召开会议……一系列积极进展和防控成效，都离不开有力的科研攻关，离不开科学的防范措施。

疫情防控是一场总体战，也是一项复杂的系统工程。 无论是做好疫情监测、排查、预警、防控，还是做到早发现、早报告、早隔离、早治疗，都不可能单纯依靠人工来完成，必须借助现代信息技术。现在，很多追踪密切接触者、查询周围疫情形势、精细到小区的数据显示软件广泛应用，这些都极大地减轻了人力物力，提高了防疫抗疫的效益。只要善于运用大数据、物联网、云计算、人工智能等技术手段，就一定能为疫情防控、研判形势、科学决策提供坚实保障。

知识就是力量，科技就是利器。 当前，正值疫情防控取得最终胜利的关键时刻，更加需要用好科学技术这一最有力的武器，为战胜疫情提供最有力的支撑。在这场疫情防控的严峻斗争中，我们要更加自觉地拿起科学技术这个武器，同时间赛跑、与病魔较量，科学防治、精准施策，从而汇聚起科学防疫、科学抗疫的强大力量。

尊重科学、相信技术，坚定必胜信心。 保持健康心态，铸牢心理防线至关重要，恐惧是更可怕的传染病。战胜疫情，每个人都是疫情防控的战斗员，既不能惊慌失措、缩手缩脚，也不能掉以轻心、轻举妄动，而要尊重科学、相信技术，用理智去思考、用勇气去战斗，坚定必胜信心，高度负责地做好个人、家庭和单位的科学防护。病毒虽然是魔鬼，但只要我们坚持科学思维，弘扬科学精神，按照科学要求严防严控，就不会让魔鬼藏匿，也一定能消灭疫病。

学校教育要强化科学素养的提升，不断培育孩子们的科学志趣。 足额添置学校科技图书，定期开展科技阅读活动；丰富学校的科技活动，积极鼓励学生组建科技社团，定期开展科技探寻系列活动；全面开放学校的实验室，鼓励学生开展个性化的实验探究活动；开设科学家魅力讲坛活动，走进科学家的生活，领略科学家的风采；开展"小发明、小制造、小论文、小设想"活动，丰富学生的科技知识，提高创新实践能力；开展"科技之星""科技先进班"评选活动，培育学科学、爱科学的思想情感，不断涵养科学理性的人生心态。秉持科学态度，尊重科学规律，坚守科学认知，传播科学知识。积极引导更多的优秀学子升入大学时选择基础科学、技术科学和应用科学等专业，坚定自己的科学"初心"，投身科学，用科学改变世界，为强国梦的实现贡献自己的青春力量。

要努力"去功利化"，培育顶天立地的中国人

新冠肺炎疫情的发生，促使我们每一个教育工作者思考教育的意义和价值，思考我们培养的人如何有力促进社会的科学有序运转，如何促进人类和自然界生物的和谐共处，也由此思考把我们的孩子培养成为什么样的人，教育工作者应该承担起怎样的历史使命。这次重大疫情对于教育者提出了新挑战、新要求、新期待，教育必将"去功利化"，返璞归真到人本身的发展，教育要为社会的进步培育优秀的人，要为强国梦的实现培育更多有担当、有能力、有创造的人。

教育要培育全面发展的人。 英国诗人约翰·多恩说过："没有人是与世隔绝的孤岛。"我们所有人都是命运共同体，教育的价值就是把每一个个体培养成为有道德情怀、知识能力、忠于职责、勇于奉献、身体健康的人，只有通过教育把每一个人都培养成为合格的社会成员，我们的命运共同体中的每个人才能同舟共济。长期以来，我们比较重视德育与智育，相对忽视了美育、体育与劳动教育。五育是辩证统一的，体育是身体层面的发展，是其他各育的前提和基础，智育、德育和美育属于心智层面的发展，劳动教育是实践层面的发展。疫情防控中，暴露出了教育中深层次问题，学生卫生应急素养教育缺失，生命教育、健康教育不够系统，生物安全意

识不强等。孔子云：君子不器。即教育是培养有道德、有情怀的君子，而不是工具。教育一定要"去功利化"，回归培养人的初心；教育要公平，只有全国教育都发展好了，才能培养好每一个孩子，为构建健康的命运共同体打好基石。

教育要培育顶天立地的中国人。教书育人、为国育才是教育者的崇高使命，教育者要站在未来社会的需要上培育人才，基础教育要为孩子40岁做准备。头顶的天，是我们共同的国；立身的地，是我们共建的家。"顶天立地"就是家国担当。迎战疫情，迎面成长，教育一定要为社会培养高素质的人，我们要致力于让每一个孩子都能够成为"顶天立地的中国人"！

教育是培英育才的美好事业。美好的事业需要美好的情感、美好的心灵、美好的精神去描绘。法国近代自然主义教育家卢梭把发展人的本性、培养身心和谐发展的自然人作为教育的目标，他说："从我的门下出去，我承认，他既不是文官，也不是武将，也不是僧侣；他首先是人。"这些年来，我国教育规模有了飞速发展，每个社会成员都能受到较好的学校教育，但是教育过于"功利化"，过于注重考试分数，注重考试技巧，注重专业技能，基础教育过度追求成绩至上，大学教育过度强调职业培训，一定程度上忽视了人的发展和教育的宗旨。教育要培育真正的人，培养热爱生活的人，体格健壮的人，精神高大的人，灵魂高雅的人，思想丰富的人，善于创造的人、乐于奉献的人。

要推进"教育变革"，实现线上线下教育融合发展

这次重大疫情，学生不能正常到校学习，线上教育得到了全面普及，云端教育得到了空前的发展。网络教育催生了"教育变革"，教的方式、学的方式发生了根本性变化。线上学习不是课堂搬家，而是要以学生为主体，培养学生自学能力、思考能力、线上沟通能力。未来已来，互联网改变的不仅仅是技术，还是教与学的思维方式。这一场疫情加快了思考步伐，

让我们看到平台的短板、教师的技术、学生的学习习惯、一部分人对教育的狭隘理解。学生应该学什么，我们要进行反思，要换位思考，师生要更平等地对话，要减少学习内容，给学生增加信息收集、筛选、运用的空间。线上教育需要有改革的思维，推进教育变更，真正实现线上线下的融合发展。

线上教育需要团队合作，实现效能最大化。为了确保线上教学的质量，吸引学生以更大的热情参与到线上学习之中，学校各学科组需推选既有较高的教学水平又具备较好线上教学技能的老师轮流担任线上任科教师，同备课组的其他老师参与教学计划的制定、教学资源的组织、作业的设计和批阅、教学过程同步听课及答疑等。这样做，既能体现学科团队的优势，又能最大限度地提高教学效益。这就需要教师有精诚团结的精神，事业至上的胸襟，为了孩子的未来，协力同心，共促成长。

遴选线上优质教学资源，促进学生的学习。教师在组织和选用教学资源（包括课件、学案、习题以及相关阅读材料、视频等）时一定要精心选择，所选资源应充分考虑学生使用的适切度（即与学生的学习能力相适应）、与教学内容的匹配度以及在激发学生学习兴趣和促进学生学科思维发展中的作用。教师要善于选用国家中小学网络云平台以及市、区等优质资源网站的教学资源，紧密结合学校和学生实际开发和应用个性化教学资源。要依据各种资源材料，重新整合课程内容，梳理相关知识，加强课程流程设计，归纳课程思维方法，做到既切实又好用、学生既喜欢又有效能。

线上教育要依据学段、学科、内容的差异选择不同的教学方式。线上教育首先要把学生的健康放在首位，保护好学生的视力。在学习时间上小学生每天线上学习不能超过 2 小时，每节课讲授时间不能超过 15 分钟；初中生每天线上学习不能超过 3 小时，每节课讲授时间不能超过 20 分钟；高中生每天线上学习不能超过 4 小时，每节课讲授时间不能超过 25 分钟。鉴于线上授课的特点，可以整合学科教学内容，把难度不大，易于线上教学的内容提前，难度较大的教学内容移后。线上教学服务应立足自主学习为主、网络课堂直播为辅的原则。依据学段、学科的特点，提供自主学习材料、微课短视频与学习任务单，鼓励学生自主学习，通过在线提问、随堂测验、讨论区小组研讨等形式促进学生间的交流互动。

线上教育要为孩子提供多样化、人文化、个性化、生活化服务。 所谓课堂者，非谓有教室之谓也，有师生之谓也。师生在，课堂就在。学生在哪里，课堂就延伸到哪里。这是在线教学带给我们的深刻影响。增强信息技术供给教育的多样化服务。延长教育的"触角"，拓宽学习的"入口"，提升"互联网＋教育"的互补性、融合性、效能性。

教育是面向未来的事业。线上教育已经成为现代教育的重要组成部分，要提升教育的整体质量，必须在线上教育上有创新突破。在线教育的核心问题是教学资源开发和教育教学质量，必须实现网络空间带来的个性化、智能化教育模式。学校必须要加强信息化建设，增加信息化投入，建成现代化学校网络体系，为线上教育提供硬核条件。要加强信息化人才培养，开展线上教育的系列培训，提升线上教育的技能。要创建在线教、学、导、评、管"五位一体"的信息化教育体系，形成面向人人、人人可学的现代化线上魅力教学方式。

要推进"管理改革"，提升学校治理专业化水平和能力

医疗卫生行业的行业特征和组织特点，需要专家型领导担责。教育一样需要专家型领导。并且，未来随着人民群众对教育、医疗等优质资源的需求，教育在政府治理中的地位会越来越重要。教育与医疗卫生等都是专业性极强的行业，教育行政机构和学校领导需要有专业知识背景且实践经验丰富的专家型领导任职。

疫情期间停课不停学，停课不停教，干部、教师、学生只能在云端相聚，在疫情下学校如何和谐高效管理？干部如何发挥引领作用？教师的教育激情如何激发？学生的全面发展怎样保证？许多问题需要解决。疫情终将远去，但疫情期间暴露学校管理的问题却不会自然消失，如干部的信息素养

不够，创新能力不强，线上治理的制度、智慧缺失等，我们需要认真总结，深刻反思。学校干部队伍建设是关系到学校的长远发展、关系到师生健康成长、关系到培养人的重大问题。学校要努力推进"专家型、创新型、团队型、活力型、奉献型"干部队伍建设，推进学校治理体系和治理能力的现代化，实现线上线下的协同、科学、创新、和谐管理。时不待我，任务艰巨，需要大胆探索，创新推进，勇敢前行！

积极引导家长和社会对教师与教育多一分理解和尊重

在这次疫情防控中，家长担当了教师的角色。没有一丝准备的家长，尝到了当教师的滋味。孩子们被家长称为"神兽"。一个"神"字，多么可爱；一个"兽"字，又是多么无奈。现在，没有一个家长不盼望着孩子赶紧上学去，社会更是期待学校能早日开学。但是，不知道家长们是否理解了教师工作的辛苦？社会是否对教育、对教师多了一份敬重。学校要抓住这一契机，做好教育、教师的宣传工作，希望家长和社会对教师的专业和教育的使命多一分理解和激励。

教育是极其艰巨而复杂的育人事业，教师每天挑着一副重担，担子的一端挑起孩子的未来，担子的另一端挑起祖国的明天，教师需要日夜兼程、探索规律、拼搏前行。教育是崇高而伟大的事业，教师要用博大的胸怀、奉献的品质、创新的智慧，兢兢业业投入工作，用坚毅的意志、辛劳的汗水、无私的爱心守望学生成长。教师的辛勤劳作需要鼓舞，教师的使命担当需要激励，教师的天下情怀需要讴歌。开展"魅力教师讲坛"，评选"魅力人物"，编著"魅力故事"，举办家长代表大会、学生代表大会等层面的"教师成长报告会"，面向社会开设"魅力教育报告"，让家长、社会走进教师、走进教育，理解教师、理解教育，敬重教师、敬重教育。

在这场严重的疫情防控斗争中彰显的伟大中国精神是打赢疫情防控阻击战的强大动力，为抗击疫情坚定必胜信心、凝聚强大合力、注入持续动力。全国上下始终保持如履薄冰的谨慎，不麻痹、不厌战、不松劲，必将一步一步走向最后的彻底胜利。中国人民在疫情防控斗争中续写了中国精神的崭新篇章，也给教育工作者带来前所未有的思维冲击，给学校教育改革创新带来许多新启迪。

> 面向未来，我们要继续大力弘扬伟大中国精神，以激情与热血推进学校教育的深层改革，以强大的自信与天下情怀为祖国培育高素质人才，以"踏平坎坷成大道，斗罢艰险又出发"的姿态，向着实现中华民族伟大复兴的奋斗目标勠力前行！

做最好的自己就是给孩子最好的礼物

学校教育和家庭教育应该相辅相成，不能割裂。成长不止步，教育就不止步，学校教育有终点，但家庭教育没有终点。

长期以来，我们中有些家长往往把成长看成是一个阶段性的任务，把成长视为仅仅在学校里才能完成的任务，一旦离开学校，一旦长大成家立业，就可以不再阅读，不再学习，不再成长了，认为成长主要是孩子的事，于是把更多的精力仅用在关注孩子学业的发展上，结果往往事与愿违。成长本身是一种习惯，更是一种能力。生命不息，成长不止，才是一个人生命最美的姿态，才是家长永远需要去思考并赋予行动的事。为人父母，在生命发展的旅途中，要特别注重两条路：有一条路不要选择，那就是放弃的路；有一条路不要拒绝，那就是成长的路。

日本著名绘本大师五味太郎在其《孩子没问题，大人有问题》一书中，举例说明了现代社会大人的许多问题，他发现有十种类型的大人：总是心神不定的大人、早已筋疲力尽的大人、总是试图考验孩子的大人、就是喜欢义务和服从的大人、任何时候都不懂装懂的大人、喜欢贬低他人及保持优越感的大人、总是对自己在社会中的位置忐忑不安的大人、本应引导却喜欢教导的大人、再怎么说却还是缺少学习精神的大人、不知何时已经不想做人的大人。这十种类型可以看出，作为成年人的"大人"，仍然面临着成长的艰巨任务。成长，仍然是每个父母重要的使命。儿童的许多问题其实是成人造成的。善于教育的成人，往往是善于向儿童学习、研究儿童成长规律的人。善于引导的成人，往往是注重自身全面成长的成人。

榜样示范，父母是孩子成长的楷模

孩子是最伟大的观察家，他们一直在观察着成人的行为，考量着父母的举动。所以，父母应该努力成长，并且成为孩子的人生榜样。

被称为"韩国第一妈妈"的张炳慧博士，曾经将自己的三个中国继子送进了哈佛大学和耶鲁大学，特别是曾经被认定有学习障碍的老二，哈佛大学毕业以后在曼哈顿商界叱咤风云，成为一流的企业家。她在《好孩子的成长99%靠妈妈》这本书中提到，孩子在成长过程中是通过模仿，从生活的一点一滴中学习和积累人生经验的。忙碌了一天的她，每天回家做完家务，从不看电视，她说："对于忙碌了一天的我来说，看一个有趣的电视节目，放松一下紧张的大脑是一个非常不错的选择，但是，如果我看电视，孩子们也会去看电视。因此，我宁愿把看一本有趣的书当作休息。"在她的影响下，三个孩子都把读书当作世界上最有趣的事。

父母的美丽愿景是促使孩子前行的能量

个人"愿景"是指你想要达到什么样的成就，你想要过什么样的生活，你的"终极成功画面"是怎样的。父母要将自己对"愿景"的追求精神，转换成激励孩子成长的最大动力。当你有一个想要去实现的愿景，如果它的最终成功画面能够十分活生生地出现在你的脑海中，而这个成功画面是你一心想获得的生活、成就，或是贡献、价值，这个逼真的成功画面，如果会让你大喊："对！这就是我要的！"它就会带给你无比的激情动力，带领你全部的注意力都极度专注在"如何去达成"的行动上。

父母的奋斗精神是激发孩子前行的力量

奋斗的可贵性在哪里。如果目标是箭，那么奋斗就是弓。有弓无箭，是徒有蛮劲，不懂计划部署，无的放矢，一生多劳而少成。有箭无弓，就是徒具理想，没有摧枯拉朽的精神，做白日梦，一生多言而少成。只有有弓有箭，才会将最不可能的梦想实现，走向成功。破釜沉舟、背水一战的故事，给我们的启发是：只有强烈的理想追求与奋斗精神才能引导成功。矢志不渝的理想奋斗能够激发人前所未有的力量。理想越强大也就越能使人迸发出不同寻常的能量。

为人父母，我们对理想的不懈追求，全力以赴的奋斗精神，成了孩子成长的楷模，必将激发出孩子成长的无限动力，催生孩子成长的内生能量，促进孩子健康成长。

科学引导，追求最有价值的目标

人生前方的道路五花八门，充满许多诱惑，究竟如何选择？是近视还是远视？是追求个人利益至上，还是追求个人价值与社会价值的和谐？是停留在追求物质层面，还是追求物质与精神的统一？这些人生价值目标如何选择，需要父母的科学引导。

父母要成为追求最有价值目标的智慧引领者

作为新时代的中华儿女，我们的价值选择应该符合社会主义核心价值观，应该符合中华民族文化传统与道德准则，应该符合宪法与法律的要求，应该较好的诠释自身生命的理想信念与时代价值的体现。

点燃激情，寻找自身工作的价值。"一个人不投入爱也可以生存，但是将沦为平庸之辈。" "无论身处职业生涯的哪个阶段，如果你不清楚你为何从事当前的工作，你就会变得毫无动力。"我们所处的生存环境异常激烈，有很多人会比我们更加激情四溢，他们渴望得到我们想要的那份工作。富有激情的人会花费较多的时间去思考他们已经完成的事情，如何完成接下来的任务，以及是否有能力来完成这些任务。我们的同学、同事和其他同年龄人中那些热爱学习的人，他们更加努力，敢于拼搏，为了逼近目标，他们做了更多有意义的事情。要坚信无论从事何种职业，非凡的激情才能创造卓越的人生。

父母对待事业的热爱与激情，会深深感染孩子，会激发出孩子的成长激情，激发对生命、对学习、对成长的热爱。人生因为激情与热爱，会唤起生命的无穷力量，不断地攀登生命新高峰。父母成为价值的表率，孩子才会有正确的选择。家长用自己的实际行动凸显正确的价值观，诠释生命的本真意义，这将对孩子价值观、世界观、人生观产生重要影响。有正确的三观，才会有美好的人生。

父母要成为最有人生选择能力的智慧引导者

人不能让诱惑自己的东西大、杂、多、乱，心里累计的目标太杂乱，努力的方向过于分叉，就会影响人生的发展。我们要简化自己的人生，要经常地放弃不必要的东西，要学会经常否定自己，把自己生活中和内心里的一些东西断然放弃。要处理好事业的追求与业余生活爱好的关系。创造事业的成功，需要足够的精力与时间去工作，需要勇敢与挑战的精神去奋斗，需要大量的汗水与智慧去拼搏，需要任劳任怨与无私奉献的精神去创造。因为选择了最有价值的事业，生活中的某些无关紧要的爱好需要断然放弃；因为选择了高贵与奉献，就要善于放弃个人的名利。

引导孩子选择将来到底想干什么。父母要帮助孩子清楚地了解社会。比如，这个社会有哪些传统的以及新兴的职业，这些职业有哪些特点与要求，发展的前景与趋势怎样，国家对这个职业有哪些要求与期待，有哪些入门的条件，需要打下哪些基础等，父母要引导孩子明明白白地认识自己。要努力认识自我、发现自我、读懂自我，知道自身的性格特征、特长爱好、职业兴趣、能力倾向、潜能评估等，了解自己今天，把握自己未来，才会懂得如何去选择适合自己的未来职业。父母要与孩子一起探讨孩子的未来发展，要合理匹配，别搭错车。从小就要善于发现孩子的兴趣、性格与能力特征。重视培养孩子的职业兴趣，不是停留在对职业的表层认识上，而是要进入职业内层本质的认识上。开展职业体验活动，深入认识职业的特点与要求，在几种可选的职业探究中，进一步发现自我，研究自己更适合什么职业，为未来的职业选择做全面准备。制定好自己的职业规划后，再逐步引导孩子思考为何要认真学习，选择考什么样的学校与专业，培养出怎样的能力，才能选择与胜任未来自己喜欢的职业，进一步引导制定未来中高考的分数目标和自己理想的学校与专业目标，为选择自己未来职业奠基。在此基础上，制定目标所对应的学习、生活计划，然后一步一个脚印地落实在行动上，稳打稳扎去逐步实现自己的目标。通过职业规划确立孩子的理想追求，激活孩子成长的内在动力，同时在落实的行动上开展定期自我督促、他人督导、总结经验、自我反思，推动成长，在反思与超越中走向目标、走近目标、实现目标。

家长要用自己的善于选择与勇于放弃告诫孩子，选择与放弃也是人生的一种决策能力、一种生命的智谋。引导孩子探究学生时代需要选择什么、放弃什么。告诉孩子在人生不同的阶段，选择与放弃也有所不同。学会了选择与放弃，人生就会把握发展的主动权，生命也因为学会了选择与放弃而更加绚丽。

选择自己适合又喜欢的职业，是人生的幸运，孩子处在中小学时代，父母就应该引导与选择好未来职业发展的倾向，为成就孩子未来事业铺好路基。

担当使命，做自己最好的主人

平庸的人只有一条命，叫性命；优秀的人有两条命，叫性命和生命；卓越的人则有三条命，性命、生命和使命，它们分别代表着生存、生命和责任！新时代的中华儿女，都要担当起时代的使命，做自己最好的主人，努力创造自己卓越的人生！

父母要成为珍惜时间的最好设计者

对每个生命来说，最重要的是只有自己才能掌控自己的人生。一个人一旦对时间有了真正透彻的理解，也就真正懂得人生了。因为时间包含着机遇、包含着挑战、包含着规律、包含着人间的一切。时间面前人人平等，它从不抱怨、从不偷懒，从我们身边一分一秒的认真走过，我们是否在意过它？我们是否珍惜过它？有人说：人的一生有三天——昨天、今天、明天。昨天已是过眼云烟，再也无法挽留。明天还未到来，永远无法把握。只有今天属于我们，珍惜今天的每分每秒，努力去弥补昨天的不足，用心去实现明天的理想。当一天即将结束的时候，我们是否反思过这一天的所言所行？我们是否珍惜时间完成了今天的工作计划？

新的一天总是充满生机和希望。做时间最好的主人，珍惜时间，科学规划，高效利用。时间就是生命，时间就是速度，时间就是力量。父母要用行动引导孩子顿悟人生、把握现在，抓住今天，关闭昨天的大门，珍惜利用好今天的时光。

父母要成为把握机遇的最好奋进者

生命只有一次，每个人在世界上逗留的时间是如此短暂，振作起来、行动起来吧！人生关键的突破口总能找到，因为变化时时在我们身边。人生不如意时，与其整天哀怨，不如自己在变化中寻找机会，外界变化之日正是机会降临之时。即使处境令我们难堪，也要当作是"一次积累经验的机会，有益无害""这正是激发自己潜能的好时机"。那么原以为是"祸"的事情可能就化解为"福"了。等待机会，是一种极笨拙的行为。不要消极，不要等待，要积极争取，立即行动，一定有收获。

面对机遇要有积极的心态。我们要引导孩子拥有积极、健康、乐观的心态，这样才会有更多的机遇，即使遇到困难也会积极地去争取。做好日常的准备和积累。静下心来认真学习，积极储备知识能力，让自己的各方面素质得到提升，只有这样，当机遇出现的时候才能更好地把握。

一定要珍惜好机遇，机遇展示给我们的只有一个原则——机不可失，时不再来。机遇只有一次，把握住了，成功就是属于我们的，错过了，我们就可能永远做了失败的俘虏。有时候"上帝只眷顾你一次"这不只是一句俗语，而是基于使命感的一种理念。使这种使命感成为对自己负责的实际行动，这样才能获得成功。

父母要成为终身学习的最好践行者

任何一个成功者，都是通过学习才开始走向成功的，终身学习，才会终身进步。一个人要成长得更快，就一定要喜欢学习、善于学习、酷爱学习。要知道，这个世界上没有天才，别人比我们有能力，更成功，只是因为别人比我们更爱学习、更会学习。松下幸之助先生可以说是日本企业界的一个神话。他早年家境贫寒，而且体弱多病，只有小学四年级的学历。然而，他是靠什么最终创建现在赫赫有名的松下电气公司并成为日本首富的呢？松下先生是一个勇于学习、善于学习的人。正因为学习，才成就了他的辉煌。一个愿意学习并且善于学习的人，终会获得成功。

一个人如果能成为自己成长的主人，人生的方向盘就掌控在自己的手中，自己具有加油、把向、调速、转弯、刹车的意识与能力，人生的美好未来由自己去描绘与创造！

全力以赴，做最高效的工作

人的一生时间有限，精力有限，面对每日多样化、复杂化的工作，唯有管理好自己的时间，提高工作的效率，才能创造出工作的业绩，实现人生的价值。

父母要成为高效工作的最好实践者

古人云："明日复明日，明日何其多。"如果总是等着明日，那么什么事情也办不成。所以，做事切记"今日事必须今日毕"。不管用什么方法让自己"立刻行动"，就会战胜拖沓，一辈子都会积极行动。每一次的挫折都不会让我们退却，每一次我们都毫不犹豫立刻行动，每一次我们都把久拖未决的事解决，那么，我们已经正在转变工作态度，提高工作效率了。

父母要成为探究学法的最爱思考者

学习按照计划进行，先完成 A 级工作（重要且紧急的工作），再去做 B 级工作（重要但不紧急的工作），以此类推。精力高度集中，做事效率才会更高。敢于挑战，全力以赴的冲刺。做事情时全力猛攻，任何困难都可以迎刃而解。激励自我，为了达到学习目标，我们可以事先给自己定下一个奖惩措施。学会思考与整理，不断发现问题是积极思考的开始，想方设法解决问题是提高思维力的重要方法。寻找知识的内在规律必须学会整理，整理知识的过程是自身思维加工的过程，学习重在体验，思考与整理知识是学习环节中最重要的体验过程。

父母要成为孩子快乐成长的最佳激励者

学会快乐地学习与生活。对自己所从事学习的感觉，会大大影响学习的方式。如果十分快乐地接受这项任务，这项工作就会更好顺利地完成，而且也会从中获得快乐。林肯说过："你想让自己多快乐，你就会有多快乐。"只要去练习，我们就可以做到这一点。但一开始我们要想一些快乐的事情，把恐惧、愤怒、挫折感全部从心中除去。在我们周围尽量找出快乐的事，看些令人快乐的书。养成快乐的习惯，就能轻松面对所遇到的任何困难。"快乐学习，快乐工作"不仅可成为一种可贵的品质，更是理想信念下的正常心态。

学会自我高效管理，提高时间的利用率。父母要引导孩子研读几本高效能工作、高效学习的专著，探讨高效工作、高效学习的方法，努力做到做事有谋划、行动有计划、自我督查有方法、反思追问有办法、改进工作有艺术、推进工作有智慧。当我们学会了最高效的方法，并能全力以赴去学习与工作时，生命定能绽放美丽之花、结出累累硕果！

理解尊重，打造最完美的性格

一个人有了最好的性格、最好的修炼，他才能和谐地与社会打交道、友好地与集体相处、善良地与他人合作，他才会找到适合自身发展的最好舞台，演绎生命的无限精彩！

父母要成为孩子坚强性格的最佳榜样者

父母要用自己生活的坚强孕育孩子坚强的性格。不要放弃自己就是真正的坚强。能够承认自己的缺点也是难能的坚强。虚心是坚强，正直是坚强，善良是坚强，怜悯是坚强，自责是坚强，追求是坚强，自爱是坚强，宽恕是坚强。锻炼坚强的方法有很多——多学习，多参加团体活动，有规律的生活习惯，积极锻炼，模拟逆境生存场景，避免养尊处优的生活习惯，学会独立思考问题，加强心理素质锻炼，遇事不要慌乱。

我们需要怎样的勇气？勇气就是在挑战面前勇往直前，永不言败的精神力量。缺乏勇气的人永远也无法体会到追求成功者的豪言壮志，就像在灌木丛林中跳跃觅食的鸟雀永远也无法知道"绝云气""负青天""扶摇而上九万里"的鲲鹏为什么会不畏艰险地搏击长空。在成功的道路上，快乐总是和磨难相伴，胜利也总是和失败接踵。有勇气追求成功的人善于从教训中积累力量，从失败中获得新生。勇气不仅可以让人直面任何困难或挑战，勇气也可以带来成功的机会。

父母要成为孩子稳重性格的最好示范者

在人际交往中，怎样才能得到别人的理解与尊重？一个重要的为人处事原则就是不论在什么时候、什么场合，都要保持"稳重"的生活方式和处事态度。所谓"稳重"就是在接人待物中要始终保持一种"严谨"。一个稳重的人，是绝不会随便向别人溜须拍马的；他也不会八面玲珑，四处讨好别人；更不会随意地造谣生事，在背后指责别人。稳重的人，不仅会将自己的意见谨慎、清楚地表达出来，而且还能平心静气地倾听别人的意见。只有具有稳重性格的人，才值得人们尊重、欢迎。

父母要成为孩子豁达性格的最美传递者

渴望受到尊重是每个人的基本心理需求。尊重他人，并不是失去自我。尊重他人是在平等和张扬个性的基础上，对他人人格尊严的尊重。要使自己学会尊重他人，在日常生活中学会平等待人，诚实守信，善于助人，宽容大度，形成良好的人际关系。因为自尊心是人的心灵里最敏感的角落，一旦挫伤一个人的自尊心，他会以十倍的疯狂、百倍的力量来与你抗衡。其实做到尊重别人并不难，有时只需一个微笑、一句问候、一声敬称、一双善于倾听的耳朵、一张不刨根问底散布流言蜚语的嘴巴，就会给别人的心情带来阳光和温暖，当然也会为自己带来真挚的友谊与和谐的交际。

父母总是在感激中告诫孩子学会感恩。感恩是必须的。它是一种处世哲学，也是生活中的大智慧。一个智慧的人，不应该为自己没有的斤斤计较，也不应该一味索取和使自己的私欲膨胀。学会感恩，对自己已有的东西感恩，感谢生活对我们的赠予，这样我们才会有一个积极的人生观，总能有健康的心态。每天心怀感恩地说声"谢谢"，不仅仅使自己有积极的想法，也使别人感到快乐。在别人需要帮助时，伸出援助之手；而当别人帮助自己时，以真诚的微笑表达感谢；当我们悲伤时，有人就会抽出时间来安慰我们。这些小小的细节都是一颗感恩的心。

父母的诚恳启迪孩子诚实守信。"言必信，行必果""一言既出，驷马难追"，这些流传了千百年的古语，都形象地表达了中华民族诚实守信的品质。在中国几千年的文明发展史中，人们不但为诚实守信的美德大唱颂歌，而且努力地身体力行。一个人要想立足于社会，干出一番事业，就必须具有诚实守信的品德。一个弄虚作假，欺上瞒下，糊弄国家与社会，骗取荣誉与报酬的人，是要遭人唾弃的。诚实守信是一种社会公德，是社会对做人的基本要求。

人的一生很难，有许多艰难险阻要去战胜。但对人来说，生活常常需要人自己去战胜自己。想翱翔碧空的人，就不能怕再也踩不着地球；想探险海底的人，就不能怕再也见不着日出；想建功立业的人，就不能让私欲撑破脑袋。往往辉煌、绚丽的桂冠已唾手可得，我们却没有了再向前一步的勇气与信心，于是，一切都成了泡影。当你的小船要达到胜利的彼岸时，你却在一个迷人的小岛上落下风帆，于是，你的人生成了另一种模样。败在自己手里，既可悲，又容易。伟人之所以成为伟人，他们是与自己战斗的胜利者。心灵的战场严酷而又纷纭，与自己在作战，艰苦而又痛苦。因此，要相信自己能成为生活的胜利者，但首先我们必须成为与自己战斗的胜利者。

努力向前走，创造新未来，做最好的自己，珍惜生命中的每一天。把每一天的每一件小事都做到极致！做最好的自己就是给孩子最好的礼物，用最好的自己引领孩子前行，守望孩子成长，我们就一定能创造最美的生活，奔向最灿烂的明天！

家庭教育需要科学性与艺术性融合

家庭是孩子生命的源泉，父母是孩子的首任教师，孩子的成长起步于家庭，扣好人生的第一粒扣子必须从家庭教育开始。家庭教育对孩子成长的影响是巨大的，甚至是终身的。新时代的家长一定要研究家庭教育，一定要思考如何把孩子培养成未来社会所需的人才。

如果一个孩子缺少对生命的认知与热爱，一遇到挫折就放弃，甚至产生轻生的念头；如果一个孩子没有追寻梦想、规划职业的能力，自己将来想做什么都不清楚；如果一个孩子没有识别他人、保护自己的能力，成年了也依然不能保护自己的人身安全；如果一个孩子无法与别人共享，没有合作的能力，即使腰缠万贯却闷闷不乐。如果孩子真是这样，即使这个孩子门门功课考第一，又能怎么样？又将有怎样的未来？当今，最该改变的是父母，是父母的教育观念、教育方法、教育艺术。

所以，正确的家庭教育应该是什么？是父母应该帮助孩子创建一个舒展生长的空间，让孩子有很好的人格修养，有健康的身心，有美好的期待，懂得做人，懂得成功的真正含义。一个优秀孩子的背后往往有一个和谐的家庭；一个问题孩子背后往往有一个缺失的家庭。新时代的家庭教育需要有先进的理念，需要尊重科学，讲究艺术，注重科学性与艺术性的有机融合，我们的孩子才能接受良好的家庭教育，才能终身受益。

家庭教育是一门科学

要使孩子身心健康地成长，当父母的必须掌握许多知识，并运用科学的方法对孩子进行有效教育。父母如果不懂得教育子女的常识，对孩子的教育不适当，就会妨碍儿童身心的健康发展，影响他们以后的成长，做父母的应该把家庭教育作为一门科学来研究，让孩子健康、全面、持续成长，为孩子的终身发展与幸福人生奠好基础。

家庭教育需要科学知识

开展家庭教育需要具备许多科学知识，要经常用到遗传学、优生学、生理学、卫生学、营养学、运动学等知识。

现在年轻的父母开始重视胎教，怎样保护胎儿呢？怎样让孩子受到良好的胎教呢？这就需要年轻的父母学习一点遗传学与优生学的知识。

一个宝宝生下来了，孩子在成长的各个阶段，应当吃什么东西？各种饮食怎样搭配？吃多少才合适？孩子吃零食有什么坏处？如何纠正孩子的偏食？孩子在各个阶段应当保证多少睡眠时间？儿童时期容易得什么病？怎样护理生病的孩子？这就需要父母学习营养学、儿童保健学等知识，如果父母能科学运用这些知识，再加上细心抚养，孩子就可能长得壮实，为以后的健康成长打下良好的基础。

孩子慢慢长大了，父母总是希望孩子成长为德智体美劳全面发展的人才。而任何人才的成长，均离不开先天的遗传、生长的环境和后天的教育。当父母的还应该懂得遗传、环境和教育的多维辩证关系。

有的父母看到孩子成绩差，就否定孩子、批评孩子，甚至说孩子笨；也有的父母看到孩子反应灵敏、成绩很好，就认为孩子是天才，这都不是科学的态度。遗传素质是指儿童的机体从祖先那里继承下来的一些天然的特点，他只能提供孩子后天发展的可能性，并不起决定的作用，对儿童身心发展起决定作用的是环境和教育。

家庭环境对孩子成长的影响是巨大的，有的家长为了孩子的学习与安全，把孩子关在家里学习，不许孩子和周围伙伴玩耍，不许参加同伴组织的活动。这样做是非常不利于孩子发展的。有科学实验证明：婴幼儿丧失相同年龄的伙伴，这对他们造成的心灵创伤，比丧失母亲更加难以弥合。

还有家里夫妻吵架、婆媳争执、邻里不和、言谈举止中价值观偏离，等等，这样的家庭环境对孩子成长十分不利，给孩子的童年留下难以忘怀的阴影。身为父母要为孩子的成长创造良好的家庭环境，要营造孩子成长的积极影响，努力克服消极影响。

作为新时代的家长一定要加强学习，用科学的知识武装头脑，用科学的方法养育孩子，营造良好的家庭环境，才能促进孩子健康持续成长。

家庭教育需要尊重规律

孩子一天一天慢慢长大，长大是年龄变大、体重增加、个头长高、心智发育的过程。孩子也在一天一天成长，成长是知识增加、能力提升、习惯养成、人格健全、价值形成的过程。长大是自然属性，成长是社会属性。家庭教育要研究孩子的成长规律、尊重规律，努力把孩子从"自然人"培育成"社会人"，要为孩子终身成长与幸福人生奠基！

影响孩子成长的三个要素是遗传、环境与教育，教育是起主导作用的。提高家庭教育的质量，与家长的素质有重大关系，家长应该多学一些生理学、心理学、教育学和人才学等方面的知识。

家庭教育首先要敬重儿童和青少年发展的规律，适应年龄特点。我们要深入了解儿童与青少年的生理和心理发展是不平衡的，是有其阶段特点的。儿童发育有两个高峰期，第一个高峰在婴儿期。婴儿第一年身高增加25厘米、体重增加7千克左右，以后逐渐变慢。第二个高峰是青春发育期，孩子每年身高增加7~8厘米，体重增加5~6千克，但男女青春期发育的年龄是不同的，女孩一般是12~14岁，男孩则晚2年左右。父母了解这些规律，不仅可以注意孩子的营养，理解孩子的心理变化，而且可以在生理卫生和思想方面，给孩子以科学温暖的引导。

儿童的心理发育也是分阶段的。当儿童进入到一定阶段，儿童就有各种心理需求。两个月的婴儿就会向自己的母亲微笑，这是情感表达的心理现象。如果这种情感能及时得到母亲的微笑鼓励，这种社会情感的交往就会得到良性发展。如果母亲由于忙碌或其他原因不予理睬他，这种情感就得不到积极发展，甚至影响心理健康。一般的孩子小时候都喜欢玩，这是天性。有的父母觉得孩子好动，易惹麻烦，就严加管教孩子，把他训练成一个"小大人"，这是不对的。儿童喜欢参加同伴活动、玩游戏，是儿童们的天性，父母要给予支持并加以科学引导，这样才有利于孩子的成长。孩子到了一定的年龄，对这个世界特别好奇，喜欢问问题，见到不理解的事物就爱问"是什么"和"为什么"。如果父母耐心细致回答孩子的问题，并不断启发其思考，孩子的求知欲就会被激发，将来的学习就会有进取心。如果父母很不耐烦，甚至斥责他，就会压抑孩子求知的欲望，使孩子的智力发展受到影响。孩子长到十几岁的时候，他的生理和心理又不同，他们的自尊心和独立性增强了，但自控的能力还较差，容易产生逆反心理，这时的教育方法也应该不同。家长要掌握各年龄阶段身心发展规律和年龄特点，科学引导启发孩子，才能收到较理想的育人效果。

　　家庭教育是教育学的分支，作为新时代的家长，要学习教育学的基本知识，很好地理解教育学的基本规律、原则、方法，有效运用这些规律、原则、方法开展家庭教育。教育学是培养人的科学，它研究如何促进儿童和少年在德智体美劳诸方面都得到发展，成为社会主义建设的有用人才。家庭教育则主要研究家庭环境中培育人才的规律、原则、内容和方法。比如，有些父母过于关注孩子的学业成绩，每天除了完成学校布置的作业外，又给孩子增加了许多家庭作业，上各种社会文化补习班，这就会加重孩子的作业负担，影响孩子生动活泼地成长，甚至损坏孩子的身心健康，给孩子的童年带来痛苦的记忆，影响成年后的发展。又如，有的家庭爱孩子，对孩子的错误行为姑息迁就；有的家长对孩子简单粗暴，动辄打骂。这些都不符合教育学的要求。因此，家长要科学开展家庭教育，一定要学习教育学的基本原理，而不是一味跟风，违背教育规律，对成长中的童年、青少年造成成长的伤害。

　　家庭教育是一门科学，它有自身特定的规律、原则、内容和方法。家庭教育需要掌握生理学、卫生学、教育学、人才学等知识，但有了这些知识也不一定就会有好的家庭教育，因为家庭教育还有自身独特的规律。家庭教育首先要研究教育的目的、任务、特点、方法，要弄清楚父母的责任、父母的教养，家庭教育与学校教育、社会教育的区别与联系等问题。要积极探索家庭教育的规律，学习一些家庭教育的成功经验，要结合自己家庭的实际有效借鉴、科学使用。家庭教育要特别注意的几个问题，与家长朋友一起商讨。

一是从小就注意儿童的全面发展。 儿童要作为整体的人来培养，要促进德智体美劳全面发展，为终身成长与幸福人生打下坚实基础。儿童的体力与智力的发展是同步进行的，而且是相互促进的。父母既要重视儿童的体力、智力的发展，更要重视孩子思想品德的培养教育，特别要关注孩子内心的感受、心理的健康。爱体育、艺术、科技是孩子的天性，能感受童年的快乐，与同伴交往能促进孩子愉悦成长。家庭教育要健全孩子的人格，促进孩子全面发展，培育孩子对生活、对自然、对学习、对亲人、对生命的热爱。

二是努力培养孩子的好习惯。 良好的习惯是人生成长最可贵的品质。儿童时期是人生习惯养成的关键时期，乌申斯基说："习惯是我们存放在神经系统中的道德资本，你有了好的习惯，一辈子就享受不尽它的利息，你有了坏的习惯，一辈子就偿还不尽它的债务，坏习惯能以它不断增长的利息让你最好的计划破产。"在少年儿童日常学习和生活中培养一系列基本的良好习惯，对他们的健康成长具有重大意义。孩子的成长，关键在于培养做人、做事、学习的好习惯。

做人的核心是要有爱心。看一个孩子有没有爱心，做人方面有没有好习惯，首先看他有没有孝心。现实问题在于，现在的父母包括父辈和祖辈对孩子很有爱心，而孩子对父辈、祖辈的孝心却不够。家庭要创建孝心文化，强化感恩教育，一个特别懂得感恩的人，是不会让人失望的。

做事的核心是要遵守规则，培养责任心、抗挫能力。父母要和孩子协商作息时间安排，培育遵守作息时间的好习惯。要依据中小学生守则与日常行为规范的要求，与孩子一起讨论，制定文明规则，并督促落实于行动中。要从做好每一件小事抓起，加强"天下兴亡，我的责任""家庭兴旺，我的责任""我的未来，我的责任"等主题教育，激发使命感，培育责任感。要教育引导孩子不仅要学会赢，也要接受输，提升耐挫能力，能越挫越勇。

培养学习习惯的核心是勇于创新。学习习惯比学习成绩和名次重要。学习习惯是最基本的：第一，上课认真听讲；第二，独立完成作业；第三，课后复习；第四，课前预习；第五，善于提出问题并想方设法解决问题。

三是父母的以身示范是最好的教育。儿童是天生的模仿家，父母的行为对孩子的影响是巨大的。父母的价值观能感染并影响着孩子的价值选择；父母的人生理想能感染并激发起孩子的理想追求；父母的奋斗精神能催生激励孩子的拼搏意志。父母要营造积极向上的正能量，做孩子正确价值观的示范者；父母要用自己对人生理想的不懈追求，做孩子追寻理想的激发者；父母要用自身坚韧坚持的品质，做孩子奋进挑战的榜样。

四是积极培育孩子参加家务劳动。家长要教育引导孩子参加家务劳动，孩子长大一些后，要引导孩子参与家庭的管理，如生活的安排、家庭的布置、家庭每月的收支等，让他们逐渐体悟到父母工作的艰辛，明确每个家庭成员对家庭的责任，学会"当家"的本领。穷人的孩子为何能早当家，就因为穷苦人家较早让孩子做家务活动，管理家务。现在许多家长为了让孩子专心学习书本知识，不让孩子做家务，其实不利于孩子的成长。今天的孩子将来也要成为孩子的父母，今天的家庭教育要为孩子的未来家庭做准备。

五是家庭与学校牵手促孩子成长。尊其师，才能信其道。如果家长破坏了老师在孩子心目中的威信，老师的教育就会失去底气，越来越无计可施。教育质量必然受到影响，最大的受害者就是孩子。再优秀的老师，也不可能让所有家长满意。家长与老师所站角度不同，难免会产生一些不一致。但如果双方都能将心比心，换位思考，多一些宽容和理解，家长和老师在教育问题上的分歧，完全可以通过真诚沟通来解决。孩子从进幼儿园到升入大学，他们的重要的成长阶段都是在学校度过的，所以我们实时了解孩子的动态表现，掌握学校的教育方向以及具体要求就显得尤为重要。我们家庭教育只有和学校教育同频共振形成合力，才能有效推动孩子在成长的路上阔步向前。

家庭教育是一门艺术

教育人，塑造人的灵魂，是一项最富于创造性的劳动。每时每刻都需要人们去观察，寻求，思考，比较，体验。这就是人们常说的"呕心沥血"。用整个身心，全力以赴去创造。苏联教育家A·马尔库沙说得好："教育只在某种程度上是一门科学，而在更大的程度上讲是一门艺术。"什么是家庭教育艺术？在家庭教育实践中，那些遵循教育规律和教育原则，把握教育情境，富有温暖的、启迪的亲子对话，富有创造性的、有效的教育活动，被誉为家庭教育的艺术。作为新时代的家长要积极探索家庭教育的艺术，营造和谐的家庭文化，激励孩子更好成长。

亲子对话需要艺术温情

亲子对话所存在的非常多的问题都是因为父母"说"得多，"听"得少。孩子在想要寻找倾诉对象的时候，却发现自己又遭到一番"教育"，甚至成为父母"语言垃圾"的承载者。亲子对话时，父母需要多倾听孩子讲话，要耐心等一等，让孩子把话说完，了解孩子的心理状态，换位理解孩子的感受，然后开展有温情的、讲究策略的、富有艺术的亲子对话。

要积极暗示，不要消极指令。 成长中的孩子受激励而改过，相对容易些，受责骂而改过，往往难度较大。童年期的孩子有逆反心理，喜欢听好话，而不喜欢听恶言。孩子出现一点问题，要向着积极的方向去暗示、去引导，而不能用命令的口气批评、指责。如父母看见孩子玩脏的东西，就一把夺过来，甚至还要骂他、打他，这样的结果，孩子改过的少而怨恨父母的多；即使不怨恨父母，至少也有一点不喜欢父母了！假如父母用言语来激励他，"这是很脏的，有气味的，我想你一定不想要的。"会使他居于主动的位置，而且会使得他很高兴地去做，甚至自己去找父母要一块干净的。这种积极暗示的思维方式将大大提升对话的效果。

要积极鼓励，不要消极刺激。小孩子是喜欢正面激励的，不喜欢负面刺激的。愈正面激励他，他愈会向健康方向成长；愈负面刺激他，他愈会表现逆反，影响成长。如在学习上愈给孩子负面的刺激，他就愈不喜欢学习，就愈不去学习；若愈不去学习，学习的能力就愈加薄弱，从而走向学困生行列。愈激励孩子学习，他愈喜欢学习；当孩子学习经验愈丰富，学习的能力发展就愈大；学习的能力发展愈大，所学习的事就愈容易学会，从而走向学优生行列。

要提供良好的家庭成长环境。孩子所处的家庭环境对孩子的成长起着潜移默化的作用，在某种程度上具有决定性的影响。家庭氛围应该是轻松、温暖、民主、自由、相互尊重、热爱学习的。要构建一种学习场，有书香味，有适量的、适合给大人和孩子阅读的书籍，有父母与孩子共同读书的时光，有读书的浓厚氛围。营造一种激励场，家长要善于观察与记录孩子的优点，定期开展家庭激励小会议，表扬赞美孩子近来的优秀表现，同时要引导孩子学会激励家长，形成一种家庭激励文化。创建一种思维场，要善于培育孩子的问题意识，要保护孩子的好奇心，鼓励其探索问题，同时家长提出一些适合孩子思考的问题，并共同去解决问题，在解决问题中发展孩子的思维能力。铸就一种情感场，家长要理解孩子的天性，尊重孩子的天性，无条件给予孩子温暖的、持久的、细腻的爱，让孩子随时随地感受父母爱的力量，同时又要积极引导培育孩子爱父母、爱亲人的情感，学会用语言表达爱，用行动诠释爱，这种情感场会迸发一种场力，助推孩子健康幸福成长。

要尽量少用命令式语气。家是孩子的乐园、成长的沃土。家长不要对孩子用命令的语气，这样会直接影响到孩子的情商和智商。孩子六、七岁之前，家长需用适当的"命令式"语气来为孩子建立规则意识，让孩子形成某些必需的好习惯。然而当孩子七岁以后，使用"命令式"语气的情形要开始减少，当孩子10岁后就不能用命令式的口气与孩子对话了，因为

10～20岁是孩子形成自尊心、自信心与自我意识的关键期，亲子对话需要言辞温和、协商交流、以情动人、热情启发、科学引导，这样才能引领促进孩子快乐成长。

尽量不要对孩子说"不"。很多孩子被"不"困扰着，多源于父母对孩子无理由的"不许、不让、不可以、不能、不要、不行"，总之是"不"，限制了孩子勇于探索发现新世界的脚步，也禁锢了孩子的思想，限制了想象力，也让孩子在"不"的声音中丢失了基础的判断能力。之所以父母对孩子说"不"，是出于对孩子的"爱"，不想孩子受到伤害，所以就会对孩子说"不"；之所以父母对孩子说"不"，是出于对孩子的"不耐烦"，孩子嬉闹是常态，父母不想被打扰，就会对孩子说"不"；之所以父母对孩子说"不"，是出于对孩子的"安全考虑"，孩子还小，对外界没有安全防范意识，所以就会对孩子说"不"；之所以父母对孩子说"不"，是出于想让孩子养成一个"良好的习惯"，要求孩子做这个，不要做那个，所以就会对孩子说"不"。总之，会有各种各样的原因，让父母对孩子说"不"。试问孩子脑子里天天充满了"不"，又怎么敢去或可以去尝试新鲜事物呢？试问孩子因为想到父母会说"不"，又怎么会自主判断该不该去做呢？试问孩子没有明白父母说"不"的原因，又怎么能够真正理解该怎么做呢？家长请你不要轻易对孩子说"不"，否则会限制孩子想象力，丧失基础判断能力。

对周围的事情要有明确的态度。孩子小时候对待周围事物的态度，对事物是非对错的判断能力，以及孩子的世界观的形成大多是在家长的行为示范以及引导下逐步形成的，作为新时代的家长要提升自身的价值是非判断能力，要用社会主义核心价值观统领自己的思想，给孩子传递积极向上的价值观念，为孩子的成长鼓劲加油。每个人都是社会中的人，都必然与社会打交道，会遇到各式各样的人与事，对人与事要有明确的态度，是对还是错，是提倡还是反对，是正能量还是负能量，要有是非观念，要有价值判断能力，这样才会提升孩子的价值选择能力，才会有正确的是非观念，才能引导孩子沿着正确的人生方向迈进!

要为孩子寻找做事的动机。父母最需要做的一件事,就是帮孩子找到学习动力和人生目标。美国斯坦福大学教育研究所教授威廉·戴蒙认为:动机是很重要的学习要素,但大部分成年人谈论的动机,通常是通过考试、考上某个大学等短期目标和动机。但是研究显示,如果没有更大目的、更长远的目标存在,短期目标和动机通常会徒劳无功,而且很快就在毫无方向的活动中消耗殆尽。戴蒙强调:目的,是驱动我们每天大部分行为背后的一个动机。而目的的厘清,在于能清楚回答:"为什么我正在做这件事?""为什么这件事很重要?""为什么它对我和我以外的世界都很重要?"有目的感的孩子,都有高度动机,会自主自发地学习所需的技能和知识,也展现少见的务实效率。

既不要姑息也不要严厉。小孩的成长需要宽松的环境,孩子是天生的探索家,保护孩子的好奇心,要鼓励孩子大胆探索,孩子会在不断地运动中、观察中、动手中、争论交流中,提升语言表达力、思维创新力、动手操作力,实现在舒展中自然成长。当然,小孩在成长中一定会伴随问题的产生,当成长中出现问题时要予以包容,但绝不能纵容,小问题要予以引导性矫正,大问题需要开展严肃地批评教育,指出问题的严重性,提高思想认识,限期改正错误,否则孩子的路走偏了,就会极大影响孩子一生的发展。我们教小孩子当折其衷:一方面,予以充分机会以发展自动的能力和健全的意志;另一方面,限以自由范围使他不得随意乱动,以免侵犯他人的权利。教育若能如此折中施教,小孩子未有不受其惠的。

不要突然让孩子停止娱乐。童年是人生最为美好的时光,一定要给孩子留下最为幸福的记忆。童年美好的故事,能为孩子的健康人生打下重要基础。童年时代的心灵创伤会影响人一生的发展。孩子在游戏娱乐中,在嬉戏追闹中,在动手制作中,在思考探索中,有时会进入娱乐的巅峰状态,此时决不能突然让孩子停止娱乐,要懂得时间的延迟效应,要有一个短时降温的过程,否则会让孩子特别不可接受。父母决不能用自己的权威,凭自己的想象，做伤害孩子成长的事。同孩子一起生活，一定要进入孩子的世界，读懂孩子的内在心灵，才会有愉悦的家庭氛围，才能引领孩子在自由中自律成长。

父母应成为孩子的伙伴。现代社会，手机在带来便利的同时，也成了抢走孩子父亲（母亲）的"元凶"。很多家长误以为玩具只要买的够多、够有趣，孩子就能安心玩耍，自己只需从旁看护就够了。这类当前普遍的"陪伴方式"，人在，心却已远，疏远了孩子，就会影响童年的快乐成长。父母需要真心、真人陪伴孩子，真正成为孩子成长的伙伴。在孩子看来，只要和爸爸妈妈一起那就是最开心的时刻。为了让孩子"赢在起跑线"，不少焦虑的家长盘算着让孩子提前"开跑"：有的给孩子报了各种训练班，有的则想通过益智类游戏让孩子在玩中学到些知识和技能。"抢跑"没必要，顺应孩子的天性自然成长更重要，父母陪伴孩子一起成长最重要。只要有足够的陪伴，家也可以成为"游乐园"。只要用心陪伴孩子，热情守护孩子，孩子才能在充满爱中愉悦成长。

亲子活动需要艺术设计

孩子成长在活动中。亲子活动对孩子一生的成长有深远的影响。亲子活动是指由家长和孩子共同参与的活动。孩子处在幼儿、童年、少年、青年时期都需要亲子活动，孩子感受幸福的家庭往往是亲子活动丰富的家庭。亲子活动包括散步、就餐、串门、接待、逛超市、讲故事、研讨、锻炼、旅游等。

散步——心与心的交流。家长可以在散步时，把看到的听到的告诉孩子，如这是什么树，那是什么花，我们听到的是什么声音。不要觉得幼稚尴尬，这就是和孩子交流的开始，用孩子的语言和他对话。

就餐——知识大杂烩。让孩子参与食品的选择和清洗，观看食品的烹调。不要觉得孩子做不到，那是大人没有给他机会。进餐时要教给孩子进餐礼仪，如先请长辈入座；拿东西轻拿轻放，不发出很大的声音；吃东西时，嘴巴不发出奇怪的声音，东西吃完后再取等。教育孩子不浪费粮食，学会感恩。

串门——交往技巧学习。串门是一个很好的学习机会，可以教孩子如何做客，如何与不熟悉的人交往，如何表达文明用语，培养孩子知书达理、落落大方的习惯。

接待——懂得待客礼节。接待可提升孩子热情礼貌待人的教养。如客人到来前，记得换上外出服，不得穿睡衣；客人到来时，无论在做什么，都要起身到门口迎接，热情问候；请客人入座，为客人端茶；陪来访的客人聊天，与前来做客的小朋友分享玩具、图书等；客人走了说再见，邀请再来。

逛超市——学习认知。超市里的商品涉及我们生活的很多方面，教孩子认识各种商品，明白它们的用途，就是在让他们认识我们的生活。另外，教育孩子移动过的物品要整齐放回原处，购买的任何一件物品必须付款。购买物品需要钱，钱是劳动创造的，可以引导孩子爱劳动。

讲故事——培养能力。不要看小这件事，孩子很大一部分知识来自故事。讲故事有利于培养孩子的语言表达能力，倾听能力，想象力。经常给孩子讲故事，或倾听孩子讲故事，能拓展孩子的知识面，培养系列能力。

研讨——拓展思维研讨。就是父母与孩子一起参与，相互倾听，慢慢深入，拓展思维空间，提升思维能力的过程。依据孩子的生活世界，提出与孩子一起讨论的话题，或者由孩子提出问题，与孩子一起讨论。家长要注意研讨的频次、问题的难度、价值的引导。不要只追求研讨的频次，而要重视每次研讨的效果，目的是促进孩子智能的开发、健康地成长。

锻炼——强身健体。多与孩子一起参与运动，培育孩子的体育爱好，为孩子终身锻炼打下基础。亲子运动要依据孩子年龄选择合适的、有趣的运动方式，让运动带给孩子快乐、磨练意志、提升体质。

旅行——感悟世界。亲子游指家长带着小孩一起旅行。它是一种以亲缘关系为基础，建构良好的亲子互动关系，实施亲情影响的有目的、有计划的教育旅行活动。对于带小孩子去哪儿玩并不重要，旅行的意义在于"陪伴"。亲子游并没有想象中的那么复杂，比起路上的种种问题，能否鼓起勇气带着自己的孩子上路才是关键。陪孩子一起成长，和孩子一起成为更好的自己，而一起旅行中的那些非凡的经历恰恰是成长最好的助力。

> 很多家长觉得和孩子没法交流，那是因为你没有蹲下来看孩子的世界。留出一些时间和孩子活动，用心设计亲子活动，坚持下来会有意想不到的育人效果。
>
> 孩子是祖国的未来、民族振兴的希望、家庭幸福的标志！培养好孩子是父母首要的责任！愿天下每一位父母用科学的方法、教育的艺术，努力为强国梦的实现培育优秀人才！

魅力教育之我思

做一个最靠谱的人

世上最难之事莫过于做人。一撇一捺写个人，一生一世学做人。自己是一个怎样的人，究竟想做一个怎样的人，需要一生去冷静思考、去认真选择、去潜心践行。做人首先要做一个靠谱的人。

靠谱的人，就是说话算数，信守承诺的人。

靠谱的人，就是做人可靠，值得信任的人。

靠谱的人，就是不用戒备，相处愉悦的人。

靠谱的人，就是品德高尚，让人坦然的人。

靠谱的人，才让你放心、值得信任、充满期待。

靠谱的人，才值得交往、与其合作、一起成长！

为人正直、讲究原则

靠谱就是为人坦荡磊落，做什么事都注重理性推敲；靠谱就是办事稳妥、严谨认真，从不会因为外界诱惑而误入歧途。

真正靠谱的人，是最值得我们欣赏尊重的人。在他眼里，成长比成果重要，精神比金钱重要，善心比利益重要。他从不会因为个人小利，把亲朋好友、合作同事出卖，也不会因为求得好处，就算计人心、钩心斗角。

真正靠谱的人，一定是正直之人，做事注重原则，等距评价他人，公平对待他人，绝对不会见利忘义，背信弃义，做违背良心、背叛原则的亏心事。

做事守信、兑现诺言

靠不靠谱，从来都不是看嘴巴说了什么，行动才是最好的证明。

真正靠谱的人，能说到做到。言不信者，行不果；言而有信，方能成大业。他和你说的话，都是真实的，你不用担心受骗；他许下的诺言，都会通过行动得到证明，你不用过于担心。

真正靠谱的人，借钱必还，他不会玩弄小聪明，做伤天害理的事。在靠谱的人心中，诚信做人始终排在第一位，说过的话会负起责来，答应的事会坚决完成。与靠谱的人相处，让人既踏实又乐心；和这样的人共事，让人既舒坦又放心。

勇于担当、善于超越

真正靠谱的人，在同事面前，能热情合作；在家人面前，能忠厚勤勉；在工作面前，能竭尽全力；在困难面前，能冲锋在前；在利益面前，能淡泊自我；在生活面前，能豁达自信；在精神追求上，能斗志昂扬！

真正靠谱的人，有理想追求，绝对能履职尽责的人，人在什么位置就能担当起什么样的责任。遇事不推诿，遇难不退缩，善于扛重担，能坚毅坚持、不辱使命、砥砺前行、奋斗向前！

真正靠谱的人，在事业上决不就此止步，而是一直创新地想、创新地做，把自己的理想融进单位的发展中，融进伟大复兴的中国梦中。他始终认为，没有最好，只有更好，善于超越自我，努力创造自我人生冠军！

克己为人、注重奉献

真正靠谱的人，绝对不贪小便宜。不属于自己的利益，决不能分占，属于他人的好处，决不会分贪。自己的工作，即便再难，也不会偷懒耍滑。自己的生活，即便再苦，也不能欺骗朋友。在靠谱的人心里，真诚是人与人之间相处的根本，绝对不会仗着对方和自己距离近，就毁伤别人。

靠谱的人，也许财富不多，却有大格局；也许没有大名气，却活得有尊严。他们宁可自己吃亏，也不会做伤害朋友感情的事。和这样的人相遇，我们能感受到亲切温心、踏实放心；和这样的人相处，我们不用惶惶不安，不用总是堤防，不用担心受骗。

遇到靠谱的人，我们一定要好好珍惜，用真心善待。我们也要做一个靠谱的人，永远做一个靠谱的人，坚守靠谱、绝不变坏。

> 做人，要做一个靠谱的人。正直果毅、坚守原则，信守不渝、一诺千金，勇挑重担、自我超越，不贪便宜、注重奉献，务必自强、少求他人，练就铁骨、撑起顽强！

每日三省吾身

坚持

如果把自身的工作当作喜欢的事做,那么坚持就会带来热爱;如果把喜欢的事当成一种追求,那么坚持就会成为一种品质;如果把追求的理想当成崇高的事业做,那么坚持就会成就卓越。我们常常容易焦虑急躁,对于需要长期努力才能见效的事缺乏耐心和毅力。有的人似乎也在努力,却不见成效,其实很多人都是表面上的努力,缺少对自身潜能挖掘的坚持。我们需要放下烦恼和浮躁,静下心来把自己喜欢的事当作崇高的事来做,努力坚持、做到极致。唯有日积月累的坚持,才会有厚积薄发的成功。

宽容

宽容者让他人愉悦,让自我豁达,刻薄者让他人难受,让自我痛苦。人的一生何其短暂,与其痛苦自我,不如选择宽恕,养成一颗慈悲心。慈悲者,自会懂得宽容。宽容是世间最美的花朵,同时也是一味良药,它不仅可以治愈他人,更能解救自己。从今往后,不妨做一个心胸宽广之人,遇事,坦然一笑,面对挫折,淡然处之。心宽一尺,路宽一丈,心若让步,福气会进步。初心不忘,学习不断,内观自己,完善自身,践行人生路,珍惜当下缘,魅力教育在路上,奋斗才是幸福时!

不计较，不抱怨

每个人的一生很短，但需要做的事很多。不要和生活过于计较，有些事弄不懂，就不去懂；有些人猜不透，就不去猜；有些理想不通，就不去想。走自己该走的路，做自己应做的事，爱自己想爱的人。理性的人生会发现生命是一种减法，真的难以预测到明天会发生什么。无论遇到什么事情，都千万不要过于为难自己。生活再难，日子再苦，也都不要抱怨世界，因为这个世界并不欠你什么。别为难，就是对自己最好的安慰与报答。别抱怨，就是对自己最好的鼓励与期待。

关闭门，打开窗

每个人都有自己的理想，现实的你可能经过再多的努力都无法实现，因为成功有很多外在条件，只要自己努力过，拼搏过，坚持过，在奋斗中历练了意志，在拼搏中感悟了生活，在坚持中启迪了智慧，此时的你就应该无愧无悔了。的确，在奋斗者的世界里，一边崩溃、一边坚强，似乎是一件平常不过的事儿，没有人不辛苦，只是很多人不曾言语。请坚信：上帝关闭了所有的门，一定会在别处给你留一扇窗。但行好事，莫问前程。要相信，天永远不会塌下来，明天会比今天更好。初心不忘，践行人生路，砥砺奋斗，勇闯新未来！

故乡情，亲人爱

回家，是世间最美的生命旅行。总有一天，你会发现，世间万千风景，都不及老家的田园风光；五星级酒店的山珍海味，比不过妈妈的小炒肉；外面的高楼大厦，远不如老家里的一间陋室。家，是每个游子心底最柔软的地方。回到家，我们才能卸下防备、卸下疲惫，舒舒服服地做自己。当列车缓缓抵达故乡，当亲人的双手，隔着漫长的人群向你挥舞，那一刻，你感受到故乡情、亲人爱！你感受到自己是世上最幸福的人！

适合的就是幸福的

生活是开水，无论冷热，只要适合的温度就是最好的；生活是旋律，不论快慢，只要适合的听觉就是最好的；生活是季节，无论春夏秋冬，只要适合的心情就是最好的；生活，不甘寂寞也好，甘于寂寞亦罢，只要适合自己，就是幸福的！

> 世上的很多事，并没有是与非的答案。走一走，看一看，接触不同的人和事，你会发现，这个世界丰富多彩、宏伟博大，自己眼界狭窄、微不足道。花些时间，理性探究，总会看清一些事。

发现美好，勤于奉献

在人生的旅途中，如果用心去发现人世间的美好，用心去感恩世界所给予我们的一切，我们就会成为热爱生活、乐于助人、勤于奉献的人。人生所得到的一切并不是都理所当然，知恩而感恩，方为成人。这世间有许多的恩情让我们倍感温暖、让人甜美，有许多的恩情需要我们一生倾力去报答。

天地护爱之恩

人处天地间，生命之食取天地精华，生命成长享雨露阳光，我们享受人生，应知上有天上日月之恩、星辰之美，下有大地养育之恩、河山之魅，空中氧气给我们呼吸，自然水流给我们解渴……爱护环境、节约资源、保护环境、美化地球，我们每个人不仅仅要感恩天地，因为它是我们共同的生命摇篮，更要把美丽洁净安全的居所，世世代代留给地球村的后人。

父母哺育之恩

父母不仅给予我们生命的起点，更重要的是给予我们生命的力量与精神的滋养，无论身处哪个年龄的段点，都让我们感受到人世间最温馨的爱。十月怀胎，一朝分娩，竭尽全力，养育成人。父母极尽物力、精力，只期待着子女能幸福安康。昨日有儿行千里母担忧之温情，今日更当耐心倾听父母之言说。养育之恩，应终身以报，关爱父母，是天下之责，切忌莫做不肖子孙。

良师培育之恩

一个人遇到好老师，是人一辈子的幸福。人是可以获得生命的生命，这种获得的生命就是精神生命，通过精神生命的成长获取生命的意义，实现生命的价值。一个人所受的教育，从启蒙就开始，孩子的人生道路走向何方，孩子的精神世界如何引领，教师的作用是巨大的，有时甚至是决定性的。教师是唯一没有血缘却胜似亲人的人，在每个人成长的路上给予无微不至的关怀，给予心灵的美好呵护，促进孩子健康成长。无论学文习武，也无论未来从事何种职业，如遇良师引导，将终身受益，甚至决定未来方向与前程，恩师之情必当终身感激、衔环相报。

贵人抚携之恩

在人生的路上，一定要感恩欣赏我们的人，给我们搭建舞台的人，逼我们前进的人，因为那是助我们成长的机会，激发潜能的最佳时辰。千里马常有，但伯乐却不常有，世间确实有千里马郁郁不得志者，需要走更长的弯路。人的一生，如果能有幸遇到几位赏识自己并推进自己发展的贵人，千万别忘了对他（她）感谢，绝不辜负他（她）的期望，以良好的业绩回报贵人抚携之恩。

高人指教之恩

人生之路不会一帆风顺，会有高低起伏，在人生的低洄处、拐点处、盲点处，如何选择前方的路，有时自己看不太清楚，难以决断，若有智者，在关键时予以指点，施以人生智慧、理性点拨、思想启迪、严思妙想，会让我们茅塞顿开，抑或悬崖勒马，从而让我们的人生呈现另一番美好景象。前行的路上应寻找机会与此高人再相遇，千万别羞于表达我们内心深处永存的那份感恩之情。

危难救助之恩

天有不测风云，人有旦夕祸福。当遭遇急难之事、身处危险绝境、历经重大挫折之时，往往在精神上受到难以承受的打击，在心理上受到巨大的创伤，人处在非常黑暗的时辰，感觉特别自卑无望。如果有人在此时伸出援手，出钱、出力甚至出血，使自己绝处逢生、重见光明，甭管是路人、熟人、还是挚友，此恩都是莫大善焉，当涌泉相报、一生报答。

绿叶衬托之恩

俗话说，一个好汉三个帮，红花需要绿叶衬。一个人的一生，多少会有那么几次独当一面的机会，甚至给我们提供重要的发展平台，我们在这个平台上创造了更多的精彩。这一切来自组织的信任与支持，来于身边战友的理解与配合，使自己顺利撑住场面，取得过硬的业绩，赢得人生的辉煌。当我们成为红花时，不要忘记身边和身后的那些绿色的衬托之恩，常怀感恩、不忘初心、砥砺奋斗、继续前进！

夫妻守护之恩

每一个成功的人士，都有一个杰出的异性，她（他）为我们修筑港湾，她（他）让我们心灵宁静，她（他）热情支持我们的事业，她（他）在后方为我们默默祝福奉献。夫妻本是同林鸟，大难来时互扶持。夫妻共同经营家庭，生儿育女，赡老哺幼，同甘共苦，相濡以沫，天长地久。无论我们有多大成就，无论我们有多高舞台，切莫因功利而忘却了夫妻相扶之恩。人生，不过是一辆开往尽头的列车，愿我们站在秋天的站台，与她（他）共赴温暖的未来！

兄弟手足之恩

古人云，遥知兄弟登高处，遍插茱萸少一人。兄弟不是一幕短暂的烟火，而是一副真心的画卷，兄弟不是一段长久的相识，而是一分交心的相知。

兄弟姐妹之间情同手足，心相呼应，同是父母的血脉传承，同在一个家庭的相互陪伴中长大，同是父母心中的希望。同样的亲情同一个根，兄弟一场从来不分你我，手足一双从来不分左右，兄弟之情不需要时间的洗礼，不需要山盟海誓。虽然不少手足之间偶尔会有不愉快，但手足仍然情深。珍惜亲人的缘分，感恩兄弟曾带给我们美好的回味，暖心帮助，共创幸福！

知己懂你之恩

大江南北、长城内外，无论你在何地，从事何工作，每个人都会有一些成功与快乐的事，但又不便于在他人面前述说；每个人都面临一些烦忧之事，内心都有些或多或少说不出的苦。茫茫人海中，如果有那么一位或几位懂你的知己，在彼此面前，可以卸下伪装，无须任何顾忌地说说心里话，甚至无话不谈，能及时分享你的幸福，分担你的痛苦，如此，人生将因知己而更幸福。知己是你一生的财富，虽不常见面，或许有一段距离，但心一定是最近的，他（她）时刻让你踏实，让你感觉有温度，让你舒畅。一定要心怀感恩，珍惜知己，真情回报！

> 知恩于心，感恩于行。每个人从出生到长大成人，甚至走向事业的巅峰，一定要铭记那些曾经为我们的成长一起陪伴的人、严格要求的人、诚心沟通的人、付出汗水的人、搭建舞台的人、引领思想的人，鼓劲加油的人；一定要以更优秀的做人、更好的专业成长、更好的业绩来回报他们。感悟恩情、倾力报答，不仅要感恩直接为我们的成长做出贡献的人，更应该感恩我们生长在这个伟大的时代，感恩我们生长在伟大的国家，因为这里有伟大的党！伟大的政府！伟大的人民！

眼界决定成就

眼界是所见事物的范围，借指人们认识客观事物的广度。眼界广者其成就必大，眼界狭者其作为必小。没有开阔的眼界，就很难拥有崇高的境界。眼界是境界的前提，眼界博大，境界才会高远，有境界就会有成就。"夜郎自大"者，是因为崇山峻岭阻碍了夜郎国君的视线，不知丛山之外汉之辽阔。视野所及，心之所思，行之所至，成之所达，体现出的是眼界与成就的统一，眼界宽广度决定成就之大小。

努力拓展自身眼界

生命是一程单行线，不能回头走，只能往前走。回首过往，反思自我，积累教训、砥砺前行，是为了看到更美的风景。勇敢前行，要有明确的方向，要有自我谋略的能力，要有自我创新与超越的精神，才能奔向光明灿烂的未来。人们用"井底之蛙"比喻眼界狭窄，用追求"蝇头小利"比喻境界低微，用翱翔于万里长空之上的雄鹰比喻目光远大、志向高远，所表达的，正是眼界的价值，眼界对境界的影响。要追寻生命更高的价值，成就自我，就必须努力拓展自身的眼界。

登高之人必眼界宽广。每个人都有他的国家，也都是社会中的一员。每个人最大的价值是履行一位公民的使命与责任，培育自身爱国情怀、社会情商，努力为国家、为社会贡献自己最大的力量。登高之人就是把握时代的脉搏，把自己的梦想融进伟大复兴的中国梦之中，努力成为推进社会文明进步的先锋力量。作为中华儿女，要读懂这个伟大的时代，紧跟伟大的时代，登高望远、不辱使命、接续奋斗、谱写人生新乐章。

与高人对话心明眼亮。 在现实生活中，和谁在一起的确很重要，甚至能改变我们的成长轨迹，决定我们的人生成败。和勤奋的人在一起，我们不会懒惰；和积极的人在一起，我们不会消沉。与智者同行，我们会不同凡响。努力寻找生命中的高人，拜高人为师，与高人对话，获取高人指导，我们会心明眼亮，与高人为伍，我们就能慢慢登上自己生命的巅峰。

读万卷书眼中有光。 读书可以提高一个人的格局。书是人类进步的阶梯，通过读书，可以使我们积极思考，你不仅从书中了解世界，体验作者的生活，也会重新认识自己，矫正自己的方向，激活自身的潜能，促进自身更好成长。读书丰富人的精神世界。读书是一种充实人生的艺术，没有书的人生就像空心的竹子一样，空洞无物。一本书是一个世界，更是精神成长的催生素。书本是人生最大的财富，帮我们走向精神的辽阔。读书，不是为了成为网红明星，不是为了成为富豪权贵，而是为了成为像钟南山那样有担当的人。喜爱读书的人，气质会由内而外地散发出来，容貌是心灵的体现，美好的心灵滋养着好的容貌，爱读书的人会有时光带也带不走的美丽，让你眼中有光，照亮前行的路。

行万里路眼中有像。 古人云："读万卷书，行万里路"，意在说明理论学习与社会实践具有同等重要的地位。事实上，"读""行"相辅相成，相得益彰，缺一不可。"读"可以指导"行"，"行"可以验证"读"；"读"充实精神世界，"行"又加深了主体对现实世界的了解和体认，让精神世界牢固地建筑在生活体验的基础之上。纸上得来终觉浅，绝知此事要躬行。更加强调行的重要性。孔子游学之后，写出了《孔子》这部经典。李时珍游遍大江南北、尝尽各种药材，才总结出了《本草纲目》。行万里路眼中有像，对"像"进行设计美容，才会创造更美的世界！人的眼界是一个没有固定疆域的无限过程，生命的成长伴随着眼界的扩展，眼界的扩展会提升人生境界，生命的价值必将在境界中升华。

有眼界才有境界

一个人的思想境界，基于其对客观事物的见识、理解与认知，表达的是其精神追求和人生价值取向的视角与层次，并蕴含在其为人处世、工作生活和待人接物的各项活动之中。人的境界源自人的眼界，眼界在决定着境界。

境界是一种理想。不同的时代、不同的阶段有不同的人生理想和价值追求，从而表现出不同的人生境界。共产主义理想无论过去、现在和将来，都是共产党人的力量源泉和精神支柱，都是革命者的人生航标和指路灯塔。方志敏烈士曾在死牢里写下光耀千秋的诗句："敌人只能砍下我们的头颅，决不能动摇我们的信仰！因为我们信仰的主义，乃是宇宙的真理！"这是何等坚定的理想，又是何等崇高的境界！有了它，就能志存高远、胸怀宽广；有了它，就能经受住各种各样的考验，在人生的征程中不迷失方向。今天，我们经常面对的虽然不再是血与火、生与死的考验，但是，如果理想动摇了，境界滑坡了，就会失去正确的政治方向，丧失革命意志和力量，精神空虚，私欲膨胀，最后走上蜕化变质的道路。对于党员干部来说，崇高的理想信念任何时候都不能动摇、不能含糊。

境界是一种精神。人总是要有一点精神的。与共产党人崇高的境界紧密相连的，是淡泊名利、无私奉献的精神，是全心全意为人民服务的价值取向和精神追求。人生的价值在于奉献。一个人的生命长度是不能控制的，但生命的"宽度"可以掌握在自己手中。新时代的教师一定要把有限的生命投入到无限的教书育人的事业中去，在实现教育价值中体现自己的人生价值。应该看到，绝大多数教师都能兢兢业业、勤勤恳恳，在各自的工作岗位上废寝忘食、夜以继日地工作。但毋庸讳言，也确有极个别教师个人主义思想严重，不是把时间和精力全放在教书育人上，而是忙于为自己牟取私利，计较个人得失。这就是精神境界不高、道德素养不够、思想品质不纯的表现。一个人，有多少计较，就有多少痛苦，有多少宽容，就有多少欢乐。心里放不下，自然成了负担，负担越多，人生越不快乐。生气，是因为你不够大度。郁闷，是因为你不够豁达。焦虑，是因为你不够从容。悲伤，是因为你不够坚强。惆怅，是因为你不够阳光。嫉妒，是因为你不够优秀。努力提升自身境界，兴奋地工作，激情地生活，给社会带来正能量，在成就他人的同时成就自我。

有境界才会有成就

每一个人根据他自己的生活经历、思想见解、智慧境界等，看一个东西的观念都不同。所以每一个人眼界的高低，决定了他的思维方式。人们常常以世俗的眼光，墨守成规地去判断事物的价值，而只有眼界高的人，才能看到事物的另外一面，或者说看到事物的真正价值。

眼光的高低在于心智。 庄子说："适莽苍者，三餐而反，腹犹果然；适百里者，宿舂粮；适千里者，三月聚粮。之二虫又何知！"意思是：到近郊去的人，只带当天吃的三餐粮食，回来肚子还是饱饱的；到百里外的人，要用一整夜时间舂米准备干粮；到千里外的人，要聚积三个月的粮食。大智慧者，永远不教给我们小技巧，庄子教给我们的是境界和眼光。如果一个人没有眼光气度，就会看不远，那他的前途就有限。有远见有大见的人，他就有千秋的事业，永远有他的伟大。这是智慧大小有别。一个人眼光的高低决定了对事物的判断水准，也决定了一个人的命运走向。眼光高的人，一定会看到天生我材必有用的契合点位。而眼光低的人，见识浅陋，一叶便可障目，片云便可遮天，其一生只能庸庸碌碌，一事难成。世间之大，远远超乎我们的想象；世间之小，也同样远远超乎我们的想象。因为真正的大小不仅在眼界之中，还在人的心智之中。

境界高才有战略眼光。 要高瞻远瞩，有战略眼光，万不可因小失大，因贪图眼前利益而影响全局；要克制自己的欲望、克制自己的仇恨、克制自己的浮躁，心平气和才能走得更远；对自己要狠，不要贪图安逸、不要害怕改变、不要患得患失，该出手时就出手。个人的境界大小，决定了他的思考问题的方式，对事物的判断。普通人常以世俗的眼光，墨守成规的去判断一件东西的价值。只有那些拥有大境界的人，才能看到事物的真正价值，只有境界高的人，才会有战略眼光，去描绘更绚丽的未来。

有大格局才能成就大事业。格局的"格"乃格子，即边框，就是边界。"格"越大，框才越大；视野越开阔，思维才越宽广。"局"是格子的内容，格越大，局才越大。俗话说"再大的烙饼也大不过烙它的锅"。一个人的成功，看他的胸怀、心性、胆识和眼光，这就是格局的大小。就算困于沼泽，也会仰望无限的星空，跳出这牢笼，去构思更美的蓝图。当我们看懂滚滚红尘，明白人间顺逆，还能视而不惊，在奋斗期遭遇坎坷而不沮丧泄气，这样的境界在奋斗成功后，就算春风得意也不忘乎所以，辨清荣耀背后的利害，居安思危，才能有更大的成就。

读过的书，改变气质，沉淀文化。走过的路，开阔眼界，放大心胸。遇见的人，懂得感恩，升华智慧。它们决定了我们的人生眼界，也构成了我们的人生格局。学会忍受，学会尊重，涵养精神境界，才能更好成长；沉得住气，才能成就大事业！

成长路上的五个人

处在新时代的人们，不可能生活在真空中，与他人相遇、相处、相持、相容、相依的生活方式，必将成为人生中不可缺失的组成部分。常与高人相遇，自己的人生境界也随之提升；能与贵人相处，自己会不断获得前行的力量；能与对手相互支持，会促进自身快速跃升；能包容身边的小人，自己会成长为真正的大人；能与爱人相互依靠，我们的生活与工作会温馨美好。环境的文化对人的影响起着潜移默化的作用。优秀文化的浸润，会让我们的精神变得高大，劣质文化的侵蚀，我们的精神就会走向堕落。每个人既要传承优秀文化、寻找优秀文化，也需要去共同创建优秀文化、构建优秀文化场。古人云，近朱者赤，近墨者黑，诠释着人生哲理。我们常和什么人在一起，我们如何与他人相处，决定着我们会慢慢成长为什么样的人。

"高人"指点

人生一世，历经春夏秋冬，体验酸甜苦辣，有时坎坷麻烦接二连三遇见你，如果想不开就会钻牛角尖，甚至走进死胡同。此时如果身边有"高人"指点，麻烦就会迎刃而解，精神就会豁然开朗，困难就会踩在脚下。"高人"是有独特见解与思想的人，是在本行业内有较高威望的人，是在一定区域内称得上领袖级的人物。人常说："听君一席话，胜读十年书。"善与"高人"来往，就会在平凡中积累，在平凡中慢慢崛起，最终走向不平凡。子路听说孔子学识渊博，就去拜见孔子。孔子对他说："你很有天赋，要继续学习啊！"子路不以为然："南山的竹子天性笔直，削尖了就能当箭射穿牛皮，我天资超人，还学什么呢？"孔子说："如果在竹箭的基础上，加上箭头和羽尾，威力不就更大了吗？"子路心悦诚服，跟随孔子学习，成了孔子的得意门生之一。

晏子说："居必择邻，游必就士。"在我们的生活中，在我们的视野里，总有值得我们仰视的人，他比我们站得更高，看得更远。善与"高人"来往，我们的视野也会随之开阔，高人相助，对于提升自己，有事半功倍的效果。每一个成功的人都经历过"高人"的开悟甚至指路。解决人的智慧和觉悟及方向等人生关键问题，人是需要有"高人"指点的。在人的成长过程中，"高人"开悟可以少走弯路，也是人走向成功最为有效的一步。人生都有高度，与"高人"为伍，就是在提升自己的高度。

"贵人"相助

山里有一个猎户，祖祖辈辈打猎为生。他从小学习打猎，成年后，他打猎的技术超过了所有人。因为打猎对他来说毫无难度，慢慢失去了兴趣。父亲看他闷闷不乐，鼓励他出山参军报国。来到军营的他，发现军队里比他厉害的人比比皆是，他拜访、走进身边的"贵人"，在"贵人"的指导下，他重燃斗志。后来，他通过不懈地走近"贵人"、不懈地奋斗，一直做到了将军。"贵人"是我们同事中最为优秀的人，是不断给我们平台的人，是值得我们信赖和依靠的人。人不要满足于高人一等的成就感而停滞不前，在共事的人群中，主动交接比自己高出一筹的朋友，走近身边的"贵人"。古人云："目濡耳染，不学以能"，人就会在耳濡目染、潜移默化中进步、超越。会和"贵人"相处，如果能得到他们的肯定，自己也会激情迸发、信心倍增。与"贵人"交流，得到"贵人"的指导，不只是生命价值的升华，更是一种人生享受。

人的成长和追求成功过程中总会出现若干次拐点，或者低洼处。这时候，若能得到"贵人"的真心支持，更容易走出困境。每个人的身边都不缺少"贵人"，但需要我们有发现"贵人"的慧眼，拜"贵人"为师的勇气，感悟"贵人"的做人与做事，学习"贵人"的思与行，研究"贵人"、总结规律、启迪自我、激励自我、成就自我。

"对手"鼓舞

这里的"对手"特指本领、能力、水平不相上下的友谊竞赛的对方。这里的对手不是敌方，而是彼此竞争、相互促进、共同成长的牵手伙伴。要正确看待"对手"，学会欣赏"对手"，从"对手"的身上探寻成功的要素，虚心学习"对手"的优秀经验，以利于自身成长的需要。当我们强于"对手"时，绝不要贬低"对手"，而要帮助"对手"，牵手"对手"，共同前进！

有一本都市小说《对手》，其简介是：将相斗，万事成蹉跎；将相和，万事有奔头。对手是敌手，对手是搭档，既斗争，又妥协，留余地，讲圆通，才是政商两届智慧的结晶。驻京办主任这个职务亦官亦商，既是机遇，美色、财富、权利唾手可得，又充满了风险，稍有不慎，就会身败名裂。海川市驻京办主任傅华却周旋在商场和官场各色对手之间，凭借个人超卓的能力，左右逢源，呼风唤雨，成为政商两届的传奇。

没有"对手"，人是难以最大程度挖掘自身潜能的。所以要做成大事情，一定要找到"对手"。通过"对手"来推动成长，鼓舞事业，不断跨越新台阶。最高境界是没有"对手"，但要着力培养"对手"，有了"对手"，就能相互激发潜能，培育勇于攀登的精神，不断登上人生新的高峰。

"小人"成就

在中国社会生活中"小人"专指性格卑鄙无耻、阴险狡诈、诡计多端、老谋深算、老奸巨猾、虚情假意、口是心非、人面兽心、颠倒是非、幸灾乐祸、欺善怕恶的人。他们敢做不敢当，说话不算话。他们当面是人，背后是鬼。他们更刻意亲近上司，伺机打小报告。善于表面功夫，善于侯机邀功抢功。踏着别人鲜血前进，踩着别人肩头攀高，一旦有坏事就找替死鬼来背黑锅。落井下石是他们的一贯伎俩。挑拨离间是他们渔翁得利的最佳手段。一手制造纷争事端，却把自己撇清，任由他人争斗，自己扮演和事佬，假装好人。在人生中要谨防"小人"，远离"小人"，锤炼自我，修养自身，努力传承优秀文化，积极传播正能量，激发精气神，塑造真善美，引领社会新风尚，弘扬社会主义核心价值观，努力成为新时代的"大人"。

林子太大，什么鸟都有。社会之大，人员之多，再文明的社会，再优秀的集体，有时也会有"小人"夹杂其中。小大是相对而言的，也有人在一个方面大，却在另一个方面小。正因为有"小人"，才会有"大人"；正因为不计较"小人"，我们才成长为"大人"。如果我们总是和小人计较，慢慢我们也会向"小人"方向发展，最终将会被时代所淘汰，落得悲惨的局面。

如果只想做小事情，"小人"一定要拒绝。但大事情则需要"小人"来成就你。"小人"让我们时时刻刻警觉、清明。没有"小人"来成就的人，通常容易自满，容易妄自尊大，容易迷失。所以，上帝就制造了"小人"，"小人"是用来成就"大人"的。

"爱人"支持

这里的"爱人"就是生活的伴侣、夫妻。人世间，总有一种遇见，成了刻骨铭心的牵念；总有一次凝眸，成了入眼入心的爱恋；总有一种陪伴，虽然不言不语，却温润着生命，虽平平淡淡，却不离不弃。

人生伴侣，相互间愿用牵念将流年望穿。人生伴侣，相互愿用思念诠释爱情不老的传奇。红尘深处，握着一路相随的暖意，浅浅相遇，深深相惜，心心相携，长相厮守。时光的岁月里，总有一天青春故去，岁月老去，年华逝去，相互依然永如初见，深深相爱，温暖相望，回眸处，浅笑如初。

在这个世界上，几乎每一个成功的人后面，都有一个杰出的异性，为我们修筑港湾。港湾是一种精神象征，是灵魂的支柱，是心灵的栖息地，是动力的加油站，是抒情对话的乐园。相互欣赏、彼此关爱、温润心窝、舒展心灵、滋养你我、成就你我！

生命中和谁在一起真的很重要，他就像一面镜子，彼此照见对方的人生。和聪明的人在一起，你不会笨拙；和勇敢的人在一起，你不会软弱；和乐观的人在一起，你不会悲伤。与"高人"来往，你就会登高望远；与"贵人"相处，你就会智慧前行；包容身边的"小人"，你就会成长为"大人"；和"爱人"温暖相随，你就是最幸福的人。

说透人生的六个故事

故事一

一个卖瓷碗的老人挑着扁担在路上走着，突然一个瓷碗掉到地上摔碎了，但是老人头也不回继续向前走。路人看到很奇怪，便问："为什么你的碗摔碎了，你却不看一下呢？"老人答道："我再怎么回头看，碗还是碎的。"

故事虽短，却道出了人生的哲理。人的一生总是在得到与失去中前行。只有在奋斗中的得到，才会有幸福的回忆。得到的东西一定要珍惜，这是世界的赠予，更是奋斗的果实。人生中一定会有失去的时候，无论是何种方式的失去，都不要太悲伤，但可以在反思中成长。失去的东西就要学着去接受，学着放下。很多事并不会因为我们的悲伤而改变。学会坚强地面对人生，砥砺前行，永远向前，生命总会有新的风采！

故事二

鹦鹉遇到乌鸦，笼中的鹦鹉安逸，野外的乌鸦自由。鹦鹉羡慕乌鸦自由，乌鸦羡慕鹦鹉安逸。二鸟便商议互换。乌鸦得到安逸，但难得主人欢喜，最后抑郁而死；鹦鹉得到自由，但因为长期安逸，不能独立生存，最终饥饿而死。

故事虽短，却引发我们对人生的思考。人的一生有各自不同的职业与生活。无论从事何种职业，都会有其辛苦，也会有其欢乐。如果我们试着热爱自己的职业，努力耕耘自己的职业，我们的职业就慢慢成为我们执着追求的事业。不要盲目羡慕他人的幸福，因为我们并不了解他人的辛劳以及内心世界的感受。每个人都有自己的职业与生活，属于别人的东西并不一定适合自己。不要去攀比，过好自己的日子，计划好自己的生活，创造自己美好的人生才是王道。

故事三

老师问："有个人要烧壶开水，生火到一半时发现柴不够，他该怎么办呢？"

有的同学说赶快去找，有的说去借、去买。老师说："为什么不把壶里的水倒掉一些呢？"同学顿悟……世事总不能万般如意，有舍才有得。

故事虽短，却道出了生命中的智慧。人年轻的时候往往会有许许多多瑰丽的梦想与深深的期待，但当我们的选择过多、过广，我们的追求过于分散时，其结果是人生平淡、平庸，与成就无缘。人的一生时间与精力都会有限，要学会选择、学会取舍。鱼，我所欲也，熊掌，亦我所欲也；二者不可得兼，舍鱼而取熊掌者也。只有选择好自己的发展方向，培育自身的专业志趣，毅然舍弃一些东西，专注于自己的事业，才能成就自己的事业，实现生命更高的价值，获得高阶的幸福。

故事四

老和尚问小和尚："如果你前进一步是死，后退一步则亡，你该怎么办？"

小和尚毫不犹豫地说："我往旁边去。"天无绝人之路，人生路上遭遇进退两难的境况时，换个角度思考，也许就会明白，路的旁边，还是路。

故事虽短，却诠释着思考的价值。因思考，而不同；哺育思想，创造生活。人与人之间最大的差异是思考方式的差异，优秀之人往往是学会思考、善于思考、灵活思考、创新思考的人。当人的思维处于单向、单一、僵化、狭隘之时，就会在思考的结果上出现茫然、迟钝、混乱，甚至是错误，带给人生的将是无为、平庸、停滞，甚至走向了生命的悲哀。请相信办法总比困难多，办法来自优秀的思考方式，来自优秀思考后的正确行动，来自正确行动的坚持与坚毅。乌云上面有晴空，风雨过后是彩虹。要拥有那一盏心中不灭的灯，心中充满自信，人生充满勇气，大胆朝前走，就会拥有一片属于自己的蓝天！

故事五

穷人问佛："我为什么这样穷？"

佛说："你没有学会给予别人。"

穷人："我一无所有如何给予？"

佛说："一个人一无所有也可以给予别人七种东西：颜施，微笑待人；言施，说激励安慰的话；心施，敞开心扉和蔼待人；眼施，赏识的眼光给予他人；身施，以行动帮助别人；座施，即谦让座位；房施，有包容大度之心。"

故事虽短，却道出了人与人之间相处的艺术，做人的学问。每个人既是家庭的成员，更是社会的分子，每个人都有生命的尊严与生命的价值。每个人面对自己的人生都要做三件事：做人、做事、生活。优秀做人是成就幸福生活的前提，成功做事是实现幸福生活的保证，幸福生活是优秀做人、成功做事的终极表现。每个人都不可能生活在真空地带，必然要和这个社会发生各种各样的联系，人如何处理与其他社会成员的关系，这是每个人都必须思考清楚的问题，不要有太多没意义的计较，多给予别人，多欣赏别人，可能会收获意想不到的财富和快乐。

故事六

有人问农夫："种了麦子了吗？"

农夫："没，我担心天不下雨。"

那人又问:"那你种棉花没?"

农夫:"没,我担心虫子吃了棉花。"

那人再问:"那你种了什么?"

农夫:"什么也没种,我要确保安全。"

顾虑太多,思虑太多,就会导致束手束脚,一事无成。

故事虽短,却引发我们对人生成功与失败的理性思考。在这个世界上,许多人人生的失败,不是自身的基因故障,不是自己的能力问题,不是舞台的大小缺失,而是缺少一种敢于尝试的志气,敢于闯的勇气,敢于挑战的豪气,敢于突破的霸气。人的一生决不要和农夫一样,因为担心干旱不种小麦,那样到秋天的时候就会颗粒无收,饿着肚子;决不要和农夫一样,因为担心有害虫就不种棉花,那样冬天就不会有暖和的被子,被严寒冻伤;决不要和农夫一样,为了确保安全,什么也不种,因为那样一点不安全,我们只会落得一无所有、一事无成的悲惨命运了。

> 人生就是一个不断学习、不断实践、不断创新、不断挑战、不断超越的自我成长过程。有想法,就制定计划;有计划,就创新行动;有行动,就升华智慧;有智慧,就激情创造。在前行的路上,不仅有光明相随,亦有黑暗相伴,遇到难题,既是对人生的考验,也是成长的最佳时机,人要有迎难而上的豪迈精神,要有创新思考的突破能力,要有战胜困难的科学行动。失败在犹豫里,成功在搏击中,勇敢往前走,勇闯新未来!

语言的艺术

语言是人与人之间的一种交流方式，人们彼此的交往离不开语言。尽管通过图片、动作、表情等可以传递人们的思想，但是语言是其中最重要的，也是最方便的媒介。语言是文化的一个重要组成部分，甚至可以说没有语言也就不可能有文化，只有通过语言才能把文化一代代传下去。语言是保持生活方式的一个重要手段，几乎每个文化集团都有自己独特的语言。语言是在特定的环境中，为了生活的需要而产生的，所以特定的环境必然会在语言上打上特定的烙印。语言是人们交流思想的媒介，因此，它必然会对政治、经济、社会和科技，乃至文化本身产生影响。语言这种文化现象是不断发展的，其现今的空间分布也是过去扩散、变化和发展的结果，所以，只有摆在时空的环境里才能全面地、深入地了解其与自然环境及人文环境的关系。在语言的世界里，展现出多样性、丰富性、层次性、价值性、思想性、文化性特点，语言有无穷无尽的奥妙，语言是一种值得探索与创造的艺术。

语言是人类的智慧与创造

语言是传递信息的声音，是人类思维的外壳，是情感交流的桥梁，是思想表达的有效方式。言为心声，"一言既出，驷马难追"等古训，道出了人们对语言的要求与期待。人生从幼童慢慢长大成人的过程，也是人的语言慢慢提升的过程。会语言、识语言、品语言、慧语言的过程，正是人类升华智慧、学会创造的过程。

语言是思维工具和交际工具。语言同思维有密切的联系，是思维的载体和物质外壳以及表现形式。语言是指令系统，是以声音为物质外壳，以语义内涵为意义内容的，指令、含义结合的词汇建筑材料和语法组织规律的体系。语言是一种社会现象，是人类最重要的交际工具，是进行思维逻辑运用和信息传递的工具，是体现人类认知成果的载体。人是社会性动物，要融进社会中，就必须学会语言情感表现与艺术表达，让语言成为人们和谐相处的温馨剂、兴奋剂。

语言是人类的智慧创造。只有人类才有真正的语言。许多动物也能够发出声音，来表示自己的感情，或者在群体中传递信息。但是这都只是一些固定的程式，不能随时、随空、随机而变化。只有人类才会把无意义的语音按照各种方式组合起来，成为有意义的语言单位，再把为数众多的语言独立单位按照各种方式组合成语言语句，用无穷变化的形式来表示变化无穷的意义。人类创造了语言之后又创造了文字。文字是语言的视觉形式。文字突破了口语所受空间和时间的限制，能够发挥更大的作用。有了文字，人类社会的文明就能记录与传承，就能在传承上实现再创新，推进人类文明不断实现升华与跨越。

语言诠释人的价值与理念。在一个人的精神世界里，个人的习惯用语是最活跃的一部分。在一个人的倾诉或与人的对话中，习惯用语折射着他的性情、心理及价值观。理念决定行为，有什么样的人生理念，就会有什么样的对话语言。尊重是前提，要尊重身边的每一个生命个体，包容每一个生命个体的不完美。我们要平等对待、高度关爱身边的每一位亲人、每一位同事；期望身边每一位朋友的进步，对其充满信心，用期盼赏识的眼光与他人交流。开放是新时代的重要特征，要走向对内、对外有效对话，在对话交流撞击中提升智慧。分享是走向开放的重要条件，是优秀思维方法的传播，是促进共同发展的好途径。有先进的理念，才会有高质量的生命对话，才能有效融进社会中，也才能有效促进自身健康成长。

语言需要注重积淀与修炼

语言有一定的天赋，但语言表达的能力、智慧与艺术主要依靠后天的学习积累、文化积淀、思考实践、升华修炼所致。提升语言的魅力需要终身学习、终身实践、终身超越。

提升语言的美丽与魅力。 语言能力具体指用词准确，语意明白，结构妥贴，语句简洁，文理贯通，语言平易，合乎规范，能把客观概念表述得清晰、准确、连贯、得体，没有语病。说话时需要把握语言的节奏、快慢、高低、强弱、大小，决不可一种声调、一种频率、平淡无奇。不同的场合、不同的节点、不同的情景，需要选择不同的表达方式。人的语言有时需要洪亮、有时需要细微，有时需要响亮、有时需要轻快，有时需要浑厚、有时需要清脆，有时需要豪言壮语、有时需要低声细语。语言波澜壮阔、高低起伏，才有冲击力、吸引力，才能有效对话、提升交流的效能。语言的魅力可以体现一个人的学识、修养和内涵，使人感到亲切，产生好感、重视，甚至敬佩。语言缺少了智慧，便如同大地少了阳光，多了些许暗色，少了些许明媚；就像佳肴少放了盐，枯燥乏味，人们便失去了欣赏的乐趣。只有智慧且充满魅力的语言，才耐人寻味，才能相互影响、共同成长。

提升语言的热度与雅致。 人要善于用温和、柔软、细腻的话语和他人交流，只有从心灵深处发出有热度的语言才能温暖他人的心窝。温暖的语言可以溶解心灵的冰块，温和的声音就像冬天里的一把火，点亮他人追寻理想的火苗。每个人只有从灵魂深处发出来的话语才会亲和、甜美，才能传递到他人的精神脉搏中，才会有感染力、浸润力，才会成为黑夜里的明灯，成为他人前行的路灯。苏霍姆林斯基所言："教师的语言素养在极大程度上决定着学生在课堂上脑力劳动的效率。"例如，语文课堂是一门综合艺术，说要明理，诵要动情，演要尽兴，写要遒美，绘景要惟妙惟肖，状物要栩栩如生，塑人要活灵活现，展现意境要境界全出。教师的语言有时需要字酌句斟、丽句清词，有时需要情文并茂、喷珠嚱玉。语句优美、文采飞扬，带来心境的快乐，带给学生美妙的享受，将会激发成长的兴趣，让同学们诗意地生长。

提升语言的能量与艺术。语言应是具体、形象、富有吸引力的，应使用大众化的语言，力求明白晓畅，通俗易懂。还要注意语言的生动活泼，娓娓动听，妙趣横生，要把抽象的内容具体化，深奥的道理形象化，枯燥的知识趣味化。诚实的语言让人感受到真诚；明智的语言让人感受到才华；智慧的语言让我们在危险中死里逃生。教师要认真观察学生，全面关爱学生，科学研究学生，努力读懂学生。教师要多读一些心理科学、脑科学、思维科学的书，要关注学生的喜爱、性格、基础、特长。"听你们的朗读是一种享受，你们不但读出了声，而且读出了情，我很感谢你们。"这样的语言既有理论支撑，又会实践探索，师生的对话才会精彩，才会有兴趣，才能传递能量、启迪智慧，才会激发其追求，推动其成长。

唐伯虎为一老妇祝寿，儿女欢天喜地，恭请唐伯虎为之写祝词。唐伯虎也不推辞，提笔写道："这个女人不是人"，一言既出，老妇脸现怒色。"九天仙女下凡尘"，由怒变喜。"生儿个个都是贼"，儿女皆惊，恨上心头。"偷来蟠桃献至亲"，结语一出，众人欢娱。真是一波三折，充满机变，令人叹为观止。

语言诠释着人的品质与才华

语言是人类敞开心扉的交流形式；是人类搭架心灵桥梁的快捷方式；是人类情感交集的抒发模式；是人类释放悲喜的表达公式。如何淋漓尽致、唯美完善地运用语言这门深奥的哲学，是一种深内涵、高层次的学问。语言是一门艺术。语言艺术褒贬皆纳：金玉良言、谗言、忠言、流言、美言、诽言、隐言、明言。于是乎，有很多人运用语言艺术完成着自己的追求。在商场上，他们运用语言艺术天马行空、所向披靡；在情场上，他们运用语言艺术无坚不摧、心想事成。然而，人性最大的弱点其实就是看不到自己的弱点。因此，形形色色的人在掌握发挥语言艺术之同时，亦将自身的优点或弱点赤裸裸地呈现于他人的面前了。

高瞻远瞩的人胸有成竹、一诺千金。发言老成稳重，从不轻易得罪人。就算有时驳斥他人，也会给自己留条后路，在表达语言艺术时收发自如，不忘高雅。高素质的人，说话做事总是体现人帮人，帮来帮去帮自己，互相成就了彼此。素质一般的人，说话做事总是人比人，比来比去气不顺，心生嫉妒恨。低素质的人，说话做事总是人整人，整来整去整自己，害人又害己。漫漫人生路，积极付出和奉献才能有美好的回报，要懂得欣赏别人的优点，学会取长补短，海纳百川，有容乃大，高瞻远瞩，放眼未来，多去帮助支持别人，多去欣赏激励别人，助人方能达己，互利方可共赢。

满腹经纶的人一般言行高调、语出有因。满腹经纶的人引经据典、语出有史、博古通今，善于用学问引导人，用才华说服人。满腹经纶的人往往从小专心致志、善于学习、酷爱经典、乐于阅读、广闻博识。他们不断收集各种信息资料，走进名家学者，汇聚高人的智慧与力量，不断吸收人类的文明成果，让肚中之货日趋壮大，才有语言的高雅与魅力。

品德高尚的人落落大方、不拘小节。道德是最美丽的花儿，最圣洁的心灵，它让人问心无愧，心胸坦荡。道德是一种感恩，是一种爱心，是春天的花儿，是植物的肥料。道德，是一种美德，是一种财富，更是一种智慧。如果一个人拥有高尚的品德，那么这个人的一生便是快乐的。如果一个人的品德低下，那么这个人的一生也不会快乐，只有孤独与痛苦相伴。品德高尚的人说话亲切、平实、谦虚、包容、欣赏，善于换位思考，善于激活内能，善于奉献自我，善于温暖他人。

心思缜密的人不鸣则已、一鸣惊人。思维缜密者，想法很多，心思细腻，重视逻辑推理，浓缩概括、言简意赅。做事不急不躁，有条不紊。言谈举止、泰然自若。他人说话时不随意插话，专心认真倾听。说话严谨、字字推敲、上下贯通、浑然一体。

优柔寡断的人说话吞吞吐吐，欲语无言。这种人心里的想法从嘴巴表达出来时，已经是语无伦次、词不达意。这种人优缺点明显，优点是善于想得全面点，不容易犯错。缺点是总是拿捏不定，意志力不够坚定，做事不果断，这样就会错失甚至错过很多发展的机遇。好与不好都是权衡于它的利与弊的，我们做事不能总是优柔寡断，有时是需要果断的。优柔寡断的人，难以把事情做好，久而久之会丧失自信心。同样，做事也不能鲁莽，不加思考的冲动做事，这样也是会得不偿失的。总而言之，做事还是要平心而论、严谨对待，既要认真推敲，又需果敢决断，这样才能抓住机遇、赢得发展。

温文尔雅的人彬彬有礼、谨言慎语。 他不会标新立异，不懂哗众取宠，却又能于平淡中见微妙、于平凡中显真谛、于平和中意深远。温文尔雅的人，说话态度温和、富有礼貌，行事举止文明、文雅端庄。但有时会缺乏斗争性，做事不够大胆泼辣，没有闯劲。一个人需要好的教养，要传播中华文明礼仪，举止行为有规有矩。但同时又要培育勇敢挑战精神，砥砺前行，努力创造美好未来。

阴险狡诈的人无往不利，损人利己。 处处想独树一帜，时时希望鹤立鸡群，浑然不觉自身的鄙夷与无知、愚昧与无耻。人是需要反思精神的，需要正确认识自己，改进自己的不足，要实事求是地认识他人，善意提出问题，帮助他人进步。

心术不正的人言如利刃、语似锋芒。 挖苦、嘲笑、讥讽、诽谤、贬低、排挤、挑拨、奚落是他们惯用的伎俩。不同恶者论是否，要同同好聊天下。人需要选择性交际朋友，远离小人，亲近君子，寻找高人，珍惜贵人，你就会慢慢走向更有希望的明天、更美好的未来。

胸无点墨的人喜欢故作深沉，善于模仿。 他们喜欢结合自身微薄的见识，把所见所闻的事物灵活运用，试图制造出"平地一声雷"的非凡效应。却通常落得贻笑大方、不伦不类的可悲下场。知识来自积累，要做一个终身的学习者；才华源自奋斗，要做一个勇于进取、坚毅坚持的奋进者；创新来自团队的实践探索与智慧升华，要做一个在团队中发展，在发展中探索，在探索中创造的人。幸福是奋斗出来的，奋斗的人生最美丽。

学识简陋的人认识肤浅、行为庸俗。心虚是他们致命的要害。哪怕说的是有涵养、高水准的话语到了他们的嘴里也会变味。因为他们说话的时候，总会想方设法地掩饰心虚，或低头，或转移视线，或自我解嘲。人需要告别昨日不求进取、学识简陋的自我，走向今日不断进击、勇于攀登的自我，期待明日知识渊博、才华横溢的自我。

幽默诙谐的人语言灵动、聪明睿智。他们能够调动现场气氛，让人愉悦其中，让交流变得活泼有趣味，有时表情夸张令人乐此不疲、捧腹大笑；有时正经得让人肃然起敬、令人钦佩。

工于心计的人言不由衷、一语双关。这类人口气似缓而急，口吻是毒非善，口德虚华实卑。这样的人是小人，是卑鄙之人，遇见这样的人，要远之。人需要智慧，但智慧需要与高尚结合，才能开出圣洁的花。

才华横溢的人口若悬河、滔滔不绝。才华横溢的人描述事物惟妙惟肖、栩栩如生；分析评论娓娓动听、抑扬顿挫，经常可以塑造出真正"此时无声胜无声"的完美境界。

居心叵测的人信口开河、危言耸听。这类人会迎合、结合、配合、凑合、奉合，擅于拍马溜须、谄媚献媚、阿谀奉承。做人需要正直、需要厚道、需要善良、需要关爱、需要欣赏、需要促进；做人需要积累、需要沉淀、需要上进、需要修炼、需要境界、需要担当、需要升华；做人不能信口开河、危言耸听。

心地善良的人言辞朴实、亲切感人。他们没有华丽的辞藻加以修饰，没有高雅的谈吐作以装裱，总是迎受、接受、忍受、承受、消受。心地善良的人会有许多优点，但如果言听计从就会缺少个人主见，缺少独立思维，缺少创造精神。

性情刚烈的人心胸开阔、情感豁达。他们学不会嘀咕；看不惯呢喃；搞不懂嘟囔；分不清呐喊；理不顺呼吁。人生有时需要性情刚烈，有时需要沉稳细腻；有时需要心潮澎湃，有时需要沉默不语；有时需要立即行动，有时需要深谋远虑；有时需要激情创造，有时需要静静享受。

每个人在语言的世界里都有自己的关键词，我们的关键词在建设我们的职业形象的同时，也建设了我们的语言容貌。所以，我们既要避免走向"思想的穷乡僻壤"，还要警惕"语言的穷山恶水"。所以，我们明白了，在人民的心中，时代的优秀人物为什么如此高贵、美丽。

我希望、我呼吁，我们所有教师的关键词应该散发着呵护、关爱、理解、激励、期待的美好气息，充满一种对生命的肯定的力量；而不应该总是在批评、嫌弃、指责、排斥，教师语言中的关键字词不应该总是存在否定、拆解、破坏的元素。

只有智慧的语言才有魅力，让我们在语言中学习智慧，用智慧打造亮丽的语言，这样我们的课堂才富有魅力，我们的文章才受人欢迎，我们的生命也才更有价值！

阅读的力量

每年的 4 月 23 日为"世界读书日",同时也是英国作家莎士比亚和西班牙作家塞万提斯辞世纪念日。"读书日"已成为一个全球性的节日,这一独特的节日,见证了人类文明的进步、世界日新月异的变化,也彰显着人们对古今知识的敬畏、对国际大师的缅怀,以及对中外文化的景仰!

书籍是人类进步的阶梯

从最早古巴比伦人制作的泥书,发展到古埃及人用草制作的"卷轴"草书,再推进到古罗马人用兽皮制作成的上等"皮书",到如今的纸质书和电子书。一种种书、一本本书,构成了人类向更高阶段攀登的基础;书籍是人类精神的载体,人类的点滴进步,都在书籍里得到传承并发扬光大;书籍是人类智慧、文明的记忆,读书、著书就是人类获得智慧、传递文明极为重要的方式。作为四大文明古国的中国,尊重知识、崇尚读书的传统,早已浸润在中华民族的血液里。读书使人思接千载,纵横万里,窥天地之妙,得万物之灵。文化的血脉、思想的精髓、民族的精神、国家的道统,都在读书中绵延不绝,久传于世。而在喧嚣热闹中,挤出时间安静地阅读、深入地思考,更能使人开阔眼界、博闻强识,使人汲取思想、坚定信念,使人明理得道、修身养性,使人陶冶性情、荡涤心灵。

书,连接古今,贯通中外。书籍是智慧的殿堂、思想的森林、文明的沃野,是人类文明的果实,是贮存知识的宝库,是人类进步的阶梯,是全人类的营养品,是我们的良师益友。世上没有哪一样东西比书更忠实、更无私、更恒久。它就像母亲的乳汁，无私地哺育我们。在黑暗中它是灿烂的阳光，在孤寂时它像美妙的音乐，在干渴时它给我们清凉的泉水，在寒冷时它给我们温暖的炭火。用多么美好的词汇来形容书都不为过。

中国是一个有着深厚读书传统的文明古国。从"敬惜字纸"到"诗书继世"，从"书中自有黄金屋"到"腹有诗书气自华"，中国人对于读书的热情和推崇可谓源远流长，经年不衰。古代有许多刻苦读书的感人故事，如孙敬头悬梁、苏秦锥刺骨、匡衡凿壁偷光、车胤囊萤、孙康映雪、范仲淹断齑划粥；大思想家王夫之一生著书数百卷，连给女儿嫁妆时，亦是用满满一箱书；《资本论》首位翻译者、经济学家王亚南，在乘船遭遇风浪、海轮颠簸不止时，要求服务员将其绑在椅子上以便聚精会神地读书。圣贤由学而成，道德由学而进，才能由学而长。只有抱有一种视读书如生命的坚定信念，保持不断思考的无限热情，才会去理解人文的真正含义，才会去追求自由、民主、平等、博爱、正义、人道这些人类的普世价值与精神境界。我们应学做勇敢的骑士，去扼制功利的心魔，重燃淡去的书香。与书籍结伴，与智慧结缘，让精神永存！

"鸟欲高飞先振翅，人求上进先读书。"翻开一本好书，闻着淡淡的墨香，我们可以从《论语》中品味出孔子诲人不倦的身影；与李白一起欣赏大唐盛世的月亮；听杜甫讲述"国破山河在，城春草木深"的忧国忧民；体会辛弃疾的"了却君王天下事，可怜白发生"的壮志难酬；怜惜李清照"帘卷西风，人比黄花瘦"的多愁善感；与刘姥姥一起三进大观园，感悟封建家族的兴盛与衰败；随林冲一起雪夜上梁山，感受绿林好汉的侠义与豪情；看欧也妮坎坷的爱情经历，感慨中世纪欧洲金钱至上的浮华；从《巴黎圣母院》中感受雨果对腐朽教会的愤怒、对人道主义的向往，感受其中人性的光芒；理解法国作家福楼拜说的"阅读是为了活着"的境界，找到"读书人精神不寂寞"的感觉。

读书造就完全的人格

世界上一些优秀的民族均有爱读书的优良传统。俄国人酷爱读书是举世闻名的，在莫斯科的地铁上，随时可见人们在专心捧读。日本人爱读书也是举世公认的，在日本的电车、巴士上，无论是衣冠楚楚的上班族还是身穿校服的学子，差不多都在专心看书。犹太人更爱读书。在每一个犹太人家里，当小孩子稍微懂事时，母亲就会翻开《圣经》，滴一点蜂蜜在上面，然后叫小孩子去吻《圣经》上的蜂蜜。这个仪式的用意不言而喻：书本是甜的。犹太人的墓地里常常放有书本，这种做法的象征意义是：生命有结束的时候，求知却永无止境。正是从这些蘸着《圣经》上的蜂蜜开始读书的孩子中诞生了马克思、爱因斯坦、门德尔松、弗洛伊德；正是从这些舔着嘴唇，嗅着书香的孩子中，走出了多位诺贝尔奖得主。记得武汉方舱医院投入使用当天，一张照片在朋友圈疯传。一位感染新冠肺炎的年轻人，在病房里手不释卷，静静地阅读一本专著，内心的安宁与强大，抚慰了疫情中慌乱的人心，让人们看到了阅读的重要性。网友对他既佩服又感动，给他取了个雅号——"清流读书哥"；这场战"疫"也让人们认识到读书的重要性。面对疫情，以钟南山院士为代表的众多医务工作者，用专业的知识和技能从病毒手中夺回生命，让我们亲眼见证了"知识就是力量"，这种能量就源于读书。

需要指出的是，战国时的惠施曾以"学富五车"作为著作丰厚的象征。那时候他的车上装的是竹简书。进入纸质书时代，人们以"著作等身"形容著作之多。如今到了信息技术时代，电子书现在和未来是一种重要的阅读方式。人类一边从书籍中汲取着精神与智慧，一边发挥聪明才智，将厚重的泥书，创新为轻巧的纸质书和内容存储量广博的电子书。在书籍材质的不断演变中，不仅彰显着人类的智慧，还显示着人类一步步向前迈进精神的乐园。

总之，读书是一种自我修行，不是一蹴而就的事情。阅读的过程，是一曲汲取精华、扬弃糟粕的人生历练，更是完善自我、兴我中华的瑰宝学习与文化传承。我们要用读书拆除观念的藩篱，洗涤内心的尘埃，从容应对一切逆境，让自己的精神世界更丰盈，让自己的文化"食粮"更丰厚。

> 阅读在改变我们的时候，也在改变着这个世界，只有读书才会令人生韵味悠长、其乐无穷。加入我们的阅读大军吧！你的生活就会变得越来越精彩绝伦、越来越意义非凡、越来越兴趣盎然、越来越幸福美满！

追寻生命的意义

在人类的长河中，每个人的生命都是有限的，在人世间上逗留的时间是短暂的，每个人的人生都值得珍惜。生命中的每一天都在记录着自己成长的故事，都是人生的现场直播。生命的意义怎样追寻？生命的价值如何彰显？生命的内涵如何诠释？人生的信仰如何培育？人生的定律怎样坚持？人生的道路怎样选择？

这些问题是每一个人不得不思考与回答的问题。新时代人类的职业丰富多彩，一些职业在逐步消亡，而另一些职业又在不断创生，面对一个极具变化的世界，每个人的职业选择各不相同，每一种职业都需要与时俱进，人生的道路各不相同，如何创造生命的精彩，实现生命的意义，书写生命的传奇，需要每一个人的理性而富有深度的思考。我认为只有树立正确三观，才能掌控人生方向；只有养成优秀习惯，才能改变人生命运；只有在探索中构建自己的主张与思想，才会展现生命魅力；只有持续拼搏奋斗，才能书写生命传奇。

三观，掌控人生方向

在一个万物具备、什么都不缺的年代，占有物质很难再刺激我们的感官，让我们获得长久的满足。在新的时代，比起金钱和物质，更重要的是精神层面的充实感。从实物中获得的满足感只能持续很短的时间，但是我们宝贵的经历以及从中获得的知识、能力、智慧、思想，将永久地入驻我们的生命。每一个人的职业可以不一样，每个人的工作性质、责任使命、劳动强度、社会贡献可能不一样，但生命中又有许多东西又是那样的相似甚至相同，那就是每一个人的人生都要面对三件事：做人、做事、生活。如果人生能够把握优秀做人、成功做事、幸福生活的价值取向，就能掌控好自己的人生，始终走向自我完善、自我发展、自我超越、自我创造的人生之路，生命也将变得更有意义、更有价值、甚至更加崇高。

做人依靠人品——人品六为。大公无私为圣人，公而忘私为贤人，先公后私为善人，先人后己为良人，公私兼顾为常人，损公肥私为罪人。

一个人的人品究竟从哪儿呈现？如何评价一个人的人品？我认为人品就是在个人利益与集体利益、个人利益与他人利益上如何排位的问题。一个人如果个人利益至上，一切都以获得个人利益为出发点，甚至损公肥私，这种品质的低劣，最终就会走上犯罪的道路，酿成人生的悲剧，给家庭和社会造成危害。如果一个人在利益面前能做到先人后己、先公后私，他就有了好的品德，他就会奉献他人、奉献集体、奉献社会，他就会赢得他人与社会的尊重，社会也会给他提供更好的舞台，实现生命更好地成长。如果一个人在利益面前能做到公而忘私、大公无私，他就有了崇高的品德，成为这个时代精神的引领者、生命价值的最高追求者。如果每一个社会公民都能成为良人、善人，甚至走上贤人、圣人的位置，这个社会就会变得更加美好，每一个人的人生价值也将在优秀做人中充分实现。

做事注重行为——行为六利。有利国家，有利民族，有利人民，有利社会，有利集体，有利个人。

充实的人生是积极工作的人生，工作价值与使命需要通过做一件一件的事去实现，做事就会表现出一个人的行为，人的行为要遵循什么规则，必须思考清楚。作为国家公民，做任何事情首先要有利于国家的发展。每个人都要有神圣的国家使命感、强烈的爱国主义精神、诚挚的家国情怀。家是最小国，国是最大家，有国才有家。个人的一切行为要有利于国家的安全稳定、发展超越、伟大复兴。作为国家公民，每个人的行为要有利于各民族团结与共同发展。我国地域辽阔、民族众多，必须贯彻党的民族政策，推动各兄弟民族的文化传承与民族振兴，中华各兄弟民族都是伟大的民族，必须紧紧团结在一起，彼此欣赏、互帮互助、友好相处，中国梦是各民族的共同梦，要努力团结各民族同胞，为实现伟大复兴的中国梦而共同奋斗。党的宗旨是全心全意为人民服务，每一个国民都应该响应党的号召，每一个人的行为都要增强服务人民的意识，每一个人的价值也将在服务人民中得到升华。

建立一个公平、民主、文明、法治的社会，是每一个中国人的期待，作为中国的国民，每一个人的行为都要对社会负责，要成为和谐社会的积极贡献者、奋斗者、创造者，每一个人都为这个社会奉献一分爱，这个社会就将变得更加和谐与美好。每一个国民都需要在一个集体中生存与发展，发展集体，才能壮大集体，集体的强大，才会有个人更好地发展。发扬集体主义精神应该成为每一个国民的基本素养，集体的发展才有国家的发展，强大集体才能强大国家。国民是国家的最小细胞，人民是历史的创造者，每一个人的行为要有利于自己的长远发展、整体发展，只有把自己的梦想融进伟大复兴的中国梦之中，个人的生命才会有更高的价值与更深的意义。

生活追寻快乐——为人六乐。进取有乐，知足常乐，先苦后乐，自得其乐，助人为乐，与众同乐。

每一个人都要享受生命的价值，体验生活的快乐，生命才更有意义。生活的快乐究竟是什么？不同的人可能有不同的理解，只有正确的生活快乐观，才会体验到更深层次的生命价值，更好享受生命的意义。一个有理想追求的人，一个积极进取的人，会不断挖掘生命潜能，释放生命更大的能量，他会在不断地自我超越中享受成长的快乐。每一个国民的进取，必将推动社会的高速发展，伟大的中国梦是每一个中国人的梦，只有每一个人不断地追梦，才能加速中国梦的实现。一个人在物质的追求上，需要有满足感，要知足常乐。

我国还处在社会主义初级阶段，还处在发展中国家的行列，人口众多、资源有限，人均 GDP 还比较低，当生活的基本条件得到保障，过上了小康生活，就应该怀有感恩的心，就应该追求精神上的成长，积极去履行公民的义务与责任，多为社会做贡献。俗话说"吃得苦中苦，方为人上人""宝剑锋从磨砺出，梅花香自苦寒来"。人生要舍得吃苦，才会苦中有乐；只有先苦，才会后乐；不肯吃苦，贪图享乐，必将乐极生悲。每个人在追求事业中，一定会经历坎坷，只有在挑战中才会获得新的发展。酸甜苦辣都有营养，春夏秋冬都在历练成长，没有曲折，不是人生，没有困难，不会成长，要在奋斗中寻找快乐、自得其乐。在每一个人的生命旅途中，还会遇到许许多多需要关心与帮助的人，伸出援助的手，表现善良的心，传递温暖的情，爱满天下、助人为乐、其乐无穷。要善于走近身边的每一个人，要了解与关爱身边每一个人的工作与生活，有压力一起承担，有快乐一起分享；有困难一起挑战，有机遇一起珍惜；有阳光一起享用，有果实一起品尝。我为人人，人人为我；人人重要，欣赏人人；与众同乐，快乐永恒。

习惯，决定人生命运

成功是一种习惯，失败也是一种习惯。为何会成功，因为坚持不懈。为何失败，因为经常放弃。坚持、放弃都是一种习惯。良好的习惯是我们走向成功的巨大力量。成功与失败最大的区别来自于不同的习惯。习惯决定命运，优秀的习惯是成就人生的基石。

快乐的习惯。做事情的时候带着快乐的心态，懂得营造快乐氛围，注意关注家人或团队的快乐。有快乐习惯的人，会有更高的情商：通过管理自己的情绪和感知影响他人的情绪。这里的快乐也在一定程度上理解为乐观，快乐是一种力量，快乐是一种成功的态度和习惯。面带微笑的工作与生活，让快乐融进身体的每一个细胞，让快乐伴随人的一生。

共赢的习惯。我们的人生总是要和各方互动合作，各方都希望成功，而共赢则是最好的策略。我们在与他人合作的时候，在保护和争取自身利益的同时，也应该公正合理地考量合作方的利益达成，并且通过提出和兼顾共赢的方式而最终达成大家好才是真的好，共同发展才是最好的发展。

规则的习惯。原则和规则，在特殊时候可以打破，因为总会遇到特殊情境。但是规则首先是用来遵守和捍卫的，因为没有规矩不成方圆。应该做一个有规则的人，对各种事项的运作，都应该首先建立规则，而后依照规则进行，遇到问题更要坚持规则。只有我们坚持了规则，就可以树立威信和提高运作效率。

坚毅的习惯。成功的路上没有一帆风顺，除了积极规划和预测困难的同时，应该有良好的心态来迎接挑战和度过低谷，绝不轻言放弃。要培养耐挫能力，要知道水在快速流动中遇到险滩才激起浪花，才把自身的潜能激活。要保持航行、继续前进、坚持坚毅、越挫越勇、激情永远、直到成功。

思考的习惯。工作或学习久了，遇到事情容易总是停留在低水平的经验响应。缺少思考动脑则缺少处理事情的敏捷。凡事动脑子去思考、分析，善于改变思考的方式，会用立体思维、系统思维、创新思维去研究与解决问题，积极运用创新智慧与思想更好地解决问题。

沟通的习惯。据说有80%的教育问题、企业问题，其根源来自不顺畅的或者错误的沟通。要避免"我以为"这样的情况，很多时候我们多问一句、多确认一次，保持信息的对称，注重人文修养、包容大气，讲究沟通艺术，问题的隐患就可以正确解决。

适应的习惯。好的管理者会根据团队、项目的情况而选择适应的领导方式和风格，从而将团队绩效最大化。每一个人要提高适应环境的能力，而不要一味地抱怨环境。同时，每一个人要为营造好的环境做贡献，好的环境也有利于每一个人的成长与进步。

感恩的习惯。感恩是一种尊重，一个能够懂得感恩的人是值得信任和值得追随的。更智慧的感恩在于去原谅和感恩给过我们伤害、污蔑和忽略我们的人，正是他们让我们懂得坚强和感恩。领导者要尊重和感恩团队的努力，而团队要感恩和尊重管理者的领导。一个人要永远对党和国家、社会和人民、战友和家人、师长和同学怀有感激之情，滴水之恩将涌泉相报，这个社会就变得更加人性、温暖、高尚。

总结的习惯。人生是积累，特别在知识领域尤为重要。在琐细中积累，在积累中超越。活到老、学到老、总结到老。即使年龄大了，也要保持积极和勤奋的学习态度和习惯。每个项目的结束、每项工作的完成，都应该对完成的情况进行经验总结和分享，在总结分享、交流撞击中激发灵感、升华智慧。

正直的习惯。如果一个人的品德有问题，就不要指望还能够把事情做到什么程度。记住，做人德为先、做事先做人，以德示范、立德树人，品格高尚的人更容易和更值得被信任和委以重任，因此保持正直是作为君子的基础思想，也是生命成长的根基。

不要抱怨生活，因为生活根本不知道你是谁；不要责怪命运，因为命运掌握在自己的手中。要想改变这个世界，究竟从谁的改变开始？如果我们只想改变别人，而不改变自己，这个社会是没有希望的。如果我们从自身改变开始，从自身养成良好习惯开始，命运就会垂涎我们。如果我们能变得更加优秀、更有能力，甚至成为本行业中的佼佼者，我们就会影响身边的人，我们就能把这个世界创造得更加美好！

思想，展现生命魅力

不要一味追着眼前的东西跑，而要珍惜随之而来的际遇，要有长远眼光、战略思维，对人生进行战略谋划。要设想与追寻自身的人生高峰，唯一能够登上自己生命高峰的，就是不断提高自己的能力，积极探索事物的本质，寻找与发现事物的规律，在向着高峰攀登中，创建思想，打造品牌，展现生命的独特魅力，最终必将登上自己生命的高峰。

研究是成长的法宝。从事教育、卫生、科学、企业、艺术、体育等工作，因工作本身充满许许多多不确定性，需要在大量的实践探索中学习研究，逐步发现规律、揭示规律，最终更好地运用规律推进事业更好发展。作为教育人，要认真学习《教育科学研究方法》《教育统计学课程》，提升课题研究的能力。在研究中提升理性思考的能力，增强实证意识。教育研究能更好地探索教育规律、发现育人规律,提升育人的能力与智慧。写作是更深层次的研究,教师要走进教育写作中,提升研究的层次,更好地揭示教育规律,这样才能更好地为每一个孩子提供公平而有质量的教育,办人民满意的教育。

逼出来的美丽。《逼你成功》一书说:"古往今来成功的人,都是逼出来的!孟子是逼出来的,《兰亭集序》是逼出来的,《滕王阁序》是逼出来的,金庸也是逼出来的。"我们要在关注的目光中逼自己成长,沉潜下去走出自己的路,过着痛并快乐的生活。作为教育者,要敬畏生命、追求发展,逼逼自己、负重前行,勇于挑战、创新超越,让教育成为智慧的生活,让生命的雨露滋润每一个教育的日子。

像海绵一样吸取别人的智慧。适当给海绵压力,把水挤出来,海绵才有能力吸收更多新的源泉。适当给自己压力,会加速自己的成长。走进阅读世界,多和人类文明对话。拜高人为师,有高人指点,会减少迷茫,找到正确的路。多留神身边的贵人,主动向他们学习。尽可能多地参加各种研究活动、各种培训学习,让自己的视野不断开拓,能力不断发展,思想不断升华。经历一次次琢磨、感悟、梳理、提炼,个人的综合能力、创新智慧就会不断提升。

唤醒成长自觉是教师重要的使命。不同的儿童观,会导致不同的教育观。儿童是探究者、游戏者、自由者,教育必须尊重儿童的天性。儿童是发展中的人,具有积极的、健康向上的本能,同时也具有消极、落后的可能性,教育需要引领、点化、感召、激励,促进孩子向上生长。每一个生命都是一笔巨大的等待挖掘的宝藏,要相信孩子有无限潜能。教育的过程就是让每一个生命焕发价值的过程,学校就是给孩子们播种理想、追逐梦想的实验田。教育的使命就是要为不同个性的儿童培土、浇水、施肥、除虫,营造一个自由、宽松、适宜成长的生态环境。除了成长,教育别无目的,唤醒成长自觉才是教育更为重要的使命。

攀登中,成为一座高峰。教育是崇高而伟大的事业,伟大的事业源自每天工作的细致入微，源自每天对每个孩子的观察、关爱，源自对每一节课、每一次活动的精心策划与组织……在琐细中积累伟大，在坚守中兑现梦想。世上无难事，只要肯攀登。教育很复杂、耕耘亦艰难，事业有坎坷、有险阻，需要不断攀登，才能达到新的高度。只有义无反顾，不畏困难重重，凭借顽强意志，矢志不渝去攀登，最终才能登上自己生命的新高峰。

寻找自己的教学灵魂。教育处处充满挑战。日复一日，年复一年的课堂，看似重复，实际充满挑战。教育情境的不确定性，教育对象的差异性，就决定了没一个万能的答案去解决一切问题。教育研究需要在艰难中跋涉，在挑战中起步。我们要多向书本学习、多向名家学习、多向身边战友学习，一路透视追问，一路尝试反思。没有最好，只有更好，我们要在理论与实践中不断反思、追问、推敲、升华。大量阅读，能使人不断提升理论水平，也会让人激情澎湃、信心满怀。我们要努力实践，将理论渗透到教师语言、教学结构、教学方式中，理论便不是烙印而是植根于此。

在学习、对话、交流中启迪智慧，寻找灵魂。穿过杂乱无章、纠缠不清的经验丛林，去追寻理性的亮光。教学要努力实现感性愉悦与理性启悟的统一。面对繁杂的现实，想追寻事物的真相，寻找自己的教学灵魂，必须凭借智者的目光。有了自己的教学灵魂，教师才会进入敬业、乐业的新天地；有了自己的教学灵魂，我们的教育工作就会成为崇高、幸福，甚至伟大的事业。

理论提炼是教学主张必须突破的挑战。从优秀教师走向卓越教师，是一个由"理性型"教师走向"思想型"教师的跨越过程，这个过程的华丽转身有一个曲折漫长的过程。教育思想源自教学主张，提炼教学主张，需要在理论的高度进行系统而抽象的论证和阐述，要阐述得深刻、清楚、丰富，有逻辑性、有思想性。教师需要系统学习教育基本理论。教育基本理论涵盖教育哲学、人生哲学、管理学、人际关系学、心理学、思维科学、脑科学、教育基本理论、课程与教学理论、教材教法分析等。教学主张的理论体系要从整个教育基本理论体系的反思中来。提炼并形成教学主张的过程，是原有经验从零散走向系统、从肤浅走向深刻、从科学走向艺术的过程。一个教师即使著作等身，荣誉无数，如果缺乏自己的教学主张、教学思想，从专业来讲，他依然还是一个无"家"可归的"流浪汉""门外汉"。教育的本质不是把篮子装满，从实践中"挖"出教学主张来，而是从问题出发，不断反思自我、研究学生、理论提炼的"现在完成式"，也是周而复始、永无止境的"将来进行式"。

思想是先导，是灵魂，每一位优秀教师要努力成为有思想的教师。教育思想是几十年的系统学习、实践探索、教育坚守、教育情怀的理性升华，是理论与实践探索的有机结晶。有教育思想，才会看清教育本质；有教育思想，才会不断创造适合孩子发展的教育；有教育思想，才会展现教育魅力、绽放生命魅力。

奋斗，书写生命传奇

历史的画卷，总是在砥砺前行中铺展；精彩的华章，总是在继续奋斗里书写。"奋斗的人生最充实""幸福都是奋斗出来的""奋斗本身就是一种幸福""只有奋斗的人生才称得上幸福的人生"。这些充满哲理的论述，既凝结着中华民族从胜利走向胜利的历史经验，又揭示出新时代创造人民美好生活的正确路径，吹响了永不停歇再出征的时代号角，激励亿万干部群众奋勇向前，为决胜全面小康、建设现代化强国、实现复兴伟业竞相奋斗、团结奋斗。

奋斗，成就了伟大的中国共产党。中国共产党之所以能够战胜重重艰难险阻，创造一个又一个人间奇迹，一个重要原因就是有远大理想和崇高追求，始终坚守初心和使命，始终保持不懈奋斗的姿态。可以说，艰苦奋斗作为党的光荣传统和特有优势，永远不会过时，将伴随着党的事业发展，继续传承和发扬光大。

新时代是奋斗者的时代。无论是满足人民对美好生活的需求，还是全面建成社会主义现代化强国，都需要继续发扬奋斗精神。当前，人民对美好生活的需要日益广泛，不仅渴望物质文化生活切实提高，而且追求更高质量的精神发展；不仅渴望生态环境不断改善，而且追求人与自然和谐共生；不仅渴望幼有所育、学有所教、劳有所得、病有所医、老有所养、住有所居、弱有所扶，而且追求共同富裕。这种多样化、高层次的美好生活，不可能从天而降，只能靠奋斗去创造。

奋斗的青春最美丽。青春，因奋斗而有意义；因奋斗而充满激情；因奋斗而无悔；因奋斗而美丽。只有奋斗过才知道这其中的惊险与刺激，这其中的精彩与趣味。成功也好，失败也罢，不必计较。成功了，心中高兴，为自己骄傲；失败了，不要沮丧，重新收拾心情，总结经验，从头再来。把弯路走直是聪明的，因为找到了捷径；把直路走弯是豁达的，因为可以多看几道风景。相信自己、相信坚持、相信奋斗，一定会成功。

幸福都是奋斗出来的。把蓝图变为现实，将改革进行到底，都在呼唤不驰于空想、不骛于虚声的奋斗精神，无不需要一步一个脚印踏踏实实干好工作。天道酬勤，日新月异。幸福只眷顾奋斗者，而不会等待犹豫者、懈怠者、畏难者，有奋斗才有幸福，所有的幸福都是奋斗出来的。今天，我们肩负着新时代的重大历史使命，我们要不忘初心，牢记使命，始终保持敢为人先的志气、迎难而上的勇气、革故鼎新的锐气、蓬勃向上的朝气，以辛勤的汗水、默默的耕耘创造非凡业绩；要努力增强学习本领、改革创新本领、科学发展本领、群众工作本领、实践探索本领、狠抓落实本领、驾驭风险本领，增强工作的原则性、系统性、预见性和创造性；要准确把握新时代新要求，积极适应新形势新变化，发扬大无畏精神和无私奉献精神，勇于攻坚克难、矢志不渝、同心协力、团结奋斗，定能创造更加幸福的明天。

我们现在所处的是一个船到中流浪更急、人到半山路更陡的时候，是一个愈进愈难、愈进愈险而又不进则退、非进不可的时候。四十载惊涛拍岸，九万里风鹏正举。建成社会主义现代化强国，实现中华民族伟大复兴，是一场接力跑，我们要一棒接着一棒跑下去，每一代人都要为下一代人跑出一个好成绩。人生需要坚守自己的定律，始终不忘初心、继续奋斗、砥砺前行，书写生命传奇！

"一带一路"，建立人类命运共同体，让我们有了共同的目标和信念，我们的心联系在一起。心心相通、齐心协力，就会产生巨大的合力。我们不要高估自己，也不要小看自己。我们这代人在见证历史，我们也在参与历史、创造历史。每个生命都可以更精彩，关键在于要牵着圣贤的手，手牵着手、心连着心，砥砺夹持，共致良知。融入建设人类命运共同体这一伟大而永恒的事业，我们每个人的生命才会更有力量，才会更加崇高、美好而长久。

魅力赞歌

奋斗

天空不缺一颗星，
大海不缺一滴水，
森林不缺一棵树，
单位不缺一个人；
但是你的家族，
缺少一个慷慨激昂的人，
缺少一个让家人感到自豪的人，
缺少一个在追梦路上持接续奋进的人。

十年前你是谁，
五年前你是谁，
甚至昨天你是谁，
都不重要。
重要的是，今天你想成为谁。

人生很累，
你现在不累，以后就会更累；
人生很苦，
你现在不苦，以后就会更苦。
生命的意义在于奋斗，
奋斗中有累、有苦、有乐、有甜。

没人在乎你的坎坷，
没人在乎你的消沉，
更没人在乎你的寂寞。
蓝天下不会因为一个人的眼泪而弥漫乌云，
社会不会因为缺少一个人而失去活力，
世界更不会因为缺少谁而失去光明。

没有靠山，自己就建山；
没有天下，自己打天下；
没有资本，自己攒资本。
不要相信这世界有什么救世主。

自身弱了，困难就强了；
自身强了，阻碍就弱了。
活着就该激情拼搏、创造精彩，
生活给你压力，你还给生活奇迹。

努力的意义是什么？
不要当自己回首往事时，
除了悔恨，一无所有。
这就是奋斗的理由！

靠自己

我不羡慕别人的财富,
因为我知道他,
日日夜夜的探索与拼搏。
不要放弃奋斗,
没有人能帮你一辈子,
靠自己奋进才最有保障。

我不羡慕别人说走就走的自由,
我知道这份自由的背后,
所流下的汗水。
要坚持终身学习!
漂亮的外表,固然让人眼前一亮;
丰富的内涵,才能让人经久难忘。

没有无缘无故的所获,
无论是财富、事业,还是自由。
永远保持向上的精神,
不管境遇如何,
笑容、自强,
是最大的精神财富。

永远不要羡慕，
生活不在别处，
而在于你付出了多少，
就会收获多少。
做当下该做的事，
积蓄生命的能量。
有些事现在不做，
以后便没有机会做了。

加油，
奔走在人生路上的孩子们。
不要惧怕挫折，
走过弯路才能找到捷径。
磨炼也是人生，
不攀比，不抱怨；
不计较，不懈怠；
多包容，多理解；
多付出，善反思；
肯拼搏，能坚持；
永挑战，
为梦想而战，
为成长而战。
因为有一种努力叫作：
靠自己！

日有思，行有智

做人

做人要像一面镜子，时刻自我观察；

做人要像一只皮箱，智慧选择提放；

做人要像一本册子，随时记录成长；

做人要像一支蜡烛，永远给人光亮；

做人要像一个时钟，珍爱生命分秒；

做人要像一条河流，奔腾不可阻挡！

人品

人品，体现一个人的修养；

人品，彰显一个人的智慧。

人品，是施展才华的基础；

人品，是行走天下的路灯。

人品，是人生最宝贵的无形资产；

人品，是通向成长之路的金钥匙。

人品，是一个人最好的底牌；

人品，是一个人最高的学历。

人品，比财富与能力更具魅力；

人品，比荣耀与桂冠更具价值。

人品好，让你的生命自带光芒！

人品好，才能赢得他人的敬仰，

人品好，胜利之路向你敞开，

人品好，幸福之花为你绽放！

尊重

尊重长辈是一种礼貌；

尊重亲人是一种理解。

尊重领导是一种职责；

尊重同事是一种本分；

尊重下属是一种美德。

尊重客户是一种常识；

尊重对手是一种大度。

尊重常人是一种境界；

尊重儿童是一种爱心。

相互尊重，温暖彼此；

善于尊重，绽放魅力！

交往

人与人相互交往，

开始让人舒服的，是你的甜美与亲近；

后来让人信服的，是你的价值与使命。

做一个让人放心的人，

无论认识多少年，

经历多少风风雨雨，

大家由衷地说上一句，真是一个好人！

人与人之间，
最大的吸引力，
不是你的容貌，
不是你的财富，
也不是你的才华，
而是你传递给对方的信赖、踏实、真诚、善良。

人生并不全是利益和竞争，
更多的是：
相互成就，
彼此温暖，
心灵契合，
共同成长。
不忘初心，
感恩所遇，
明理懂情，
知因道果。
反观自我，
奋斗前行，
践行人生路，
奋斗无止时。
珍惜当下缘，
共结事业果！

朋友

路遥知马力,
日久见人心,
时间看清每一张脸。
虚情假意不会长久,
唯有真情才能永恒。
世上最珍贵的,
不是风光时陪在身边的人,
而是坎坷中仍不远离的人。
锦上添花,固然美丽,
雪中送炭,更显高贵。

好的感情不是信誓旦旦,
而是相得益彰;
好的感情无须朝夕相伴,
而是心意相通。
不见面不代表感情不深,
没联系不代表彼此忘记,
岁月是最好的见证者。
不离不弃的人,
便是你生命中的贵人。
践行人生路,珍惜当下缘!
是非对错、能辨真假,
痛下针砭、虚怀若谷,
道义之交、恨相知晚,
风雨兼程、砥砺前行!

珍惜

岁月悠悠，四季分明；
涂下浓彩，慨然前行！

走过的路叫旅途，
受过的累叫故事，
爱过的人叫亲友，
拼过的事叫成长！

岁月难回首，那就别回头；
人生意志坚，坎坷成风景！

心若天地宽，放眼尽欢颜。
人生在世，
淡然地来，悠然地去。
一来一去间，
过的是心态，活的是精神。

生逢祖国腾飞时，
珍惜花朝月夕势，
追寻伟大梦，点燃教育情！

曾经的鲜花再美，
只开在昨日的春天里。
今日的魅力之花，
盛开在孩子们的笑颜里！

人生

人生就像一本书，

有的厚，有的薄。

有人醉生梦死，

有人饱经沧桑；

有人在意过程，

有人重于结果；

有人高谈阔论，

有人默默前行。

匆匆岁月，书映人生。

多一点爱，少一点恨；

多一些微笑，少一些忧愁；

多一分包容，少一分抱怨。

多理解、少误会，

多关爱、少自我。

多想想美好，少怨怨悲伤。

是忧是喜，

是苦是甜，

是痛是欢，

全凭自己掌舵，

全靠自己把握。

愿心境，似水灵清，

盼人生，永葆激情！